中国分省系列地图册

黑龙江

中国地图出版社

图书在版编目（CIP）数据

黑龙江 / 中国地图出版社著. -- 2版. -- 北京 ：
中国地图出版社，2023.3
（中国分省系列地图册）
ISBN 978-7-5204-3469-0

Ⅰ. ①黑… Ⅱ. ①中… Ⅲ. ①行政区地图－黑龙江省－地图集 Ⅳ. ①K992.235

中国国家版本馆CIP数据核字(2023)第028445号

责任编辑：鹿　宇
编　　辑：周北燕　黄玉玲
审　　校：杜怀静　张冬梅
文　　字：刘洪涛
审　　订：刘文杰
封面设计：中文天地　舒博宁
地图制图：曹志江　张敏敏　蔡春辉
山西省地图编纂委员会编辑部

编　　著　中国地图出版社
出版发行　中国地图出版社
社　　址　北京市白纸坊西街3号　　邮政编码　100054
网　　址　www.sinomaps.com
印　　刷　北京盛通印刷股份有限公司　　经　　销　新华书店
成品规格　170mm × 240mm　　印　　张　11
印　　次　2023年3月 北京第1次印刷　　版　　次　2016年1月第1版 2023年3月第2版
印　　数　0001－4700　　定　　价　39.00元
书　　号　ISBN 978-7-5204-3469-0
审 图 号　GS京(2023)0014号
本图册中国国界线系按照中国地图出版社1989年出版的1：400万《中华人民共和国地形图》绘制
咨询电话：010－83493082(编辑) 83493029(印装) 83543956 83493011(销售)

市县图

省级行政中心

地级市行政中心

县级行政中心

外国主要城市

乡级行政中心

村庄（外国一般城镇）

国界

省级界

地级市界

县级界

河流 渠道

消失河段

水库 湖泊

高速铁路

铁路

哈尚高速 未成 高速公路及分段名

G1京哈高速 高速公路编号及总名

呼兰 京哈 绥化 高速公路出入口、服务区及收费站

高等级路

102 未成 国道及编号

省道

县乡道

机场

世界遗产

国家级风景名胜区

国家地质公园

省级风景名胜区

国家级自然保护区

国家森林公园

其它旅游点

大白山 1528 山峰及高程

城市图

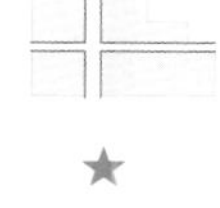
街区、街道

省政府

市政府

区政府

乡、镇

长途汽车站

宾馆、饭店

学校 医院

文化宫 影剧院

银行 邮电局

展览馆 图书馆

体育场、体育馆

工厂

新闻出版

旅游景点

其它

目录

序　图

2–3　黑龙江政区
4–5　黑龙江概况
6–7　黑龙江地形
8–11　黑龙江地理
12–13　黑龙江交通
14–15　黑龙江旅游
16–21　黑龙江旅游概况

市、县图

●哈尔滨市

22–23　哈尔滨市
24–25　哈尔滨城区
26–27　哈尔滨市辖区（松北区 道里区 南岗区 道外区 平房区 香坊区 呼兰区）
28–29　哈尔滨市辖区（阿城区）
30　哈尔滨市辖区（双城区）
31　宾县
32–33　五常市
34–35　尚志市
36–37　依兰县
38　方正县
39　延寿县
40–41　通河县
42　巴彦县
43　木兰县
44–45　哈尔滨旅游

●齐齐哈尔市

46　齐齐哈尔市
47　齐齐哈尔城区
48–49　齐齐哈尔市辖区（建华区 龙沙区 铁锋区 昂昂溪区 富拉尔基区 碾子山区 梅里斯达斡尔族区）
50–51　讷河市
52　富裕县
53　依安县
54–55　甘南县
56　克山县
57　克东县
58–59　龙江县
60　泰来县
61　拜泉县

●鸡西市

62　鸡西市
63　鸡西城区
64　鸡西市辖区（鸡冠区 恒山区 滴道区 梨树区 城子河区 麻山区）
65　鸡东县
66–67　密山市
68–69　虎林市

●双鸭山市

70　双鸭山市
71　双鸭山城区
72　双鸭山市辖区（尖山区 岭东区 四方台区 宝山区）
73　集贤县
74–75　宝清县
76–77　饶河县
78　友谊县

●佳木斯市

79　佳木斯市
80　佳木斯城区
81　佳木斯市辖区（前进区 向阳区 东风区 郊区）
82–83　同江市
84–85　富锦市
86–87　抚远市
88–89　汤原县
90　桦南县
91　桦川县

●大庆市

92　大庆市

93 大庆城区
94—95 大庆市辖区（萨尔图区 龙凤区 让胡路区 红岗区 大同区）
96 林甸县
97 肇州县
98—99 肇源县
100—101 杜尔伯特蒙古族自治县

●七台河市

102 七台河市
103 七台河城区
104—105 七台河市辖区（桃山区 新兴区 茄子河区）
106 勃利县

●牡丹江市

107 牡丹江市
108 牡丹江城区
109 牡丹江市辖区（东安区 阳明区 爱民区 西安区）
110—111 宁安市
112—113 海林市
114—115 穆棱市
116—117 林口县
118—119 东宁市
120 绥芬河市 绥芬河城区

●鹤岗市

121 鹤岗市
122 鹤岗城区
123 鹤岗市辖区（向阳区 工农区 南山区 兴安区 东山区 兴山区）
124—125 萝北县
126 绥滨县

●绥化市

127 绥化市
128 绥化城区
129 绥化市辖区（北林区）
130—131 安达市
132—133 肇东市
134—135 海伦市
136—137 绥棱县
138 兰西县
139 明水县
140 青冈县
141 望奎县
142—143 庆安县

●伊春市

144 伊春市
145 伊春城区
146—147 伊春市辖区（伊美区 友好区 乌翠区 金林区） 汤旺县 丰林县 南岔县
148—149 铁力市 大箐山县
150—151 嘉荫县

●黑河市

152 黑河市
153 黑河城区
154—155 黑河市辖区（爱辉区）
156—157 北安市
158—159 五大连池市
160—161 嫩江市
162—163 逊克县
164—165 孙吴县

●大兴安岭地区

166—167 大兴安岭地区 加格达奇城区
168—169 呼玛县
170 塔河县
171 漠河市

黑龙江省行政区划统计表 （截至2023年1月）

地级	县级	
哈尔滨市	松北区 道里区 南岗区 道外区 平房区 香坊区 呼兰区 阿城区 双城区 尚志市 五常市 依兰县 方正县 宾县 巴彦县 木兰县 通河县 延寿县	9市辖区 2县级市 7县
齐齐哈尔市	建华区 龙沙区 铁锋区 昂昂溪区 富拉尔基区 碾子山区 梅里斯达斡尔族区 讷河市 龙江县 富裕县 拜泉县 甘南县 依安县 克山县 泰来县 克东县	7市辖区 1县级市 8县
鸡西市	鸡冠区 恒山区 滴道区 梨树区 城子河区 麻山区 虎林区 密山市 鸡东县	6市辖区 2县级市 1县
鹤岗市	向阳区 工农区 南山区 兴安区 东山区 兴山区 萝北县 绥滨县	6市辖区 2县
双鸭山市	尖山区 岭东区 四方台区 宝山区 集贤县 友谊县 宝清县 饶河县	4市辖区 4县
大庆市	萨尔图区 龙凤区 让胡路区 红岗区 大同区 肇州县 肇源县 林甸县 杜尔伯特蒙古族自治县	5市辖区 4县
伊春市	伊美区 友好区 金林区 乌翠区 铁力市 南岔县 丰林县 汤旺县 大箐山县 嘉荫县	4市辖区 1县级市 5县
佳木斯市	前进区 向阳区 东风区 郊区 同江市 富锦市 抚远市 桦南县 桦川县 汤原县	4市辖区 3县级市 3县
七台河市	桃山区 新兴区 茄子河区 勃利县	3市辖区 1县
牡丹江市	东安区 阳明区 爱民区 西安区 绥芬河市 海林市 宁安市 穆棱市 东宁市 林口县	4市辖区 5县级市 1县
黑河市	爱辉区 北安市 五大连池市 嫩江市 逊克县 孙吴县	1市辖区 3县级市 2县
绥化市	北林区 安达市 肇东市 海伦市 望奎县 兰西县 青冈县 庆安县 明水县 绥棱县	1市辖区 3县级市 6县
大兴安岭地区	漠河市 呼玛县 塔河县	1县级市 2县

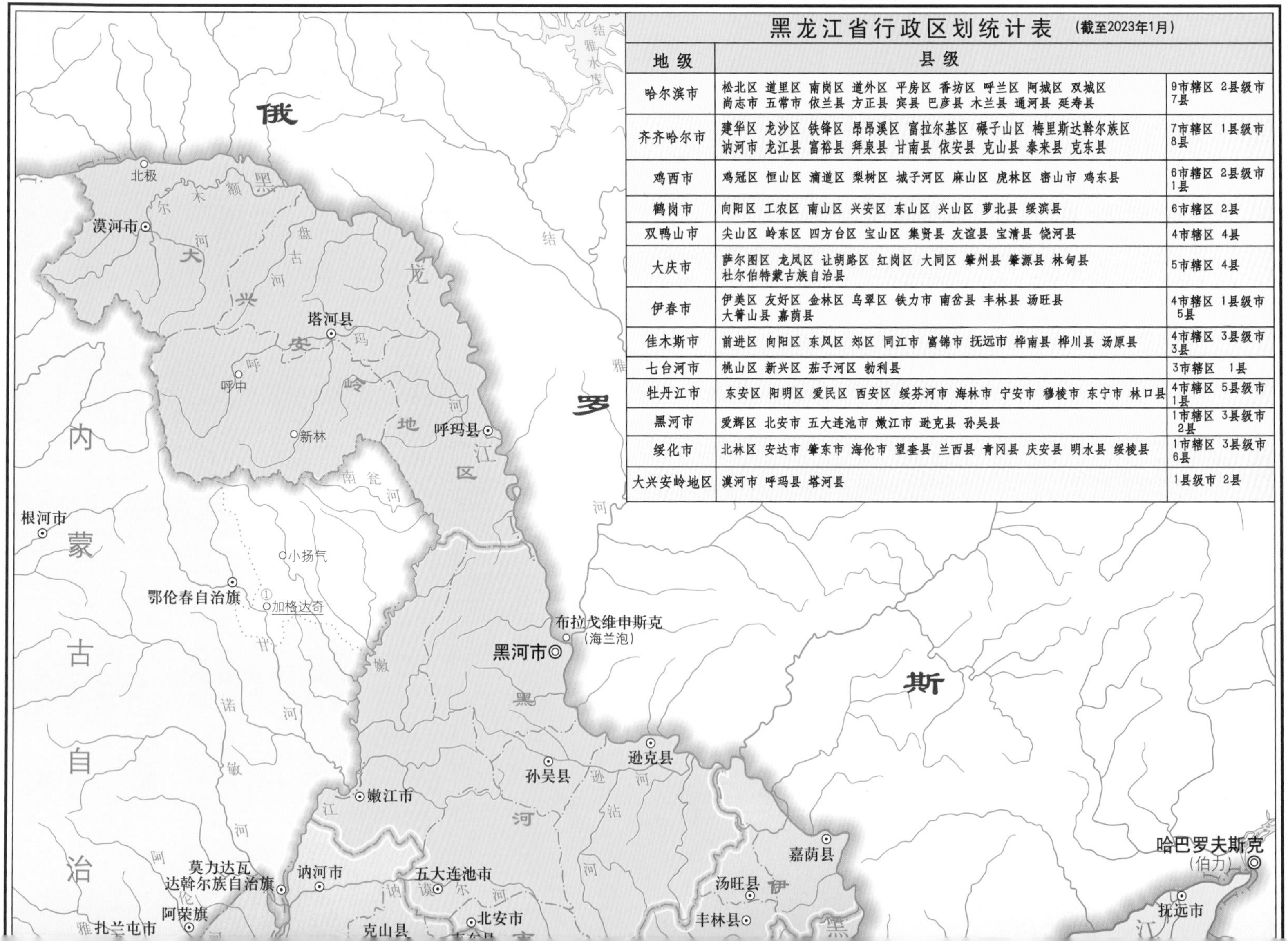

俄 罗 斯
内 蒙 古 自 治
大兴安岭地区
北极
漠河市
塔河县
呼中
新林
呼玛县
根河市
小扬气
鄂伦春自治旗
加格达奇
布拉戈维申斯克（海兰泡）
黑河市
逊克县
孙吴县
嫩江市
嘉荫县
哈巴罗夫斯克（伯力）
抚远市
汤旺县
丰林县
讷河市
五大连池市
北安市
克山县
莫力达瓦达斡尔族自治旗
阿荣旗
扎兰屯市
额尔木河
盘古河
呼玛河
南瓮河
甘河
诺敏河
嫩江
黑河
逊河
沾河
讷谟尔河
阿伦河
结雅水库
结雅河

① 大兴安岭地区行政公署驻加格达奇

位置面积

黑龙江省简称黑。因境内最大的河流黑龙江而得名。位于我国东北边疆，是中国最北端和最东端的边境省份。北部和东部隔黑龙江、乌苏里江与俄罗斯相望，南与吉林省接壤，西与内蒙古自治区相连。全省面积约46万平方千米。漠河市北极镇在中国版图的最北端，位于中、俄界河黑龙江主航道中心线处，最东端抚远市在黑龙江与乌苏里江的主航道中心线汇合处。

行政区划

黑龙江省历史悠久，从公元前4世纪至公元前3世纪就有政权建立，“伪满洲国”时，曾设龙江、滨江、牡丹江、黑河等省。解放战争时期，分为5省。新中国成立之初，设黑龙江省和松江省，1954年将两省合并为黑龙江省，省会哈尔滨。省会分设在齐齐哈尔和哈尔滨，1964年将伊春、安达市改为伊春、安达特区，同年8月，设立大兴安岭特区。1979年底撤销伊春特区，恢复伊春市，将安达特区更名为大庆市。2014年哈尔滨双城市改为双城区。2018年2月，撤销漠河县，设立县级漠河市。2019年6月，调整伊春市部分行政区划，即：撤销伊春市乌伊岭区、汤旺河区，设立汤旺县；撤销伊春市新青区、红星区、五营区，设立丰林县；撤销伊春市带岭区，设立大箐山县；将县级铁力市的朗乡镇划归大箐山县管辖；撤销伊春市南岔区，设立南岔县；撤销伊春市乌马河区、伊春区、美溪区，设立伊春市伊美区；撤销伊春市翠峦区，设立伊春市乌翠区；撤销伊春市友好区、上甘岭区，设立新的伊春市友好区；撤销伊春市西林区、金山屯区，设立伊春市金林区。2019年7月，撤销嫩江县，设立县级嫩江市，由黑龙江省直辖，黑河市代管。现辖12个地级市、1个地区、54个市辖区、21个县级市、45个县、1个自治县。

人口民族

【人口分布】清代以前黑龙江省的大、小兴安岭与东南山地、三江平原人烟稀少，当时被称为“北大荒”。清初黑龙江人口才约90万，清朝咸丰末年开禁后，特别是民国时期，关内河北、山东、河南等地大批移民出关，黑龙江省人口迅速增长。新中国建立后，大批转建军人、知识青年支边移入，本省成为人口净迁入最多的省份。全省人口很快超2000万、3000万。截至2021年底，人口总数3491万人。

【少数民族】黑龙江省是我国东北边疆的一个多民族的省份，除汉族以外，还有53个少数民族。其中人口超过10万的少数民族有满族、朝鲜族、蒙古族、回族4个民族。本省其他的少数民族，人口较多的或比其他省区较多的有达斡尔族、锡伯族、赫哲族、鄂伦春族、苗族、鄂温克族等。

●鄂伦春族

本省少数民族之一，主要分布在北部和中部大、小兴安岭山区，约占全国鄂伦春人口的半数。鄂伦春人世世代代靠着一杆枪、一匹马、一只猎犬，一年四季追逐着獐狍野鹿，过着游猎生活。1996年兴安岭全面禁猎以后，狩猎活动逐渐退出鄂伦春人的生活。

●赫哲族

我国赫哲族只有近5000人，其中约85%居住在本省。赫哲族是古代女真人赫哲部族的后裔。是中国东北地区一个历史悠久的渔猎民族。其先民活动在东北松花江、黑龙江和乌苏里江三江流域。历史上以从事渔业生产为主，也制作桦皮、鱼皮手工艺品。飞叉捕鱼是他们的捕鱼绝技，如今叉鱼演变出了独特的体育竞技活动——叉草球。

历史沿革

为古肃慎地，汉为挹娄及夫余地。唐朝开始普遍建立行政管理机构，唐武德年间在黑龙江西部设置室韦都督府，黑龙江下游和乌苏里江汇合地区设黑水都督府。此时东部地区经济逐渐发展起来，牡丹江上游的靺鞨族建立了震国，受唐册封为忽汗州都督、渤海郡王，后改称渤海国，农业和手工业相当发达，极盛时拥有兵力近10万，被称为“海东盛国”。辽属东京、上京西道，继唐统治，在黑龙江中上游、牡丹江以北到黑龙江下游一带都设有节度使。1115年，女真完颜部首领阿骨打击败辽，立国号大金，定都上京会宁府（今哈尔滨市阿城区），历时38年。元朝整个东北属辽阳行省统辖，嫩江流域设蒲峪路屯田万户府和肇州蒙古万户府，黑龙江下游和乌苏里江流域设开元路和水达达路。明代属奴儿干都司，所辖区域北到外兴安岭，东抵鄂霍茨克海的库页岛。清代是黑龙江地区历史发展的重要阶段。远在入关前，东起鄂霍茨克海，西至贝加尔湖之间的广大地区的蒙古、达斡尔、女真、鄂伦春等各族都已臣服刚刚兴起的前清后金。清统一后，东北地区归盛京总管统辖，清初顺治十年（1653年）设宁古塔昂邦章京，辖地包括吉林、黑龙江地区。清康熙十年（1671年）筑黑龙江城（旧瑷珲城）。康熙二十二年（1683年）设黑龙江将军，这是以黑龙江命名区划之始。抗日战争时期，初设龙江、滨江、三江、黑河4个省和东省特别区及哈尔滨特别市，后增设有牡丹江、北安、东安等省市。1949年合并为黑龙江省和松江省。1954年松江省撤销并入黑龙江省。1969年后内蒙古自治区的呼伦贝尔盟一度划入，后划出，成今行政区域。

文化集锦

●古塔文化

宁古塔是满族先祖肃慎人故地，清皇族先祖所居之地，清政府统治东北边疆的重镇，正在唐时“渤海国”上京龙泉府的旧址（今牡丹江市南的宁安县级市渤海镇）上。清代这里既要抗击侵扰黑龙江流域的沙俄军队，每年又要向朝廷纳贡。宁古塔还是清代的流放地，吴兆骞、张缙彦、方拱乾等文人都曾被流放于此。他们在这里教书授徒，传授儒家经典和中原的先进生产方式及生活方式，成立了黑龙江最早的一个诗歌团体“七子诗会”，写出了《绝域纪略》《柳边纪略》《宁古塔山水记》等文章，向广袤的黑土地上传播了先进的中原文明。

●独特的鱼文化

赫哲族曾是中国北方以捕鱼狩猎为生的民族，被称为“鱼皮部落”。历史上，赫哲族人以鱼为食，主食是各种鲜鱼、腌鱼、鱼干、鱼籽干和各种干鲜兽肉。用鱼皮做衣服、被褥及其他用品，用鱼骨制作装饰品。鱼皮衣裤耐磨，鱼皮靰鞡走在冰上不滑，适宜于捕鱼、打猎时穿着。鱼皮制品保暖抗寒，轻巧美观，不结霜，不透水。独特的鱼文化是其最显著的民族特点。

经　济

黑龙江省有着广大的农林、土地资源。新中国建立后，在松嫩平原北部和本省东部三江平原农垦基地开发与建设成绩显著，许多国营农场农业发达，机械化程度高，带动了本省农业现代化的建设。现本省是中国重要的大豆、小麦、玉米、水稻等商品粮基地，大豆的产量和出口量均居全国首位。玉米、水稻种植面积和产量，以及甜菜、向日葵、亚麻、烤烟等经济作物的产量也在全国占有重要地位。畜牧业在黑龙江省有着悠久的历史，西部松嫩平原草原广阔，三江平原及完达山、小兴安岭山麓，遍布着水草丰美的五花草场。改革开放后本省大力发展畜牧业，调结构，提高畜牧业在农业中的比重，现已进入全国畜牧业大省行列，牛羊饲养量居全国重要地位。牛奶和乳制品产量已居全国第二位。东北细毛羊也在全国颇有影响。种植业、畜牧业的发展促进了农畜林特产品的精深加工业的发展。

黑龙江省是国家重要的老工业基地。工业发展迅速，已成为以重工业为主体，大中型工业企业为骨干，以石油、煤炭、机械、化工、纺织、林木加工和食品等产业群体为特征。在哈尔滨、肇东、安达、大庆、齐齐哈尔间开辟新型工业园区，哈尔滨突出高新技术产业，大庆以石油、天然气和化工产业为主，齐齐哈尔则以机械装备制造为主，而肇东、安达以农副产品的加工和轻工业为主。本省能源工业、石油工业产值居全省各工业部门之首，并拥有鸡西、鹤岗、双鸭山等大型煤矿。石油、天然气、原煤、木材、飞机、发电设备、机制纸、化学纤维、食糖、乳制品等居国内各省前列。哈尔滨是全省的工业中心，齐齐哈尔、牡丹江、佳木斯、大庆、鸡西、鹤岗、双鸭山、伊春等也是省内比较重要的工业城市。

●“北大荒”变成了“北大仓”

黑龙江省东部黑龙江、松花江、乌苏里江三江冲积平原及中部兴安岭山麓地带，昔日曾有大片荒地，人烟稀少，被称为“北大荒”。但这里的大部分地区土地肥沃，被称为黑土地，部分为湿地沼泽地，生长季虽然较短，但可以种植玉米、春小麦、大豆、甜菜、高粱等作物。黑龙江省东部的三江平原、黑龙江沿河平原和嫩江流域，上世纪50—70年代大规模开垦，创建了一大批机械化程度较高的国营农场和商品粮基地，使昔日“北大荒”变成了“北大仓”，成为国家重要的商品粮基地。

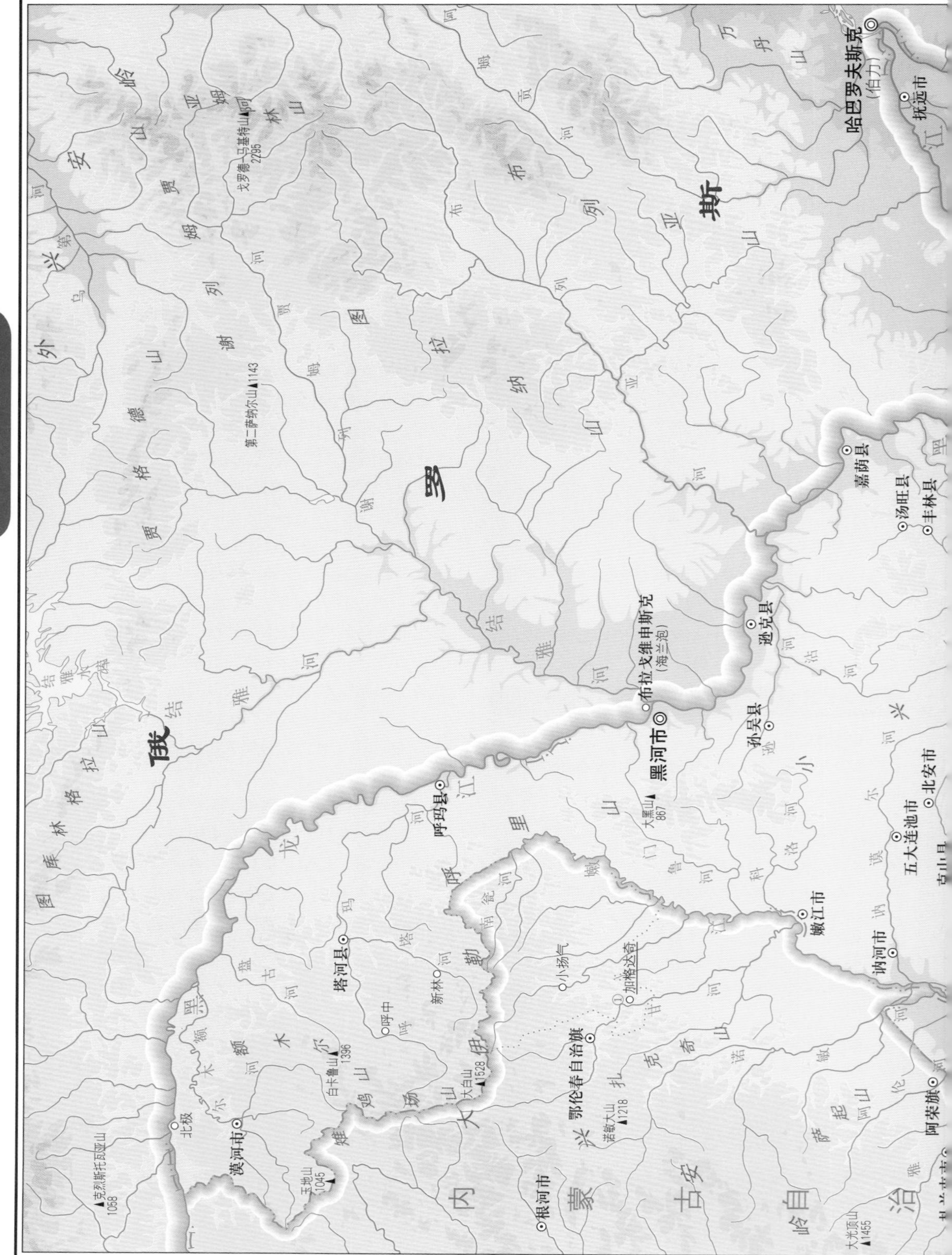
俄
罗
斯
哈巴罗夫斯克
（伯力）
抚远市
嘉荫县
汤旺县
丰林县
逊克县
孙吴县
布拉戈维申斯克
（海兰泡）
黑河市
呼玛县
塔河县
新林
呼中
漠河市
北极
嫩江市
讷河市
五大连池市
北安市
鄂伦春自治旗
加格达奇
小扬气
根河市
阿荣旗
大黑山
867
白卡鲁山
1396
大白山
1528
诺敏大山
1218
大光顶山
1455
玉地山
1045
克烈斯托瓦亚山
1058
第二萨纳尔山 1143
戈罗德乌马基特山 2295
外兴安岭
图库林格拉山
结雅河
黑龙江
大兴安岭
小兴安岭
伊勒呼里山
内蒙古自治区
布列亚山
万丹山
嫩江
呼玛河
甘河

① 大兴安岭地区行政公署驻加格达奇

地形地貌

黑龙江省地域辽阔，地形复杂多样，主要由山地、丘陵、台地、平原和水面构成，地貌特征为“五山、一水、一草、三分田”。山地、平原交叉分布，地势大体西北高，东南略低。山地、丘陵约占全省总面积的60%，台地、平原分别约占12%和28%。大兴安岭山地斜贯于本省西北部，山体长约1200千米，海拔1000～1400米，东陡西缓，向东急剧过渡到平原；小兴安岭纵贯本省中偏北部，山体南北长约450千米，宽约210千米。中低山丘陵地貌，高于平地40～300米，东南部较高峻。省境东南部山地包括张广才岭、老爷岭、完达山等，海拔800～1000米。山前地带的台地，海拔200～350米。本省东部的三江平原面积约4.6万平方千米，海拔30～60米，由黑龙江、松花江、乌苏里江冲积而成；中西部的嫩江平原，面积约10多万平方千米，海拔120～300米，地势低平，多沼泽湿地和大小湖泡，与松花江河谷相通。本省流域面积在50平方千米以上的河流有1900多条，主要河流有黑龙江、松花江、嫩江、牡丹江和乌苏里江及海拉尔河等，均属于流域面积占全省面积98%以上的黑龙江水系。东南隅的绥芬河境内长258千米，连接朝鲜和俄罗斯。本省湖泊主要有镜泊湖、兴凯湖和五大连池。河流、湖泊均有全年长约5个月的结冰期。

● 大小兴安岭

大兴安岭绵亘于黑龙江省西北部和内蒙古自治区东北部，是内蒙古高原与松辽平原的分水岭，东南连接小兴安岭，小兴安岭是松花江与黑龙江干流的分水岭。兴安岭山区是我国最大的林区，天然红松的故乡，中国重

要的林业基地之一。伊勒呼里山连接大、小兴安岭。

●张广才岭

位于黑龙江省东南部，南起吉林省敦化市，北接小兴安岭南麓，是长白山支脉，牡丹江与松花江两大水系的分水岭。平均海拔800多米。主峰大秃顶子山，海拔1690米，是本省最高峰。

●三江平原

三江平原位于黑龙江省东部。是由黑龙江、松花江、乌苏里江三江汇合冲积而成的。平原上多沼泽，是中国最大的沼泽分布区，三江平原地势低平，海拔30～60米，地域辽阔，土壤主要为肥沃的草甸土和沼泽土，沼泽被植物所覆盖。在平原上零星分布着孤山和残丘，原先渺无人烟，素有“北大荒”之称，后经开垦已建有大型国营农场多座，昔日“北大荒”已变成了今日“北大仓”，成为国家重要的商品粮基地。

●珍宝岛

珍宝岛位于乌苏里江上，又因形似元宝故名为珍宝岛，称“翁岛”。此岛位于乌苏里江主航道中心线西面中国一侧。自古以来就是中国领土。原是中国伸入乌苏里江的半岛，后来经过长期的水流冲击，才成为一个小岛。当今每逢夏季枯水期，珍宝岛恢复原来的半岛面目，与乌苏里江的中国陆地连在一起。

序图

●松嫩平原

松嫩平原位于黑龙江省西南部和吉林省西北部，是由松花江、嫩江冲积而成。地势低平，中部分布有众多的沼泽湿地和大小湖泡。地下石油资源丰富，土质肥沃，草场广阔，畜牧业发达。盛产大豆、小麦、玉米、甜菜等，是我国重要的商品粮和甜菜生产基地。

水 系

●黑龙江

满语称“萨哈连乌拉”（意即黑水），流经我国东北的北部，上游中蒙两国的南、北两源在漠河以西洛古河村汇合后称黑龙江。东流到俄罗斯境内注入鄂霍次克海。它是我国第三大江河，又是中俄界河，含沙量较少。流经地区植被茂密，资源丰富，经济价值较高的鱼类以大马哈鱼和鳇鱼最为著名。

●牡丹江

松花江右岸最大支流，相汇于依兰镇。从源头牡丹岭流经火山堰塞湖镜泊湖，牡丹江市，至江口全长726千米。流域内多森林，故水流清澈。

●嫩江

位于黑龙江省中部，发源于大兴安岭北麓内蒙古境内，向南流经本省汇入松花江是松花江最大支流，全长1370千米。

●松花江

松花江是黑龙江最大的支流，发源于长白山天池，全长2308千米，本省境内939千米。在黑龙江省肇源市西与嫩江汇合后，转向东北注入黑龙江。松花江下游河道深，水量丰富，坡度平缓，利于航运，是东北地区最重要的水上运输线。

●乌苏里江

乌苏里江是中国东北部与俄罗斯边境上的一条重要界河。是黑龙江的重要支流，黑龙江的主要支流之一，全长880千米，上源在俄罗斯境内，北流至俄罗斯哈巴罗夫斯克（伯力）一带注入黑龙江。以其美丽、富饶、无污染而著名。盛产大马哈鱼。

●绥芬河

发源于长白山麓，本省境内长258千米，南源是大绥芬河，北源是小绥芬河，有支流40多条。在我国流经黑龙江、吉林两省。流经本省东宁市后进入平原地区，向东流有一段成为为中俄界河，然后流人俄罗斯境内符拉迪沃斯托克（海参崴）出海。

●兴凯湖

兴凯湖是大兴凯湖和小兴凯湖的统称，位于黑龙江省密山市东南部，大湖湖面近十分之三的北部属于中国，南部属于俄罗斯，是中俄两国间最大的边界湖，共有九条河流注入，湖水从东北方溢出，最后流入乌苏里江。大小兴凯湖间有长达98千米的沙滩，湖滨风光秀丽的已开发建设多处风景区。

气 候

全省大部地区属中温带湿润亚湿润大陆性季风气候。本省纬度最北，平均气温最低，冬季漫长多雪，是全国气温最低的省份，最北部进入寒温带。本省大部分地区每年9月中前后入冬，冬季多刮寒冷干燥的西北风，1月平均气温-30℃～-18℃，夏季盛行东南风，气候温暖、多雨，温度从南往北递减，湿度由西往东递增。7月平均气温18℃～22℃。年温差达35℃以上。全年无霜期在100～140天之间。年降水450～600毫米，夏雨、秋雨分别约占全年降水的60%和25%。

资 源

本省森林、煤、油气、土地等自然资源丰富，土地总面积约46万平方千米，在全国居第六位，拥有广大肥沃的黑土地，三江平原和松嫩平原是世界上仅有的黑土带三大黑土地之一。这里成了全国重要的商品粮基地。

【土地资源】黑龙江省农业土地资源条件居全国之首，总耕地面积和可开发的土地后备资源均占全国十分之一以上，人均耕地和农民人均经营耕地是全国平均水平的3倍左右，具有显著的耕地资源优势。土壤有机质含量高于全国其他地区，黑土、黑钙土和草甸土等占耕地的60%以上。黑龙江耕地、林地面积均居全国第一，牧草地面积位居第七。

【黑土带】本省地域辽阔，土地肥沃。中部的土壤类型主要是黑土，黑土面积约110万公顷，厚度20～30厘米，黑土区是本省重要商品粮基地，粮食产量占全省一半以上。另外还有草甸土和沼泽土等。黑龙江省地处世界闻名的黑土带上，土壤有机

质含量3%～6%。

【矿产资源】本省是矿产资源大省，矿产种类繁多并且齐全，已发现134种，其中探明储量的有83种，煤、石油、黄金、石墨最为著名。铜、铅锌、钨矿也居全国重要地位。煤主要集中分布在东部的鸡西、七台河、鹤岗、双鸭山和西北部的大兴安岭等地，储量大，质量好。石油、天然气主要集中在地质上的松辽盆地一带，这里的大庆油田是中国最大的油田，储量居全国前列。鸡西一带石墨储量居全国之首，黄金矿多在桦南和黑龙江沿岸一些县市，储量居全国第二位。

【生物资源】黑龙江省的野生动植物种类多，其中属国家一级保护动物有东北虎、豹、紫貂、貂熊、梅花鹿等5种，国家二级保护野生动物有黑熊、白枕鹤等。鸟类有丹顶鹤、大鸨、白鹳、中华秋沙鸭等。水产资源丰富，著名的有兴凯湖的大白鱼、乌苏里江的大马哈鱼等。珍禽植物种类多达476种，有国家保护植物东北红豆杉、野生大豆等，本省还产有“东北三宝”人参、貂皮、鹿茸。

【森林资源】本省森林面积大，森林总蓄积和木材产量均居全国前列，是木材储备基地。森林树种丰富，天然林资源主要分布在大、小兴安岭和东南部山地，盛产红松、胡桃楸、水曲柳、紫松、兴安落叶松、樟子松、云杉、冷杉、黄菠萝以及赤松等经济价值较高的树种。本省林区具有十分重要的生态功能，是我国东北地区抵御西伯利亚寒流的天然屏障。

【水资源】本省是水资源较丰富的省份之一，全省境内江河湖沼众多，有黑龙江、乌苏里江、松花江、嫩江和绥芬河五大水系，湖泊有兴凯湖、镜泊湖、杜尔伯特连环湖和五大连池等。

【湿地资源】本省是我国最大的湿地资源分布区之一，天然湿地主要分布在三江平原、松嫩平原和大、小兴安岭山麓地区。国际重要湿地有“丹顶鹤故乡”扎龙湿地，其他还有洪河湿地、兴凯湖湿地和三江湿地、珍宝岛湿地、七星河湿地、南瓮河湿地共7处。本省建立了白渔泡等24处国家湿地公园。这里是东方白鹳等珍稀水禽的重要繁殖栖息地和迁徙停歇地。过度垦殖，湿地缩小，水禽动物会随之减少，必须退耕还湿。

【清洁能源】本省不仅是石油、天然气、煤炭等能源资源大省，风能、太阳能等清洁资源也很丰富。地热资源、春季风速最大，尤其西南部大风日数又多。松辽盆地蕴藏有一个特大型地热田，是我国迄今为止发现的最大地热田之一。

地理集锦

●白夜胜景

每当夏至前后，高纬度的漠河地区一天24小时几乎都是白昼。太阳晚11点下山，次日凌晨3点升起，午夜里向北眺望，天空泛白，西边晚霞未逝，东方朝阳又起，像傍晚，又像黎明，人们在室外可以下棋，打球。每年的夏至节都吸引着国内外游客从各地赶来，欣赏这一年一度的自然景观。

●北极光

一种大自然天文奇观，是由太阳发出的高速带电粒子因受地球极地磁场影响偏向两极附近，高层大气中的分子、原子激发而形成的彩色发光现象。有带状、弧状、放射状、扇状等多种形态，颜色也不尽相同，绿、白、黄、蓝居多。漠河神秘的北极光色彩绚丽，人们很少有机会遇见到，因为极光产生时常被云天所阻隔而难以观测，漠河是中国唯一观到北极光的最佳地方。夏至前后出现万里晴空的天气，极光不被云层阻隔时，人们就可以看到壮观的北极光了。

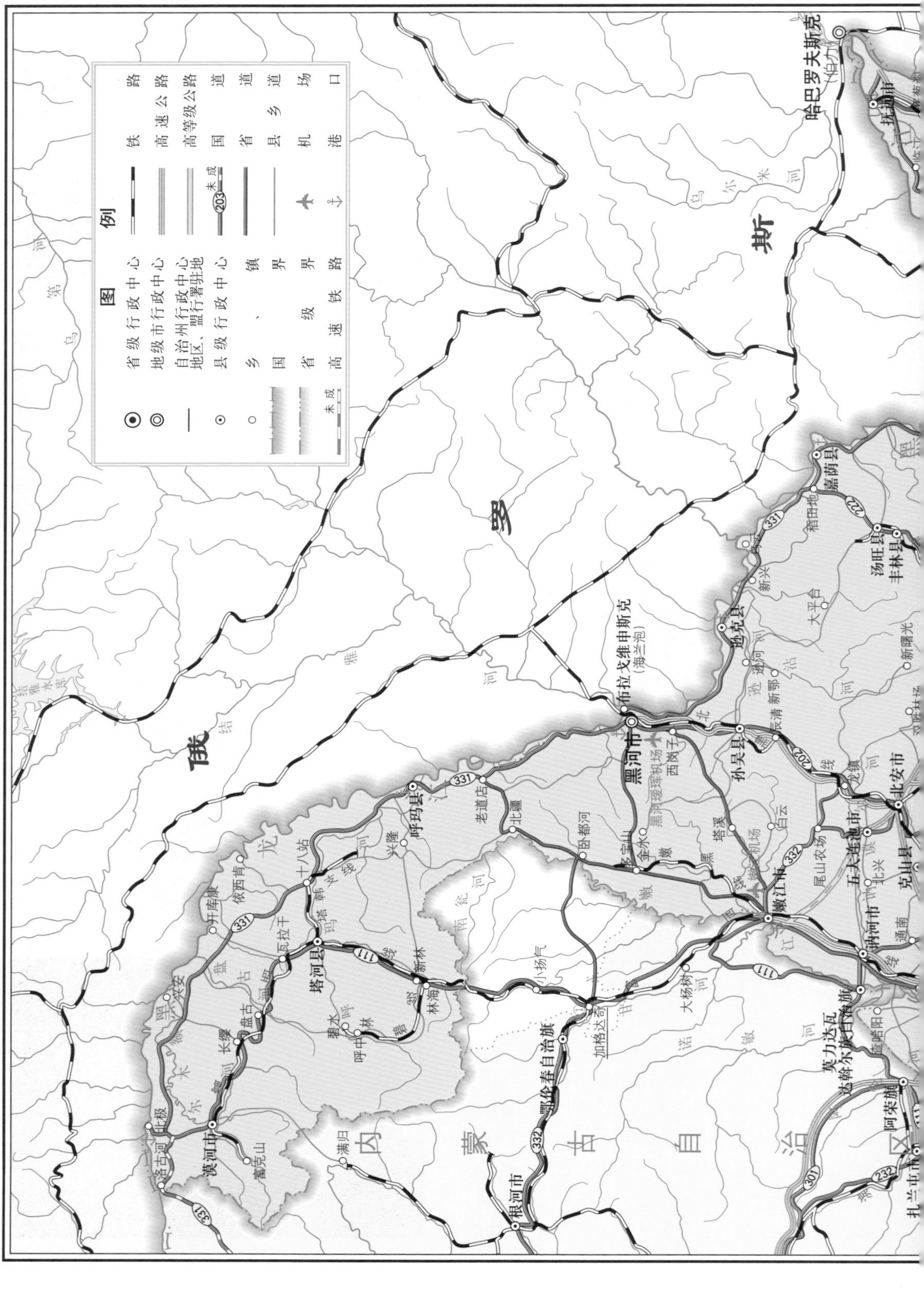

图例

◉	省级行政中心		铁路
◎	地级市行政中心		高速公路
	自治州行政中心 地区、盟行政署驻地		高等级公路
⊙	县级行政中心	203 未成	国道
○	乡、镇		省道
	国界		县乡道
	省级界	✈	机场
未成	高速铁路	⚓	港口

俄 罗 斯

哈巴罗夫斯克（伯力）

布拉戈维申斯克（海兰泡）

乌尔米河

结雅河

内蒙古自治区

漠河市
北极
洛古河
富克山
塔河县
呼玛县
黑河市
孙吴县
逊克县
嘉荫县
汤旺县
丰林县
北安市
五大连池市
嫩江市
讷河市
克山县
加格达奇
鄂伦春自治旗
根河市
莫力达瓦达斡尔族自治旗
阿荣旗
扎兰屯市
黑河瑷珲机场
嫩江机场

① 大兴安岭地区行政公署驻加格达奇

1:4 780 000

0 47.8 95.6千米

黑龙江省专项旅游一览

名称	地点	项目
冰雪游	哈尔滨 亚布力	冰雕 雪景 滑雪 冬泳 溜冰 乘冰帆 打冰橇
疗养游	五大连池	冷水矿泉疗养
狩猎游	桃山 玉泉 连环湖	马鹿 小动物 水禽
观光度假游	哈尔滨 二龙山 镜泊湖	冬季：冰雪乐园 夏季：避暑观光
界江风光游	中俄界江	乘船游览异国风情
少数民族风情游	杜尔伯特蒙古族自治县 齐齐哈尔市 三江平原 大兴安岭	蒙古族风情 达斡尔族风情 鄂伦春族风情 鄂温克族风情 赫哲族风情
森林游	大兴安岭 小兴安岭	原始森林
观鸟游	扎龙	观鹤
边境跨国游	绥芬河、东宁至符拉迪沃斯托克（海参崴） 虎林至列索扎沃斯克	陆路出境观光
	黑河、逊克至布拉戈维申斯克（海兰泡） 同江、抚远至哈巴罗夫斯克（伯力）	水路出境观光

① 大兴安岭地区行政公署驻加格达奇

黑龙江旅游

黑龙江省地处我国北部边疆，自然风光秀丽，并且具有塞外特色，山区冬季雪量大，雪期长，雪质好。林海雪原自然风光，在国内独树一帜。省内自然环境原生态保持较好。冰雪旅游、森林旅游、生态旅游、边境旅游、文物旅游、资源均很丰富。

黑龙江省有国家级风景名胜区3处，著名的太阳岛、五大连池和镜泊湖旅游风景区，还有省级风景名胜区，明月岛、晨星岛、兴凯湖、莲花湖、二龙山、桃山等。有国家级自然保护区40处，齐齐哈尔的扎龙自然保护区，有“仙鹤故乡”之誉。有国家级森林公园60处。著名的森林公园有哈尔滨国家森林公园、乌苏里江家森林公园、牡丹峰国家森林公园、火山口国家森林公园等。并且黑龙江又是中国火山遗迹较多的省区之一，火山活动为其创造了著名的旅游资源，国家级地质公园8个，世界地质公园1个、五大连池既是世界地质公园，也是国家级地质公园。

历史文化遗存丰富，有全国重点文物保护单位和省级重点文物保护单位。其中包括渤海国上京龙泉府遗址、金上京会宁府遗址、亚沟石刻和哈尔滨市的圣索菲亚教堂、侵华日军第731部队旧址等。2个国家历史文化名城哈尔滨 、齐齐哈尔。

哈尔滨是国家历史文化名城，其特殊的地理环境、气候条件成就了北方特色旅游资源。每年的夏季音乐节和冬季的冰雪节名扬国内外，其街道整洁，建筑风格独特，是本省重要的旅游地。尚志市的亚布力滑雪场是我国大型冰雪运动基地。黑河古称瑷珲，是我国最北端的开放口岸。位于祖国最北端的漠河有“北极村”之称，可以见到奇异的北极光。民俗风情游展示北方少数民族粗狂、质朴的民主风情。

黑龙江冰雪游

黑龙江省是我国地理纬度最高的省份，每年约在9月中进入冬季，1月平均气温－18℃至－30℃，全省是白茫茫的冰雪大世界。冬春雪期长120天左右，冰雪资源集中在哈尔滨、伊春、牡丹江和大兴安岭四大区域。

●太阳岛冰雪大世界

位于哈尔滨松花江上的太阳岛西区。这里冬日汇聚天下冰雪艺术之精华、集世界冰雪游乐于一地，冰雪艺术景观众多，冰雪娱乐项目齐全的“冰雪世界”乐园，有“冰雪迪斯尼”之称，它集观赏、娱乐于一体，利用声、光、电等现代科技建造而成。雪雕、冰雪建筑，惟妙惟肖。还有富有情趣或刺激惊险的冰滑梯、滑雪场、雪地足球、雪地卡丁车等。向游人展示了北方“冰城”哈尔滨的冰雪文化和冰雪旅游的独特魅力。

●哈尔滨国际冰雪节

哈尔滨国际冰雪节是世界四大冰雪节之一，与日本札幌、加拿大魁北克和挪威奥斯陆的冰雪节齐名。每年的1月5日开幕，有冰雪艺术、体育、饮食、经贸、旅游、会展等各项活动。通常持续到2月底。期间还有新年、春节、元宵节、滑雪节4个重要的节庆活动。

●兆麟公园冰灯会

位于哈尔滨道里区的兆麟公园，由于有著名抗日联军将领李兆麟将军墓而得名。是哈尔滨市最早的公园，始于1996年1月，每年举行的哈尔滨冰灯游园会的举办地。届时展出的冰灯，玲珑剔透、形态万千，五光十色，整个兆麟公园成为冰的海洋、灯的世界。

●亚布力滑雪度假区

位于哈尔滨市东南30多千米的尚志亚布力镇境内，这里的天然滑雪场，雪质优良，积雪深1米以上，是滑雪旅游首选。亚布力旅游滑雪场是中国第一座符合国际标准的大型旅游滑雪场，拥有初、中、高级高山滑雪道共11条及越野雪道一条。这里山林环抱，景色壮观。已成为冬季滑雪、冰上运动，春季观光赏景、夏季休闲避暑、秋季登山狩猎的旅游胜地。

● “中国雪乡”双峰林场

牡丹江市西北的双峰林场，被誉为雪景最美的“中国雪乡”。这里是海拔约1000米的张广才岭山区，因西伯利亚贝加尔湖冷空气和日本海暖湿气流交汇及当地小气候环境的影响，积雪期长达7个月，是赏雪、拍雪景的

最佳地点。寒冬积雪最厚处近2米，雪量堪称中国之最，这时小木屋上覆盖着厚厚的白雪，家家户户挂着的大红灯笼与白雪映衬，分外美丽。这里还拥有满山的原始红松林，银装素裹，让雪乡美景格外亮丽。

森林公园游

本省大、小兴安岭和东南部老爷岭、张广才岭山区林海茫茫、空气清新、景色宜人，建有50多处国家森林公园，是开展森林休闲旅游的好去处。

●五营国家森林公园

位于小兴安岭地区的伊春市东北郊的五营区，距市区约19千米，是1993年林业部批准建立的国家森林公园，面积141多平方千米。主要有松乡桥、观涛塔、森林小火车、观松大道、森林浴场、虎啸山、响水溪、园中园等景区。

●威虎山国家森林公园

位于海林市北牡丹江畔，是张广才岭东部的深山老林之区，智取威虎山故事发生地，当地群众俗称大夹皮沟。这里有成片的红松原始森林，奇花异草掩映，山间泉瀑成群，是一处森林旅游绝佳境地。西南方另一处国家森林公园宁安火山口地下森林公园也是很有名的一处游览地。

文物古迹游

本省文物古迹除了三江平原一带众多汉魏时代的故城、聚落、祭祀遗址群，其余主要集中分布在唐代地方政权渤海国首府：上京龙泉府（今宁安）一带和金早期都城：上京会宁府（今哈尔滨郊区阿城）一带，以及近现代中西合璧的东方都会哈尔滨等地。

●哈尔滨文庙

哈尔滨文庙是黑龙江省面积最大、保存最完好、建筑等级最高、建筑规制最全的一座孔庙，在哈尔滨南岗区。始建于1926年，为南北向三进院落布局的仿古建筑群。院内有一座碑，刻着著名爱国将领张学良撰写的《哈尔滨文庙碑记》。

●极乐寺

是东北三省四大佛教圣地之一，位于哈尔滨市南岗区。1924年佛教禅宗临济宗44传弟子所建，为全国重点开放寺庙。极乐寺的整体布局和建筑结构都具有寺院建筑风格和特点。主院前后四重殿：天王殿、大雄宝殿、三圣殿、藏经楼。山门内左、右为钟、鼓楼。主院两边为东、西跨院，总面积2.6万平方米。寺东有同年所建八角形七级浮屠塔一座，兼有中西方建筑风格。每年农历四月初八、十八、二十八的庆佛日，极乐寺都要举行盛大的庙会，届时游人香客熙熙攘攘，热闹非凡。

●圣·索菲亚教堂

圣·索菲亚教堂是东亚地区最大的东正教堂，原为沙俄随军教堂，1996年，与哈尔滨文庙同时列为国家重点文物保护单位。教堂在哈尔滨道里区。拜占庭式建筑风格，富丽堂皇，典雅超俗，宏伟壮观。墙体采用清水红砖，大堂上冠以洋葱头穹顶。现辟为哈尔滨建筑艺术博物馆，为哈尔滨标志性建筑之一。

●侵华日军第七三一部队旧址

位于哈尔滨西南郊平房区。方圆约6平方千米。1936年，侵华日军第七三一部队本部驻此，这里成为侵华日军各支细菌部队的中心，世界最大的细菌研究与生产基地。营区有飞机场、铁路专线等。现存本部大楼、监狱、焚尸炉、动物饲养室等。当年侵华日军用活人做试验，中国、苏联、蒙古等国3000多人被残害。1985年在旧址上建有侵华日军细菌部队罪证陈列馆。2006年列为全国重点文物保护单位。

●金上京会宁府遗址

位于哈尔滨市东南郊阿城区，为金朝前期都城遗址。1115年起，金太祖、太宗、熙宗、海陵王四帝以此为都历时38年。遗址主要为相连的南、北两城和皇城，保存较完整，有城垣11千米，马面、堡垒、瓮城、护城河遗址，以及内城里的皇城午门和6座宫殿遗址。皇城建筑规制仿北宋汴京城（今河南开封）。

●兴隆寺

地处牡丹江市宁安市渤海镇西南，是清初在渤海时期寺庙旧址上兴建的大寺庙。因兴隆寺三圣殿内尚存唐渤海国时期的大石佛，三圣殿与大雄宝殿间有渤海时期著名佛教建筑石灯幢，故又称石佛寺。兴隆寺今存马殿、关帝殿、天王殿、大雄宝殿、三圣殿等五殿已修葺一新，这些殿宇是本省仅存的清初木构斗栱建筑。现辟有历史文物展览室。

●瑷珲城

又称黑龙江城，位于黑河市南瑷珲镇，为清初黑龙江将军镇守之所，清代抵抗沙俄侵略的重要边城。清康熙二十三年（1684年）建成，次年迁至今址，城周5千米，现存瑷珲魁星阁。这里不仅是清朝巡边的出发地，而且还是我国各族同胞共同开发黑龙江流域的历史见证，被称为民族团结之城。

●齐齐哈尔寿公祠

位于国家历史文化名城齐齐哈尔市龙沙公园内，寿公祠全称寿山将军祠，是为纪念清末爱国名将黑龙江将军袁寿山（1860～1900年）所建。寿山将军是明末兵部尚书保卫北京的名将袁崇焕后裔，清光绪二十三年（1897年）为驻瑷珲镇边军统领，光绪二十五年（1900年）受命署黑龙江将，同年7月率军英勇抗击沙俄10多万大军进攻中壮烈殉的。寿公祠堂为三进院落，由山门，前殿、后殿，东、西厢房等组成，占地1650平方米。现已修葺一新，成为沙龙公园内的园中之园。而沙龙公园是当年清朝黑龙江将军程德全因感“边塞无佳境”而在其府第所在地所在地在齐齐哈尔营造的最早的园林取唐李白石诗中边塞龙沙地之意1917年立名沙龙公园。

火山湿地游

黑龙江省多湿地和古火山风景胜地。其中有世界最大的芦苇湿地扎龙和被列为首批国家级风景名胜区的五大连池和镜泊湖。

●五大连池风景名胜区

位于哈尔滨以北的五大连池市北。因1719～1721年火山喷发的熔岩流堵塞白河河床而形成的五个串珠状湖泊群而得名，已列为世界地质公园。720平方千米范围内有火烧山、老黑山、笔架山、药泉山等14座火山锥，五大连池两侧有广大的熔岩石海熔岩、台地，还有熔岩柱、塔、丘、洞、火山弹、石龙、喷气锥、以及其他状如禽兽花木的熔岩体，还有熔岩湖、瀑、冷泉、温泉、饮泉、药泉等，故有火山博物馆之称。是首批国家级风景名胜区。

●镜泊湖风景名胜区

位于牡丹江市宁安市境内，镜泊湖是一万年前火山爆发时岩浆堵塞牡丹江河流而成的中国最大的高山堰塞湖。长约45千米，面积91.5平方千米。镜泊湖以其别具一格的湖光山色、青山绿水之美而著称。2006年9月，被定为世界地质公园。湖区湖岛的八大景中，以宽达40米的吊水楼瀑布最为著名。整个湖区峰峦叠翠，已列为国家森林公园。附近还有火山口地下森林、火山熔岩台地和熔岩隧道、冰洞等遗迹。

●扎龙湿地

扎龙湿地位于齐齐哈尔东南30千米处的乌裕尔河下游地带，这里芦苇沼泽广阔，是最早列入《世界重要湿地名录》的中国重点保护湿地。这里是水禽鹤类等鸟类栖息繁衍的乐园。面积达2000平方千米，拥有各种鸟类190余种，有的属于世界濒危物种，如白鹳、大白鹭、大天鹅。全国鹤类9种，扎龙占有6种，即丹顶鹤、灰鹤、白枕鹤、白头鹤、白鹤、蓑羽鹤。丹顶鹤俗称仙鹤，世

序图

界不足2000只，扎龙就有400多只。故有“仙鹤故乡”之称。

●三江湿地自然保护区

三江湿地位于黑龙江、松花江和乌苏里江冲积平原三角地带，平原上沼泽遍布，上世纪中，这里人烟稀少，呈现一派原始景象，是我国东北端一块面积最大、也是全球少见的淡水沼泽湿地。野生动植物资源丰富，有丹顶鹤、白鹤及紫貂、大马哈鱼等。建有自然保护区，并已列入“国际重要湿地名录”，对于保护湿地生物多样性具有极为重要的意义。

边境口岸游

黑龙江省东、北部分别隔着乌苏里江、黑龙江与俄罗斯相望。在长达3045千米边境线上，拥有漠河、呼玛、黑河、逊克、嘉荫、萝北、同江、抚远、饶河、虎林、绥芬河、东宁等15个边境口岸。不仅可以大力发展中俄两国间商贸经济往来，同时也为边境跨国旅游创造了便利条件。还可以从口岸乘船游江，尽览两岸秀色和异国风情。

●漠河口岸

位于中国最北端黑龙江上游的漠河市，是国家一类口岸。这里是我国地理纬度最高的地方，有“中国北极”之称。漠河对岸是俄罗斯边境重镇加林达。到漠河参观游览，夏日有机会观赏到北极光，白夜胜景，漠河有“不夜城”之称，夏至前后，每天日出到日落，长达20个小时，晚上11点至次日凌晨2～3点，游人仍可在户外活。隆冬夜长白雪积雪半年以上，此时的森林、木屋，被皑皑白雪覆盖，美景天成，让游人流连忘返。

●黑河口岸

黑河市位于本省北偏东部黑龙江畔，以黑龙江主航道中心线为界，与俄罗斯远东的第三大城市阿穆尔州首府布拉戈维申斯克（海兰泡）相望。黑河是改革开放后首批国家一类口岸。江中的大黑河岛有中俄边境线上的最大的中俄民间交易市场。黑河市与俄罗斯布拉戈维申斯克（海兰泡）、哈巴罗夫斯克（伯力）间，已开辟跨国边境旅游。本市著名游览地有市郊瑷珲镇的瑷珲古城魁星楼。远处有本市南、世界级的公园五大连池火山地质公园。

●抚远口岸

抚远被誉为“中国东极”，东、北两面隔乌苏里江、黑龙江与俄罗斯哈巴罗夫斯克(伯力)隔江相望。开设有本省著名的边贸口岸，抚远与俄罗斯哈巴罗夫斯克（伯力）间开辟有边境跨国旅游线。本地主要旅游景点有“东方第一镇”古乌苏镇和洪河湿地国家级自然保护区等。

●绥芬河口岸

绥芬河国家一类口岸，位于本省东南部牡丹江市东面的绥芬河市。与俄罗斯远东的滨海边区接壤，有哈绥高速公路和滨绥铁路通此。另有铁路通俄罗斯的符拉迪沃斯托克（海参崴）海港。绥芬河素有“国境商都”的美名，设有中俄互市贸易区。开辟有绥芬河—符拉迪沃斯托克（海参崴）边境跨国旅游线。绥芬河山城风光秀丽，有火箭形口岸标志性“国门”建筑，是赴俄边境旅游的重要通道。

民俗风情游

本省随着“中东铁路”开通和哈尔滨等城市往来而成为国际性的商埠，中西方文化元素在这里交融会合。而自古生息于山林水域之间兄弟民族却又保持着本民族独特生产方式与民风民俗，这些都是本省重要的人文旅游资源。

●俄罗斯风情小镇

哈尔滨太阳岛上的俄罗斯风情小镇与市区中央大街隔江相望。小镇上的俄罗斯风情别墅、民宅掩映在花卉、绿树丛中。在这里休闲旅游，可以欣赏俄罗斯民间舞蹈、冰上芭蕾，还可以观看俄罗斯艺人现场制作工艺品。在这里的布拉吉酒吧泡吧，可以品尝异国风味菜肴，感受俄罗斯服务员姑娘们的异国情怀。

●东北大秧歌和伊春“僵尸”街舞

大秧歌源于中国北方农村，是汉族传统民间舞蹈。20世纪90年代成为一种群众性自娱自乐的健身活动。本省的城乡流行的民间舞蹈“东北大秧歌”有“地蹦子秧歌”和“高跷秧歌”两种，均起源于农村劳动生活，同时吸取了民歌、民间武术、杂技以及戏曲技艺形成的。东北大秧歌旋律流畅，节奏欢快场面、红火情趣盎是一项群众性娱乐健身活动，深得人们喜爱。近年来，伊春一带老年活动中心的大爷大妈们模仿各种体操动作，创造了一种集体行进式街舞，动作僵挺，有节奏，俗称僵尸舞，已很快流传到了四川、北京等省市。

●冬泳冰雪运动

冬泳冰雪运动是哈尔滨特色的群众性体育活动，表现了哈尔滨人不畏严寒的强壮体魄和坚强意志。冬季，哈尔滨的室外温度下降到零下十几度到二十几度。冬泳者在松花江上，刨开冰面，修筑冰上游泳池。他们身着泳衣，纵身跳进冰冷的江水里，畅快地游上几圈。哈尔滨人冬日对冰雪运动有特殊的爱好，此时从松花江、太阳岛、月亮湾、二龙山、长寿山、亚布力的滑雪场，以及哈尔滨冰球馆、冰雪大世界等处，前来参加滑雪、雪地足球、雪地射箭、雪地越野等，冰雪运动和冰雪娱乐

活动的人流有如潮涌。

●冰灯

是一种古老的北方民间艺术。冰灯最早被用为照明的工具，后来则演变为一种特有民俗，现在黑龙江人逢年过节都要制作冰灯、冰雕等艺术品来增添节日气氛。冰灯的制作是一项系统的工程，根据设计图纸的要求，

再用刨子、扁铲等工具加工成冰砖或冰配件，以水为粘合剂，制造出巍峨的冰建筑和精巧的工艺品造型。大型室外露天冰灯艺术展已成为冰雪节传统项目。

风物拾要

●人参

黑龙江是东北“三宝”（人参、貂皮、鹿茸）的主产地之一。人参是“三宝”中第一宝，为百草之王。野生的称“野山参”，较名贵，栽培的称“园参”。人参不但可以入药，还可用于烹饪、制糖、浸酒、制烟及制成营养性高级化妆品等。貂皮素有“裘中之王”之称，分为紫貂皮和水貂皮两种，以紫貂皮较为名贵。鹿茸有主要产于大兴安岭的马鹿茸和长白山的梅花鹿茸两种。鹿茸的药用价值很高，可生精补

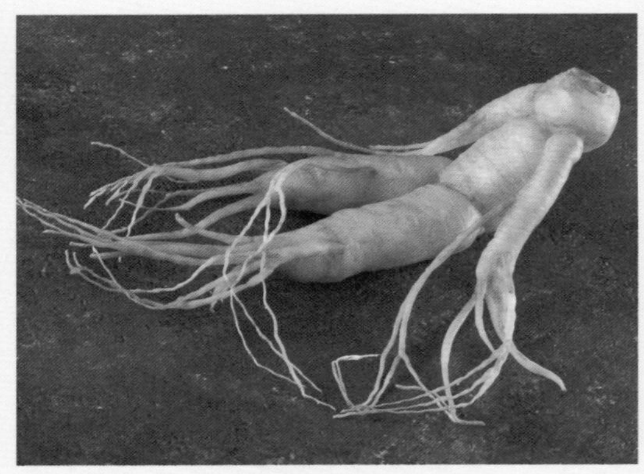

髓、养血益阳、强筋健骨。

●大马哈鱼

大马哈鱼又称“大麻哈鱼”，分布在北纬35°以北的太平洋水域，亚洲和美洲沿岸均有分布。此鱼属于溯河性洄游鱼类，“江里生，海里长”。进入我国境内的黑龙江、绥芬河等水系，以进入黑龙江支流乌苏里江的最多。为黑龙江、乌苏里江的著名水产。大马哈鱼盛产季节一般在9月中下旬至10月上旬，渔期较集中。体重大的十多斤，小的也有四五斤。是肉质鲜美，可以用来包饺子，烹饪多种菜肴。

●兴安岭山珍

兴安岭地区的珍稀野生食用菌，可食用的多达150种。其中猴头蘑、榛蘑、元蘑被称作东北“三大蘑”。有“山珍猴头、海味燕窝”之称；榛蘑是黑龙江特有山珍之一，是极少数不能人工培育的食用菌之一。另外，灵芝、黑木耳、松子、山野菜（蕨菜、松茸、薇菜等）也相享有盛名。

序图

哈尔滨风物民情

哈尔滨不但是中国北方著名的综合性工业城市，而且也是风物民情颇具特色的中国重点旅游城市。哈尔滨冬日天寒地冻，是著名的“冰城”，因此，每年的春节前后都要举办“冰雪节”观冰灯雪景，开展冬泳、冰上运动，青年宫还专门为新婚夫妇举办饶有兴致的冰上婚礼；夏日哈尔滨天气比关内凉爽，是优先发展的休假避暑地，届时，哈尔滨还举办一年一度的消夏音乐会。

哈尔滨的欧式建筑、西餐文化在国内相当有名，早在新中国成立前就非常红火，近代“中东铁路”（滨绥线－滨洲线）的开通，西方商旅移民的进入，蓝眼珠黄头发的外国人连同西式的建筑风格和餐饮方式一起传入。哈尔滨涌现了颐园街法式、欧式私邸建筑，市区道里的俄式东正教堂建筑等为代表的许多西式建筑和拥有70多座文艺复兴式、巴洛克式、折中主义式等建筑一派欧化特色的中央大街（中国历史文化名城街之一）。当年的哈尔滨有“东方小巴黎”之称。华梅西餐厅等一批西餐馆随之出现在哈尔滨街头，尤其俄式风格的西餐在哈尔滨大行其道。“俄式大菜”，酸甜辣咸各种口味俱全，餐桌上的红肠，哈啤、面包（大列巴）都是不可缺少的美味。

再说说郊游野餐，喝啤酒的风俗。哈尔滨人大凡野游活动，总离不开野餐，既是沿袭了东北少数民族外出渔猎饮食习惯，也是受了近代俄日移民生活方式的影响，哈尔滨人逐渐养成有野餐风俗。尤其节假日，很多人结伴而行，喜爱带上啤酒饮料、列巴面包、红肠等生、熟食物及简单的炊具来到太阳岛或郊野二龙山一带聚会野餐，同时也观赏那里的二龙戏珠或是太阳岛上的水阁云天等，山水风景休闲度过一天快乐的时光。提及喝啤酒的确是历来许多哈尔滨人的爱好，尤其大夏天，不少住户提着水桶上街买啤酒。在哈尔滨，啤酒生产已有百年历史。哈尔滨啤酒年消费量曾达30多万吨，人均啤酒消费量居全国首位。很多人把啤酒视为清凉饮料，人们常以痛饮啤酒待客，显示北方人的豪气。

民族风情

黑龙江省汉族以外的兄弟少数民族民风民俗以三江平原的赫哲族和大兴安岭鄂伦春族最有特色，同江街津口、赫哲民族乡、塔河十八站鄂伦春民族乡等都是有着浓厚民族风情特色的地方。赫哲族全国只有5000多人，84%以上的赫哲人集中分布在本省三江平原区，这里的同江市街津口赫哲民族乡是我国著名的赫哲族人聚居地，赫哲民族风情特色浓厚。赫哲人是历史上善于从事渔猎的民族，叉鱼是他们谋生的绝技。以鲜鱼、鱼干、兽肉为食，用鱼皮做衣服、被褥为主的少数民族，那时候多住泥墙

草顶的马架子房屋或桦皮茅草棚，以狗拉雪橇、滑雪板、桦皮船作交通工具。民间流传有“伊玛堪”说唱文学。今天的赫哲人生产生活都有了很大改善和变化，盖了新房，吃上了米饭白面，过着现代人的生活。

我国的鄂伦春族近半数聚居在本省兴安岭山林地带，塔河、呼玛等地方历史上鄂伦春人多从事森林狩猎为生，衣食住行，以及文化生活等诸多方面都显示了狩猎民族特点。他们用狍子皮做的衣帽，既美观又保暖、坚实。他们眷养的猎马、猎狗，是他们狩猎的好帮手。他们驯马、驯鹿，制作木筏、兽皮船、雪橇、滑雪板等作为交通工具。鄂伦春人说唱文学发达，有神话故事，歌谣笑话等，长篇说唱文学《摩苏昆》，是鄂伦春族民间文学珍品。塔河县东南隅的十八站鄂伦春民族乡民俗风情旅游景区，山清水秀，野生动物资源丰富，这里的鄂伦春民族手工艺品，如用桦树皮制作的桦皮画、珍品盒等，精致、实用，具有浓郁的民族特色。这里每年6月8日举办篝火节。

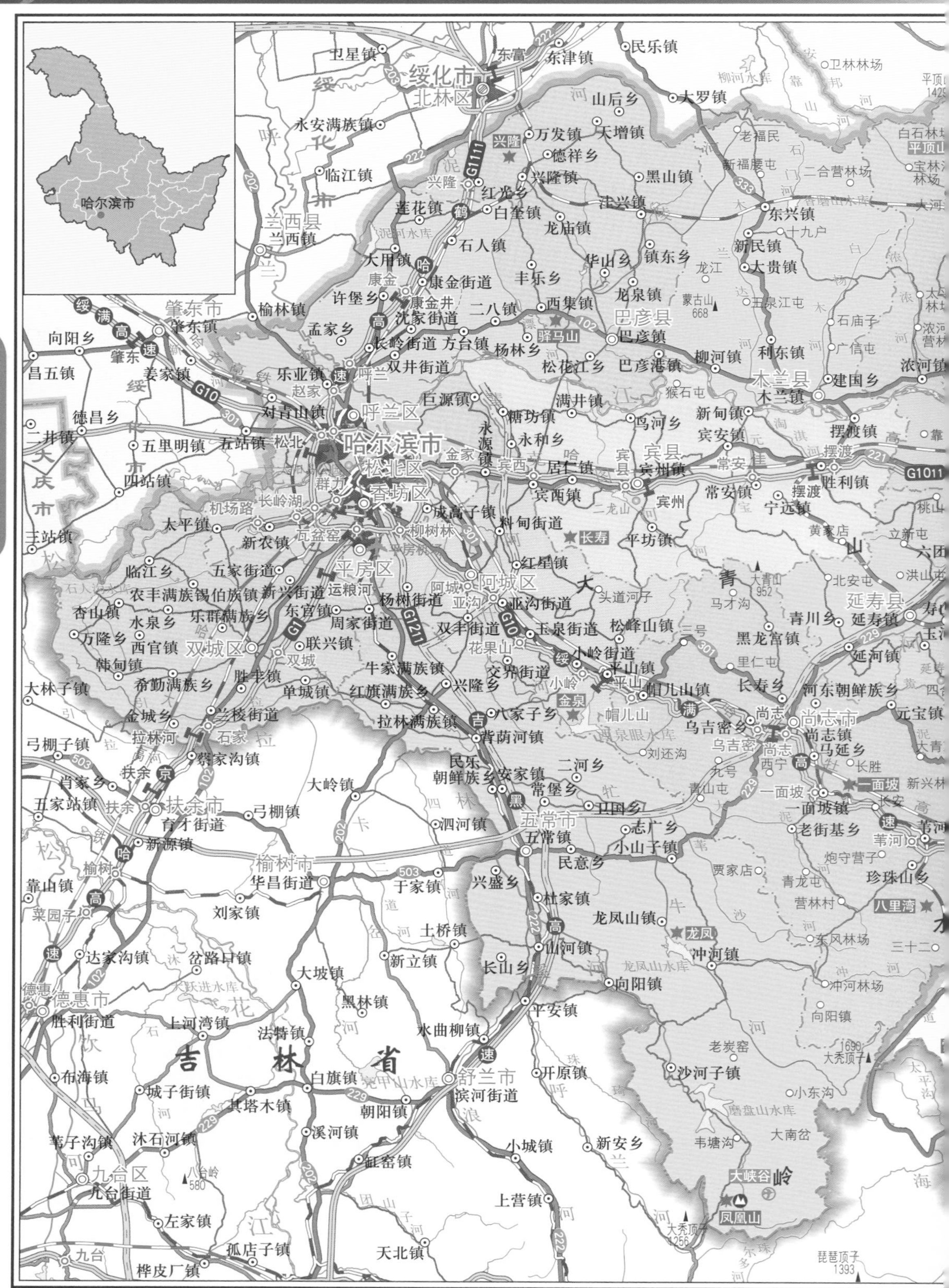
哈尔滨市
绥化市
北林区
东富
东津镇
民乐镇
卫星镇
永安满族镇
临江镇
兴隆
万发镇
德祥乡
兴隆镇
红光乡
山后乡
大罗镇
天增镇
黑山镇
老福民
新福屯
二合营林场
卫林林场
柳河水库
白石林场
平顶山
东兴镇
十九户
新民镇
大贵镇
莲花镇
白奎镇
龙庙镇
泥河水库
石人镇
兰西县
兰西镇
大用镇
康金
康金街道
康金井
许堡乡
沈家街道
丰乐乡
华山乡
镇东乡
龙江
龙泉镇
蒙古山
668
五泉江屯
西集镇
二八镇
驿马山
巴彦县
巴彦镇
巴彦港镇
杨林乡
松花江乡
柳河镇
利东镇
石庙子
广信屯
浓河镇
木兰县
木兰镇
建国乡
肇东市
肇东镇
榆林镇
孟家乡
长岭街道
方台镇
双井街道
向阳乡
肇东
姜家镇
昌五镇
乐亚镇
赵家
呼兰
呼兰区
对青山镇
巨源镇
糖坊镇
满井镇
猴石屯
鸟河乡
新甸镇
宾安镇
摆渡镇
德昌乡
二井镇
五里明镇
五站镇
松北
永源镇
永和乡
金家
宾西
居仁镇
宾县
宾州镇
常安
常安镇
摆渡
胜利镇
G1011
松北区
群力
香坊区
四站镇
大庆市
机场路
长岭湖
成高子镇
宾西镇
二龙山
宾州
宁远镇
太平镇
新农镇
瓦盆窑
柳树林
料甸街道
长寿
平坊镇
黄家店
王站镇
平房区
红星镇
大青山
952
临江乡
五家街道
运粮河
阿城
阿城区
亚沟
大
头道河子
马才沟
青
北安屯
延寿县
石人沟水库
农丰满族锡伯族镇
新兴街道
杨树街道
亚沟街道
杏山镇
水泉乡
乐群满族乡
东官镇
周家街道
双丰街道
玉泉街道
松峰山镇
青川乡
延寿镇
万隆乡
西官镇
双城区
联兴镇
花果山
小岭街道
三号
黑龙宫镇
延河镇
韩甸镇
双城
牛家满族镇
交界街道
平山镇
里仁屯
胜丰镇
小岭
平山
帽儿山镇
长寿乡
河东朝鲜族乡
大林子镇
希勤满族乡
单城镇
红旗满族乡
兴隆乡
金泉
帽儿山
元宝镇
金城乡
兰棱街道
拉林满族镇
八家子乡
尚志
尚志市
拉林河
石家
背荫河镇
泉眼水库
乌吉密乡
尚志镇
马延乡
弓棚子镇
蔡家沟镇
刘还沟
乌吉密
尚志
长胜
民乐朝鲜族乡
安家镇
二河乡
九号
西宁
一面坡
新兴林
肖家乡
扶余
大岭镇
常堡乡
青山屯
一面坡
一面坡镇
长安
五家站镇
扶余市
育才街道
弓棚镇
泗河镇
五常市
卫国乡
志广乡
老街基乡
苇河
新源镇
五常镇
小山子镇
炮守营子
榆树
榆树市
华昌街道
于家镇
民意乡
贾家店
珍珠山乡
靠山镇
兴盛乡
青龙屯
菜园子
刘家镇
杜家镇
营林村
八里湾
龙凤山镇
龙凤
土桥镇
东风林场
达家沟镇
岔路口镇
新立镇
长山乡
山河镇
冲河镇
龙凤山水库
大跃进水库
大坡镇
向阳镇
冲河林场
德惠
德惠市
胜利街道
上河湾镇
黑林镇
平安镇
向阳镇
法特镇
水曲柳镇
老炭窑
1690
大秃顶子
吉林省
白旗镇
亮甲山水库
舒兰市
开原镇
沙河子镇
布海镇
城子街镇
其塔木镇
滨河街道
朝阳镇
小东沟
磨盘山水库
苇子沟镇
沐石河镇
溪河镇
小城镇
新安乡
大南岔
韦塘沟
九台区
八台岭
580
缸窑镇
大峡谷
岭
九台街道
凤凰山
上营镇
左家镇
大秃顶子
1256
孤店子镇
天北镇
琵琶顶子
1393
九台
桦皮厂镇

哈尔滨市

【地理位置】哈尔滨市位于黑龙江省南部，松花江畔。南与吉林省为邻。东与牡丹江市、七台河市相连，北接佳木斯市、伊春市，西北邻绥化市，西接大庆市。哈尔滨是黑龙江省省会。

【行政区划】9市辖区2县级市7县：松北区、道里区、南岗区、道外区、平房区、香坊区、呼兰区、阿城区、双城区，尚志市、五常市，依兰县、方正县、宾县、巴彦县、木兰县、通河县、延寿县。

【人口面积】人口943万，有汉、满、朝鲜、回、蒙古达斡尔等民族。面积53186平方千米。

【地　　形】哈尔滨市周围是平原，向东沿松花江两岸延伸，惟松花江南有山势不高的大青山低山丘陵。哈尔滨市东北通河、依兰两县北临小兴安岭余脉，地势略高；哈尔滨市东南五常、尚志两市南接张广才岭大秃顶子主峰地带，地势较高。

【最高山峰】张广才岭大秃顶子，海拔1690米。

【气　　候】属中温带半湿润大陆性季风气候，年降水量552–562毫米，降水主要集中在6–9月。年平均气温3.1–3.6℃，无霜期132–141天。

【河流湖泊】河流主要有松花江、牡丹江、呼兰河、蚂蜒河等，本市较大的人工湖有阿城的西泉眼水库。

【交　　通】哈尔滨是东北地区重要交通枢纽，有哈大高铁、哈齐高铁已经建成通车。京哈、哈大、滨绥、滨北、拉滨、滨洲等铁路，哈同、绥满、京哈、鹤哈等高速公路在此交会。此外，还有102、202、221、301等国道公路。哈尔滨是东北最大的内河航运港口，松花江4–10月通航。市区西南的太平国际机场是我国大型国际机场之一。

【资源经济】矿产资源现已探明各类矿产63种，有煤炭、天然气、铜、锌、钨、钼等矿产在省内占有重要地位。林木以红松、落叶松、樟子松、椴木、水曲柳等为主，另有山参、黄柏、地龙、苦参等名贵药材，蕨菜、薇菜、猴腿菜等山菜和松子、榛子等野生油料，杏、李子、山桃、山梨、山葡萄等野果，以及丁香、百合等130余种野生花卉，丁香花是哈尔滨市的市花。野生动物主要有东北虎、梅花鹿等国家级重点保护动物和白鹳、黑鹳、白尾貂等国家一类保护动物。市郊区县农业以小麦、水稻、大豆、玉米为主。南部五常、尚志等地是重要商品粮基地。哈尔滨地区既是全国重要的粮豆甜菜生产基地，又是全国重要的工业城市，形成了以机械、发电设备制造、石油化工、食品四大主导产业，林业机械、工程机械、飞机制造、木材加工、电表仪器、亚麻纺织、甜菜制糖等行业在全国占有重要地位。哈药集团、哈飞集团、三大动力厂等企业驰名全国。

【风景名胜】哈尔滨号称"北国江城"，格局和文艺复兴式、巴洛克式等经典欧式建筑之作比比皆是，由于充满异国情调，享有"东方小巴黎"、"东方莫斯科"之美誉；又有"冰城"之称，一年一度的冰雪节国际冰雕雪塑比赛，春节冰灯展"哈尔滨之夏"音乐会等极具吸引力；游览地有松花江、圣·索菲亚教堂、兆麟公园、文庙、东北虎林园、极乐寺、中央大街、太阳岛国家级风景名胜区及金上京会宁府古迹、松峰山风景区、亚力布滑雪基地等。

【特产美食】哈尔滨盛产猴头菇、木耳、松茸、薇菜、蕨菜、榛子、松子等山野特产，被誉为 北国山珍 。五常大米、哈尔滨啤酒、哈肉联红肠、哈高科大豆、双城小米、龙丹奶粉、绿山川速冻食品、延寿绿色有机食品、食用菌等一系列有机、绿色食品名扬国内，远销海外。

1:1 470 000　0　14.7　29.4千米

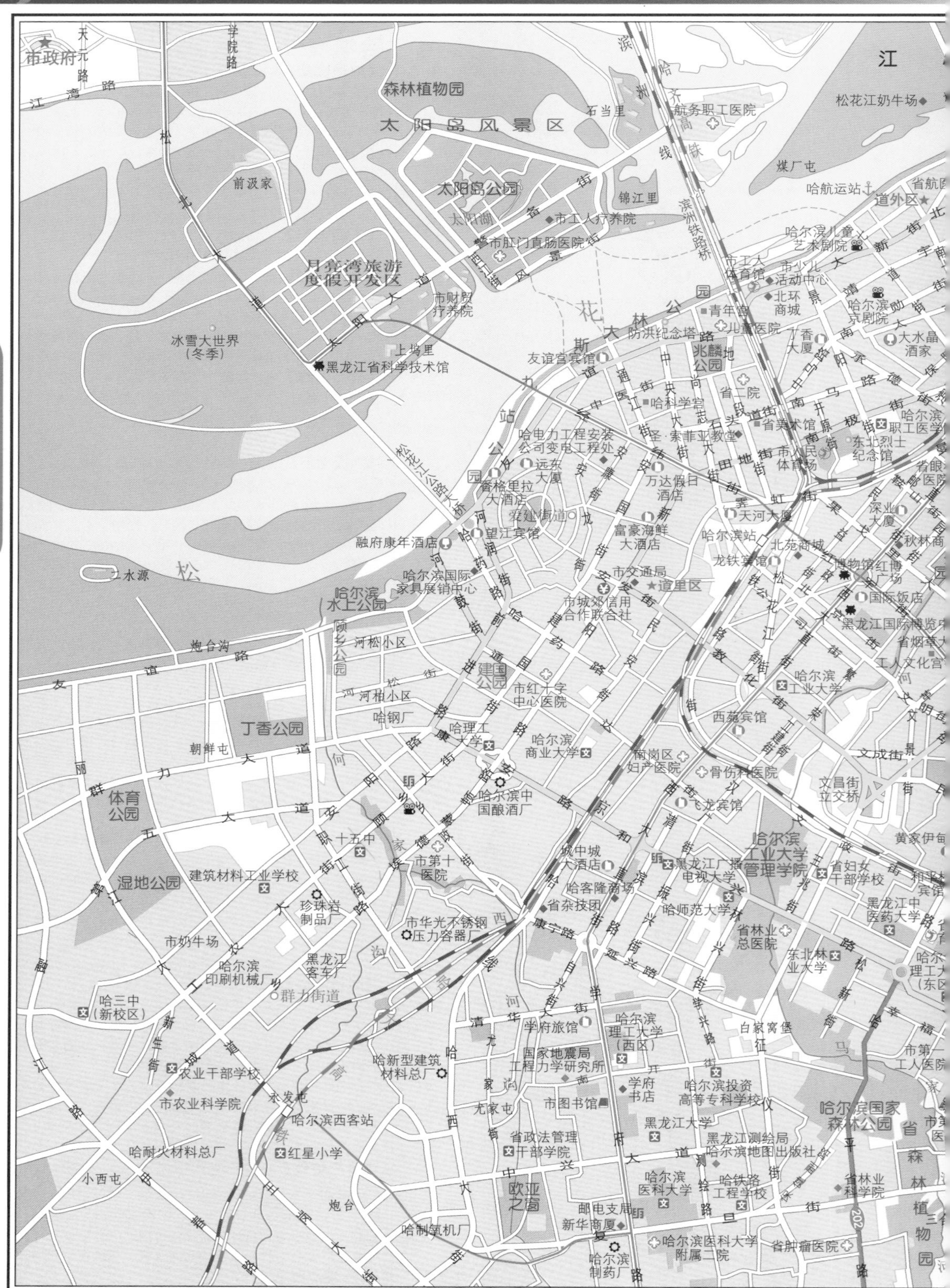
市政府
森林植物园
太阳岛风景区
太阳岛公园
月亮湾旅游度假开发区
冰雪大世界（冬季）
黑龙江省科学技术馆
前汲家
石当里
航务职工医院
锦江里
松花江奶牛场
煤厂屯
哈航运站
道外区
市工人疗养院
市肛门直肠医院
市财贸疗养院
上坞里
哈尔滨儿童艺术剧院
市工人体育馆
市少儿活动中心
北环商城
青年宫
儿童医院
防洪纪念塔
哈尔滨京剧院
丁香大厦
大水晶酒家
友谊宫宾馆
兆麟公园
省二院
哈科学宫
省美术馆
东北烈士纪念馆
圣·索菲亚教堂
哈电力工程安装公司变电工程处
远东大厦
市人民体育场
万达假日酒店
香格里拉大酒店
安建街道
望江宾馆
天河大厦
深业大厦
融府康年酒店
富豪海鲜大酒店
哈尔滨站
北苑商城
秋林商
龙铁宾馆
博物馆
红博广场
哈尔滨国际家具展销中心
市交通局
道里区
国际饭店
哈尔滨水上公园
市城郊信用合作联合社
黑龙江国际博览中
省烟草
工人文化宫
河松小区
建国公园
市红十字中心医院
哈尔滨工业大学
河柏小区
哈钢厂
西苑宾馆
丁香公园
哈理工大学
哈尔滨商业大学
朝鲜屯
南岗区妇产医院
骨伤科医院
文成街
体育公园
哈尔滨中国酿酒厂
飞龙宾馆
文昌街立交桥
十五中
市第十医院
黄家伊甸
湿地公园
建筑材料工业学校
城中城大酒店
哈尔滨工业大学管理学院
黑龙江广播电视大学
省妇女干部学校
哈客隆商场
珍珠岩制品厂
省杂技团
哈师范大学
黑龙江中医药大学
市华光不锈钢压力容器厂
省林业总医院
市奶牛场
黑龙江客车厂
东北林业大学
哈尔滨理工大学（东区）
哈尔滨印刷机械厂
群力街道
哈三中（新校区）
学府旅馆
哈尔滨理工大学（西区）
白家窝堡
国家地震局工程力学研究所
哈新型建筑材料总厂
市第一工人医院
农业干部学校
学府书店
哈尔滨投资高等专科学校
市农业科学院
永发屯
市图书馆
哈尔滨国家森林公园
尤家屯
哈尔滨西客站
黑龙江大学
黑龙江测绘局
哈尔滨地图出版社
哈耐火材料总厂
省政法管理干部学院
红星小学
小西屯
哈尔滨医科大学
哈铁路工程学校
省林业科学院
欧亚之窗
炮台
邮电支局
新华商厦
哈制氧机厂
哈尔滨医科大学附属二院
省肿瘤医院
哈尔滨制药厂
水源
松花江
炮台沟路
友谊路
群力大道
五大道
新阳路
学府路
中山路
红旗大街
哈平路

哈尔滨　哈尔滨城区主要包括松花江南岸旧城滨洲线以西、以东的道里区、道外区，以及南岗区、香坊区等。黑龙江省政府、哈尔滨市政府分别在南岗区和道里区。哈尔滨是黑龙江省省会，全省政治、经济、文化中心，最大的交通枢纽。位于京哈、绥满铁路、高速公路和松花江航道的交会点。哈尔滨是中国历史文化名城，城市街道整齐，旧建筑多欧式风格，素有“东方莫斯科”之称。城区不仅是省、市党政机关所在地，也是全市最繁华的商业地段。松花江边抗洪纪念塔的中央大街最为有名，为城区通向松花江岸各风景点干道和城区繁华商业街，街侧多欧式建筑，大商场林立。尚志大街、经纬街、地段街、通江街也是城区的主要街道。南岗区位于城区中部，是本市文化机关学校集中区，黑龙江大学、哈尔滨工业大学、哈尔滨工程大学、建筑大学、科技大学和师范大学等高等学府都集中在这里；主要街道有东大直街、西大直街、中山路、和兴路、一曼街、学府路等；这里有著名的秋林公司、哈尔滨大楼。道外区主要为居民区和商业区，街道较窄，人口密集。这里的靖宇街是全市繁华街道之一。景阳街、大新街、南极街、承德街是市区交通干道。哈尔滨航运站位于北七道街，是松花江中下游客货主要港口之一。工业企业主要在南岗区东部。哈尔滨松花江滨的斯大林公园、南岗的儿童公园、道里的兆麟公园、道外的靖宇公园、松花江北岸的太阳岛是城区的主要游览、避暑胜地；还有极乐寺、文庙、圣·索菲亚教堂、颐园街1号法式府邸建筑等古迹。

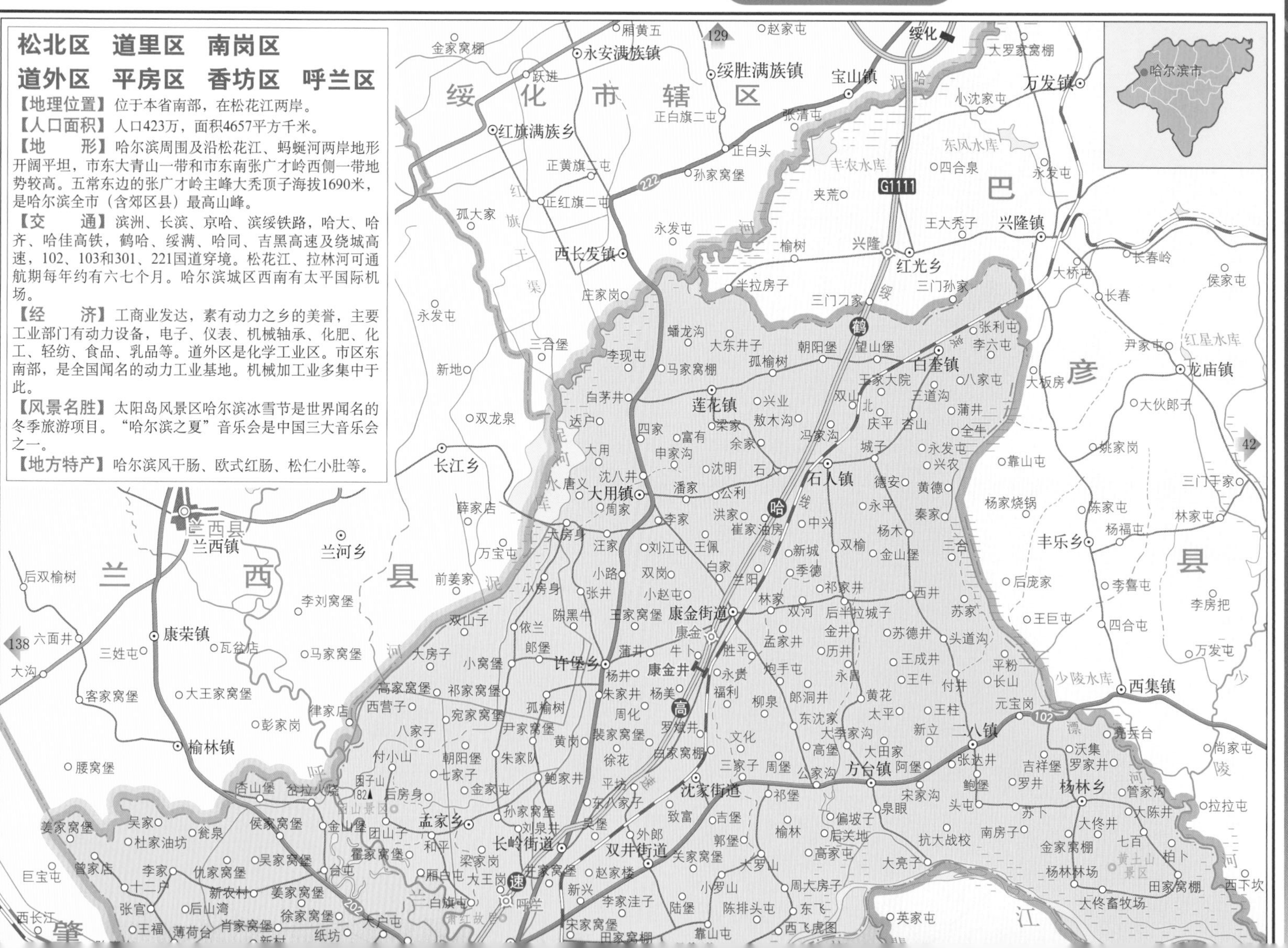

松北区　道里区　南岗区　道外区　平房区　香坊区　呼兰区

【地理位置】位于本省南部，在松花江两岸。

【人口面积】人口423万，面积4657平方千米。

【地　　形】哈尔滨周围及沿松花江、蚂蜒河两岸地形开阔平坦，市东大青山一带和市东南张广才岭西侧一带地势较高。五常东边的张广才岭主峰大秃顶子海拔1690米，是哈尔滨全市（含郊区县）最高山峰。

【交　　通】滨洲、长滨、京哈、滨绥铁路，哈大、哈齐、哈佳高铁，鹤哈、绥满、哈同、吉黑高速及绕城高速，102、103和301、221国道穿境。松花江、拉林河可通航期每年约有六七个月。哈尔滨城区西南有太平国际机场。

【经　　济】工商业发达，素有动力之乡的美誉，主要工业部门有动力设备，电子、仪表、机械轴承、化肥、化工、轻纺、食品、乳品等。道外区是化学工业区。市区东南部，是全国闻名的动力工业基地。机械加工业多集中于此。

【风景名胜】太阳岛风景区哈尔滨冰雪节是世界闻名的冬季旅游项目。“哈尔滨之夏”音乐会是中国三大音乐会之一。

【地方特产】哈尔滨风干肠、欧式红肠、松仁小肚等。

松北区 ☎0451 ✉150028　道里区 ☎0451 ✉150010　南岗区 ☎0451 ✉150006　道外区 ☎0451 ✉150020
平房区 ☎0451 ✉150060　香坊区 ☎0451 ✉150036　呼兰区 ☎0451 ✉150500

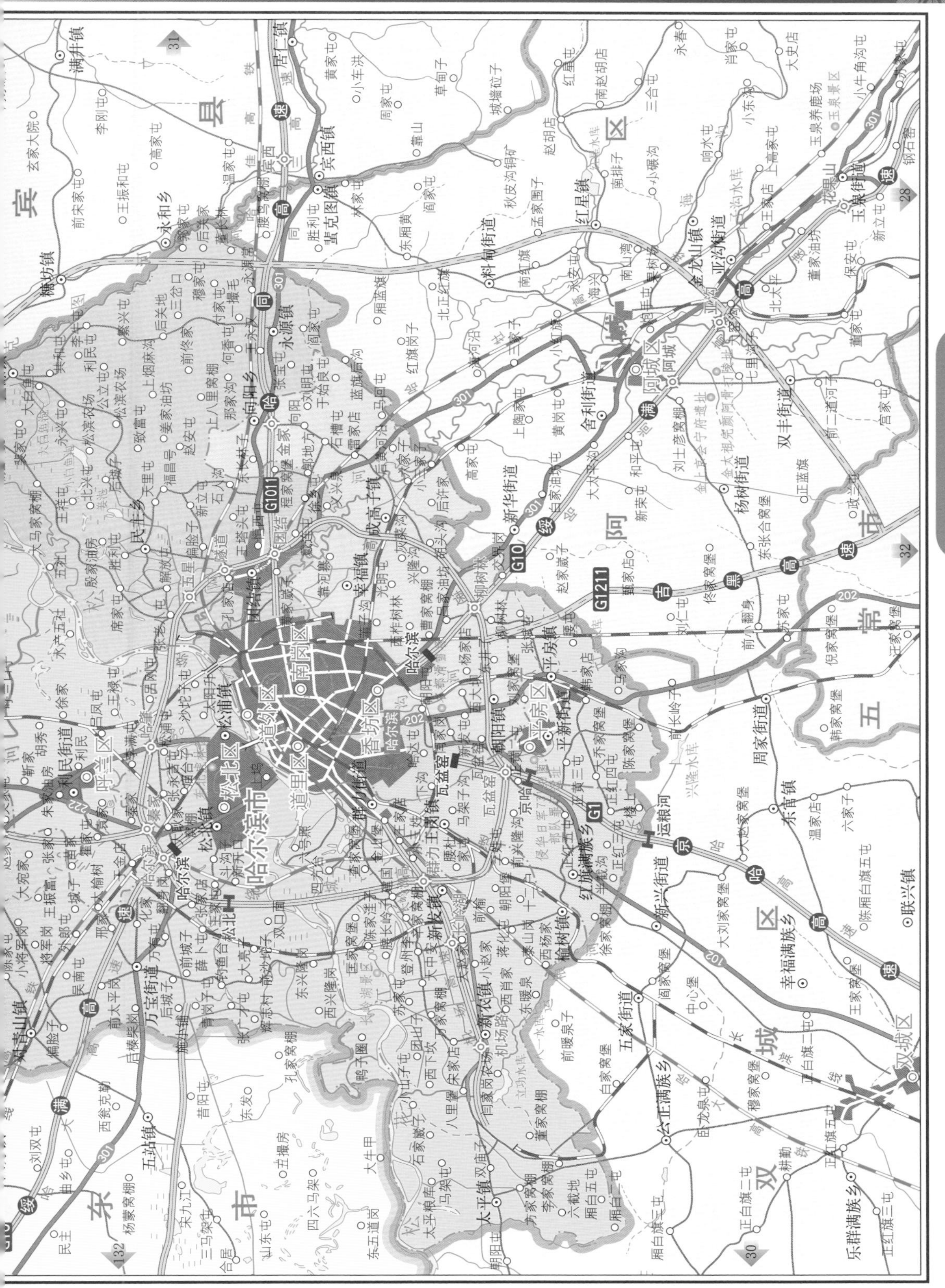

1:430 000 0 4.3 8.6千米

哈尔滨市

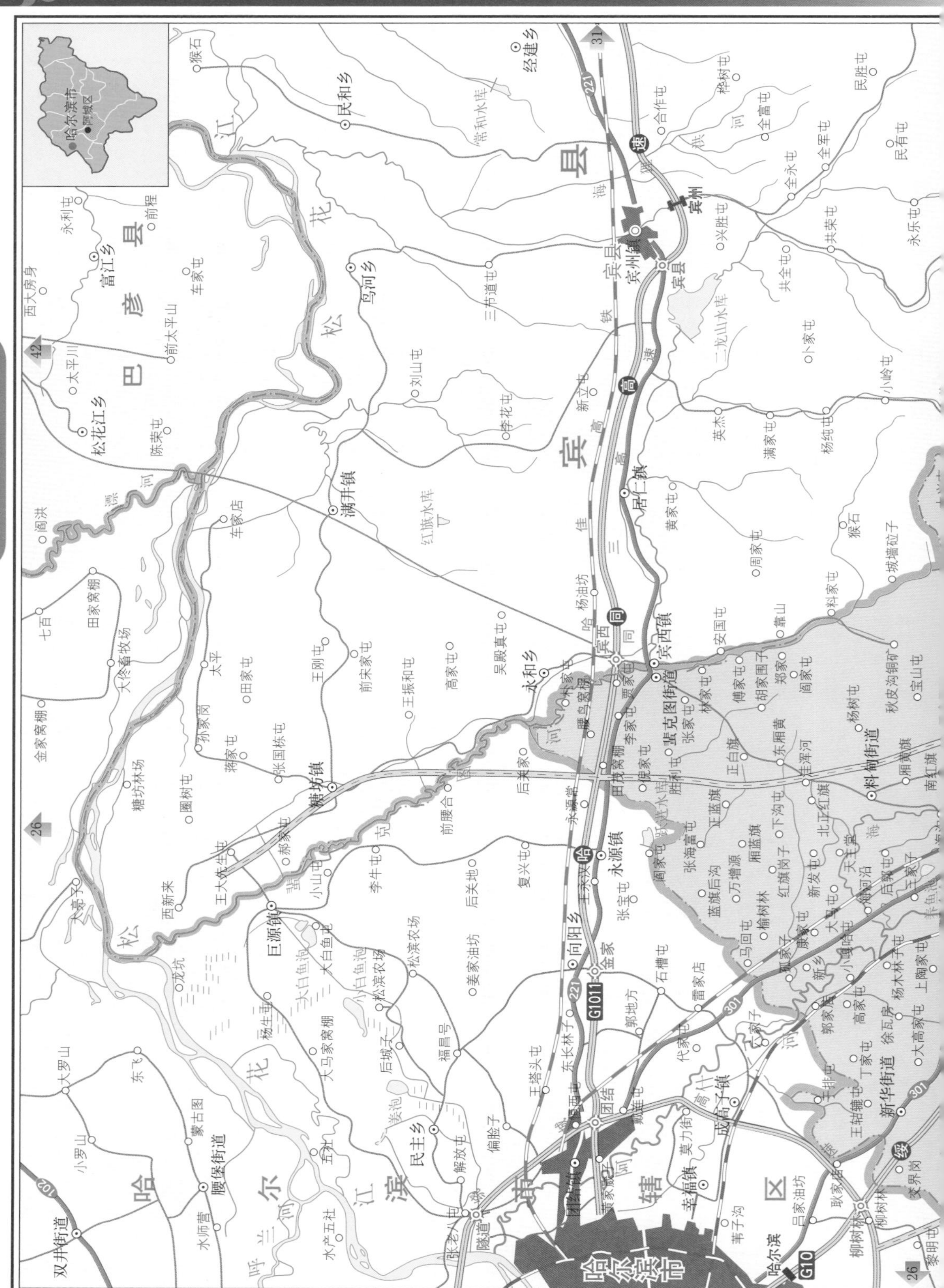

阿城区 ☎0451 ✉150300

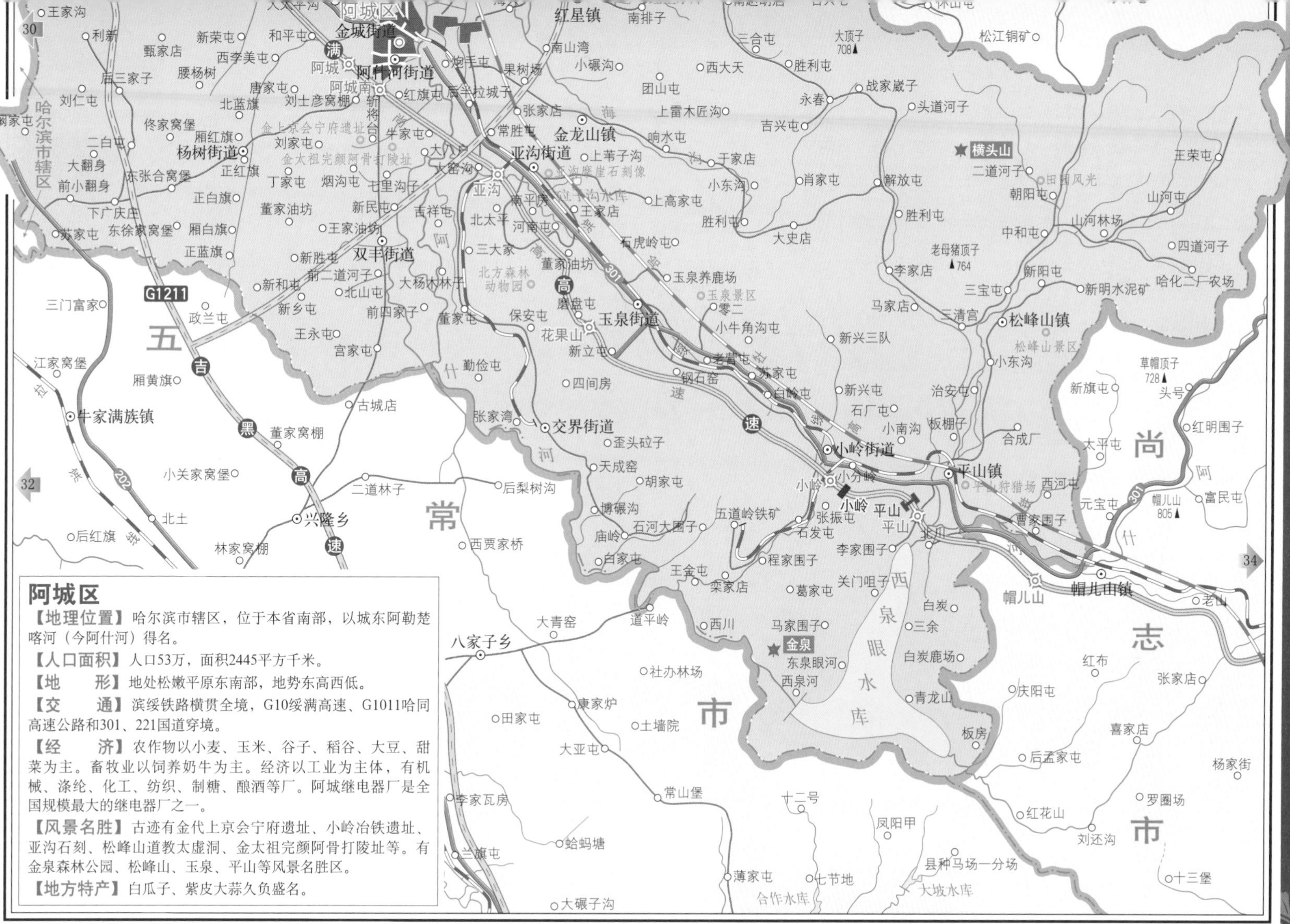

阿城区

【地理位置】哈尔滨市辖区，位于本省南部，以城东阿勒楚喀河（今阿什河）得名。

【人口面积】人口53万，面积2445平方千米。

【地　　形】地处松嫩平原东南部，地势东高西低。

【交　　通】滨绥铁路横贯全境，G10绥满高速、G1011哈同高速公路和301、221国道穿境。

【经　　济】农作物以小麦、玉米、谷子、稻谷、大豆、甜菜为主。畜牧业以饲养奶牛为主。经济以工业为主体，有机械、涤纶、化工、纺织、制糖、酿酒等厂。阿城继电器厂是全国规模最大的继电器厂之一。

【风景名胜】古迹有金代上京会宁府遗址、小岭冶铁遗址、亚沟石刻、松峰山道教太虚洞、金太祖完颜阿骨打陵址等。有金泉森林公园、松峰山、玉泉、平山等风景名胜区。

【地方特产】白瓜子、紫皮大蒜久负盛名。

1:350 000　　0　3.5　7.0千米

双城区

【地理位置】位于本省南部。

【人口面积】人口76万，面积3112平方千米。

【地　　形】地处松嫩平原东南部，地势东高西低。松花江流经本区北部，西、南为拉林河。

【交　　通】哈大高铁、长滨铁路、京哈高速和102国道过境。松花江和拉林河可通航。航期每年约有6–7个月。

【经　　济】农业发达，粮食作物以玉米、谷子、高粱、小麦为主；经济作物有甜菜、亚麻、向日葵等，甜菜播种面积居全省第二。松花江、拉林河出产鲤鱼、鲫鱼。工业以酿酒、乳制品、洗涤剂等行业为主。中瑞合资的雀巢公司位于本区。

【风景名胜】古迹有魁星楼承旭门。双城镇北有东北解放战争前线四野指挥部旧址，为省级文物保护单位。

【地方特产】白爪子、花园白酒等。

1∶430 000　0　4.3　8.6千米

宾县

【地理位置】哈尔滨市辖县，位于本省南部，松花江中游南岸。

【人口面积】人口56万，面积3845平方千米。

【地形气候】境内多山地丘陵，地势南高北低。松花江流经境内。

【交　　通】有哈同高速及221和333国道、哈尔滨至伊春干线公路横贯县境，松花江有半年多时间可以通航。新开通哈佳高铁。

【资源经济】自然资源丰富，矿藏有铜、铁、金、银、石墨、石英等。森林茂密，主要分布在东南部山区。山果野菜种类繁多。工业有酿酒、纺织、电子、建材、食品、机械等行业。松江铜矿是省内最大的铜矿。农业以种植业为主，大豆和油菜播种面积居全省前列，还有玉米、小麦、稻谷等。

【风景名胜】二龙山风景区等为其游览胜地。

【地方特产】产人参、刺五加、五味子等中药材。黑加仑黄酒、宾州大曲等为地方名产。

宾县　☎ 0451　✉ 150400

1:520 000　0　5.2　10.4千米

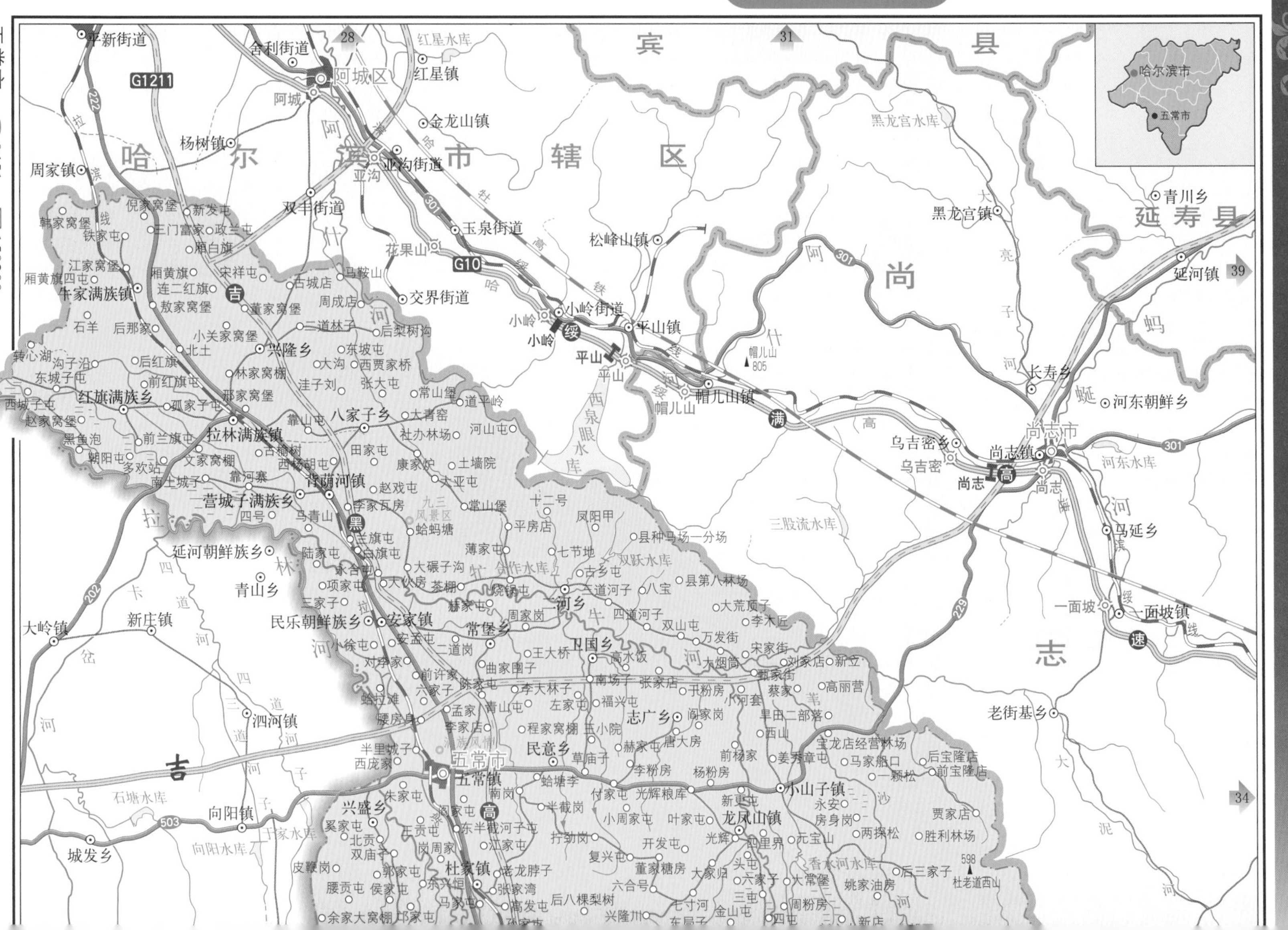

五常市 ☎0451 ✉150200

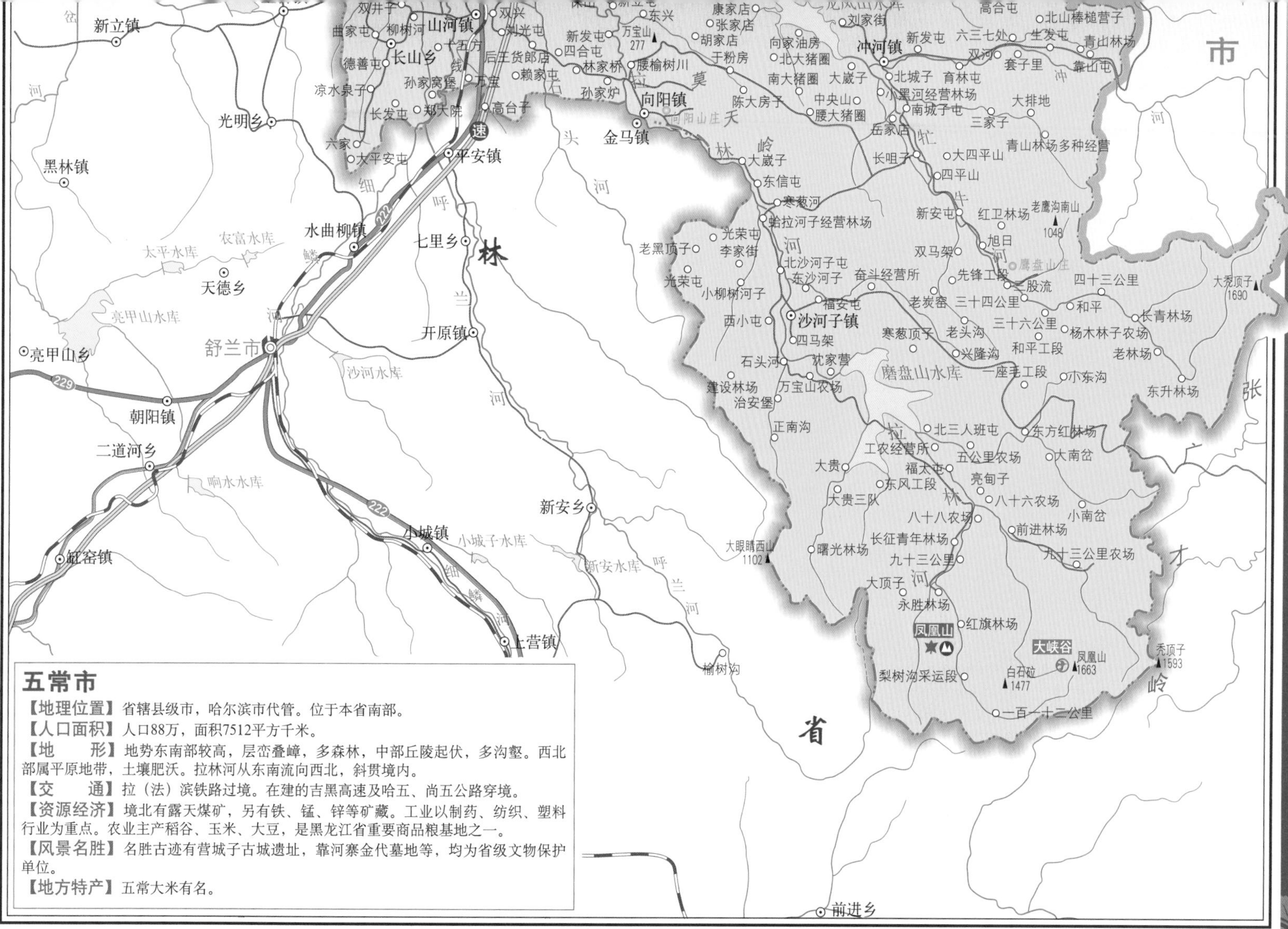

五常市

【地理位置】省辖县级市，哈尔滨市代管。位于本省南部。

【人口面积】人口88万，面积7512平方千米。

【地　　形】地势东南部较高，层峦叠嶂，多森林，中部丘陵起伏，多沟壑。西北部属平原地带，土壤肥沃。拉林河从东南流向西北，斜贯境内。

【交　　通】拉（法）滨铁路过境。在建的吉黑高速及哈五、尚五公路穿境。

【资源经济】境北有露天煤矿，另有铁、锰、锌等矿藏。工业以制药、纺织、塑料行业为重点。农业主产稻谷、玉米、大豆，是黑龙江省重要商品粮基地之一。

【风景名胜】名胜古迹有营城子古城遗址，靠河寨金代墓地等，均为省级文物保护单位。

【地方特产】五常大米有名。

1:610 000　0　6.1　12.2千米

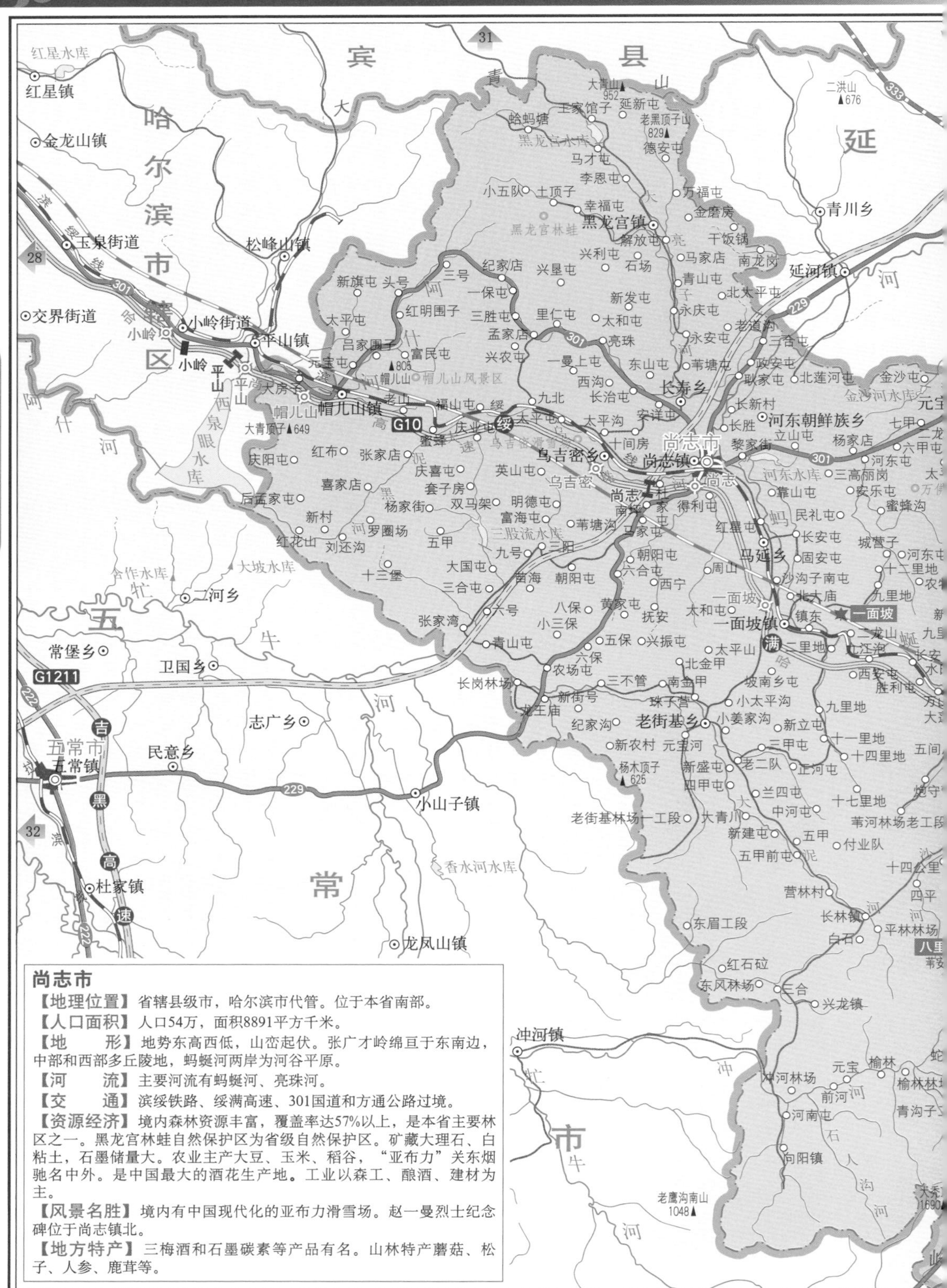

尚志市

【地理位置】省辖县级市，哈尔滨市代管。位于本省南部。

【人口面积】人口54万，面积8891平方千米。

【地　　形】地势东高西低，山峦起伏。张广才岭绵亘于东南边，中部和西部多丘陵地，蚂蜒河两岸为河谷平原。

【河　　流】主要河流有蚂蜒河、亮珠河。

【交　　通】滨绥铁路、绥满高速、301国道和方通公路过境。

【资源经济】境内森林资源丰富，覆盖率达57%以上，是本省主要林区之一。黑龙宫林蛙自然保护区为省级自然保护区。矿藏大理石、白粘土，石墨储量大。农业主产大豆、玉米、稻谷，“亚布力”关东烟驰名中外。是中国最大的酒花生产地。工业以森工、酿酒、建材为主。

【风景名胜】境内有中国现代化的亚布力滑雪场。赵一曼烈士纪念碑位于尚志镇北。

【地方特产】三梅酒和石墨碳素等产品有名。山林特产蘑菇、松子、人参、鹿茸等。

1:610 000　0　6.1　12.2千米

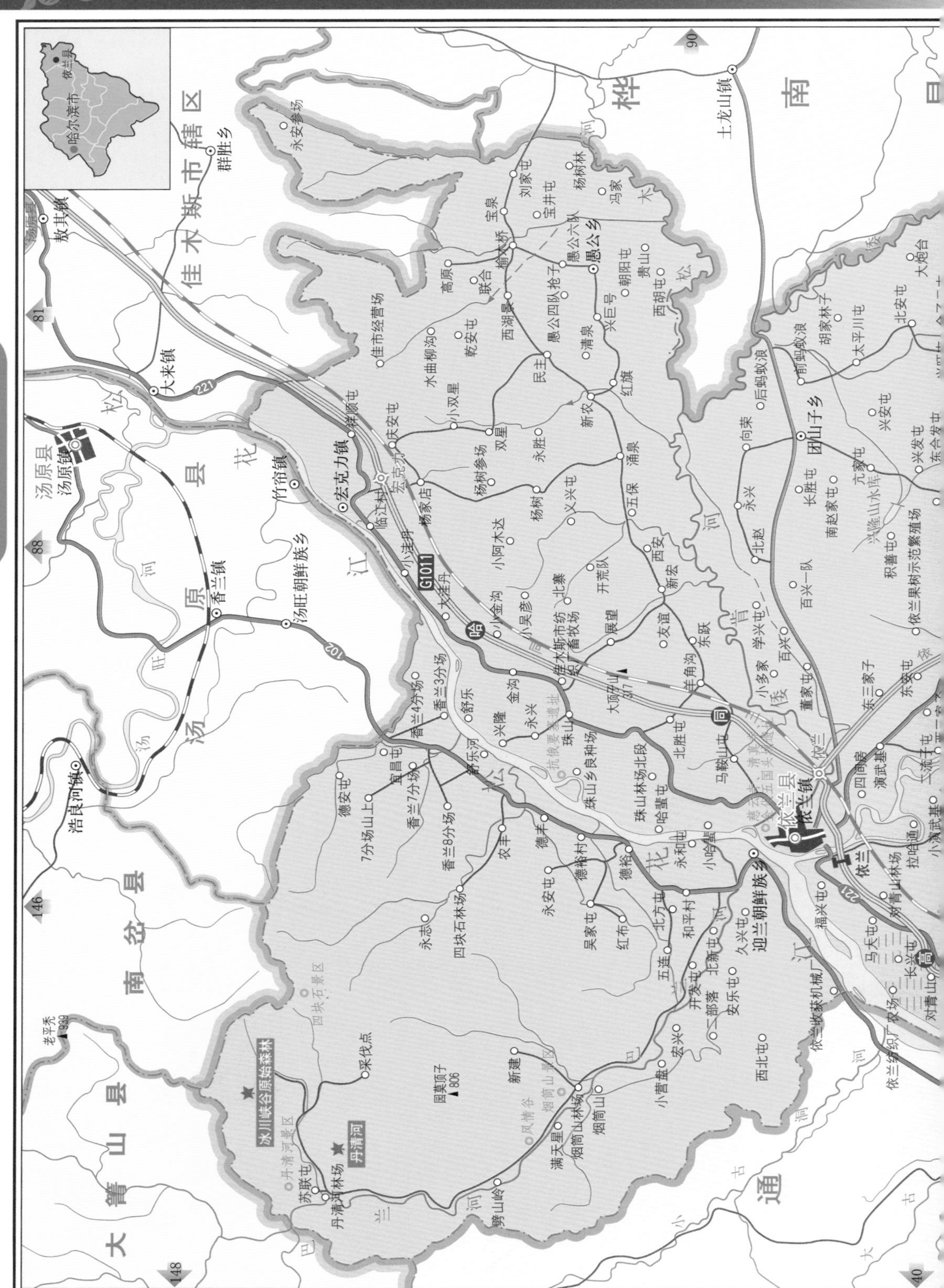

佳木斯市辖区
群胜乡
桦
南
土龙山镇
敖其镇
大来镇
汤原县
汤原镇
竹帘镇
宏克力镇
汤旺朝鲜族乡
香兰镇
汤原县
浩良河镇
南岔县
大箐山县
愚公乡
团山子乡
依兰镇
迎兰朝鲜族乡
通
G1011
冰川峡谷原始森林
丹清河
丹清河林场

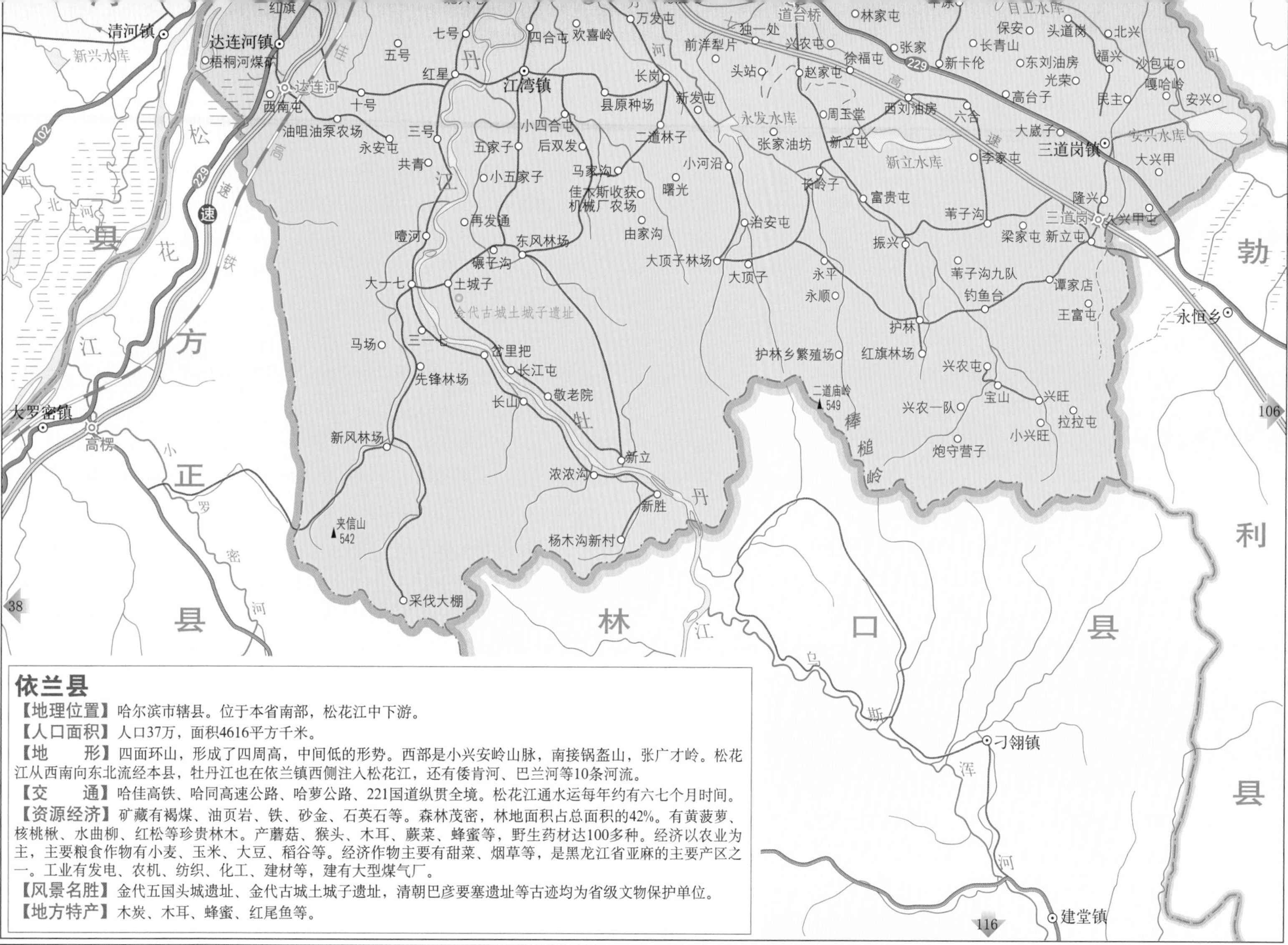

依兰县

【地理位置】哈尔滨市辖县。位于本省南部，松花江中下游。

【人口面积】人口37万，面积4616平方千米。

【地　　形】四面环山，形成了四周高，中间低的形势。西部是小兴安岭山脉，南接锅盔山，张广才岭。松花江从西南向东北流经本县，牡丹江也在依兰镇西侧注入松花江，还有倭肯河、巴兰河等10条河流。

【交　　通】哈佳高铁、哈同高速公路、哈萝公路、221国道纵贯全境。松花江通水运每年约有六七个月时间。

【资源经济】矿藏有褐煤、油页岩、铁、砂金、石英石等。森林茂密，林地面积占总面积的42%。有黄菠萝、核桃楸、水曲柳、红松等珍贵林木。产蘑菇、猴头、木耳、蕨菜、蜂蜜等，野生药材达100多种。经济以农业为主，主要粮食作物有小麦、玉米、大豆、稻谷等。经济作物主要有甜菜、烟草等，是黑龙江省亚麻的主要产区之一。工业有发电、农机、纺织、化工、建材等，建有大型煤气厂。

【风景名胜】金代五国头城遗址、金代古城土城子遗址，清朝巴彦要塞遗址等古迹均为省级文物保护单位。

【地方特产】木炭、木耳、蜂蜜、红尾鱼等。

1∶390 000

0　3.9　7.8千米

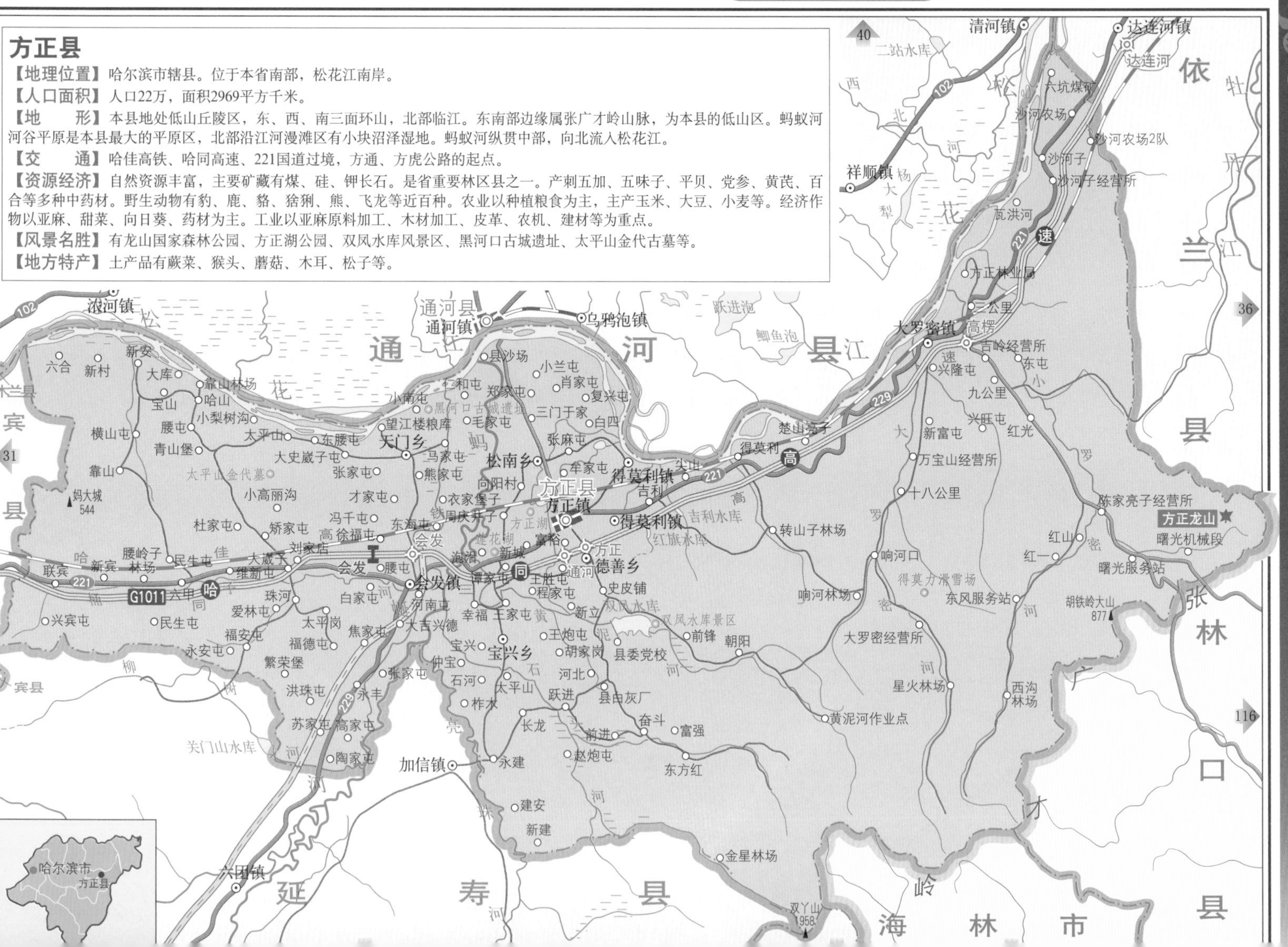

方正县

【地理位置】哈尔滨市辖县。位于本省南部，松花江南岸。

【人口面积】人口22万，面积2969平方千米。

【地　　形】本县地处低山丘陵区，东、西、南三面环山，北部临江。东南部边缘属张广才岭山脉，为本县的低山区。蚂蚁河河谷平原是本县最大的平原区，北部沿江河漫滩区有小块沼泽湿地。蚂蚁河纵贯中部，向北流入松花江。

【交　　通】哈佳高铁、哈同高速、221国道过境，方通、方虎公路的起点。

【资源经济】自然资源丰富，主要矿藏有煤、硅、钾长石。是省重要林区县之一。产刺五加、五味子、平贝、党参、黄芪、百合等多种中药材。野生动物有豹、鹿、貉、猞猁、熊、飞龙等近百种。农业以种植粮食为主，主产玉米、大豆、小麦等。经济作物以亚麻、甜菜、向日葵、药材为主。工业以亚麻原料加工、木材加工、皮革、农机、建材等为重点。

【风景名胜】有龙山国家森林公园、方正湖公园、双凤水库风景区、黑河口古城遗址、太平山金代古墓等。

【地方特产】土产品有蕨菜、猴头、蘑菇、木耳、松子等。

1∶480 000　0　4.8　9.6千米

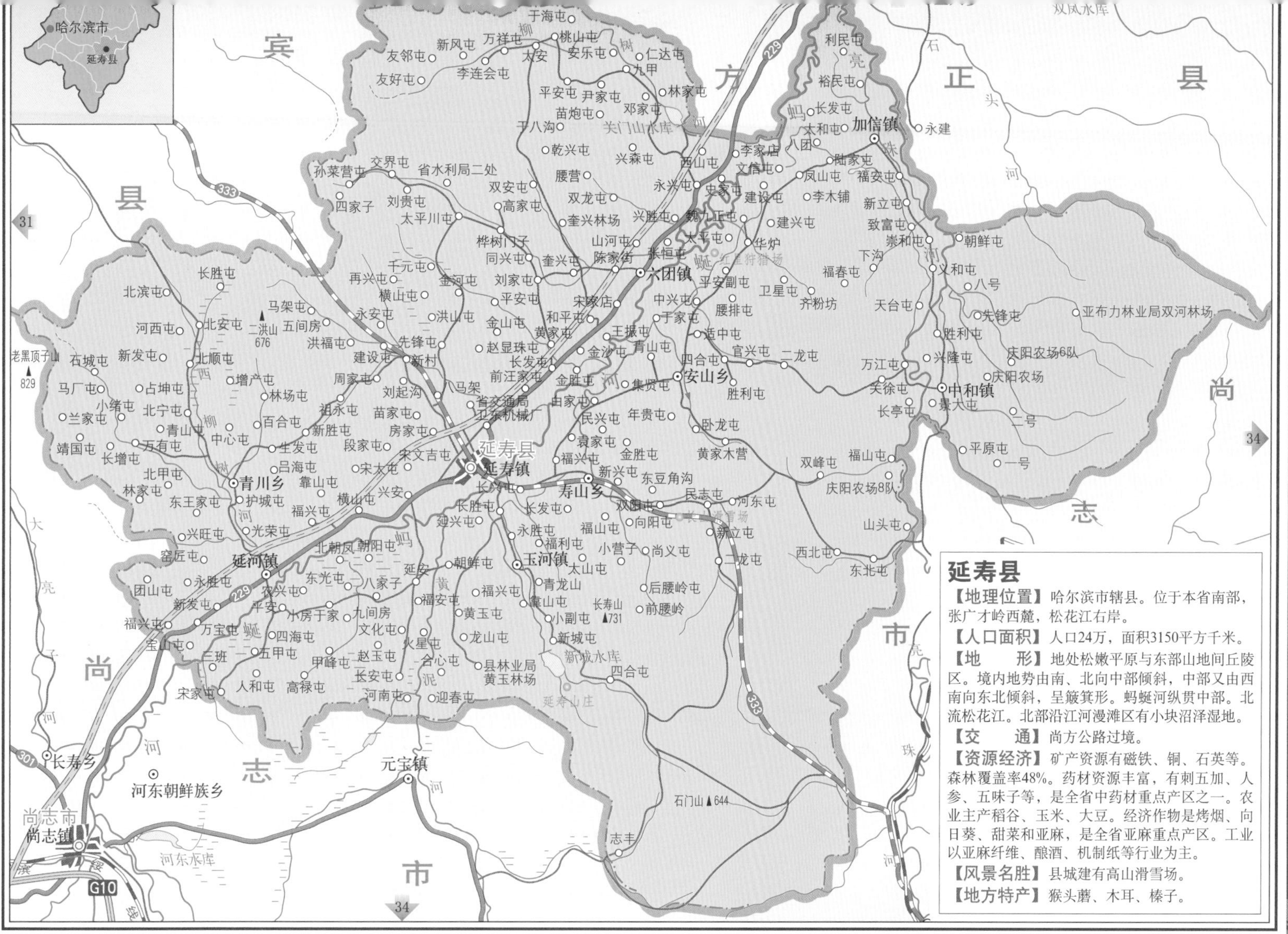

延寿县

【地理位置】哈尔滨市辖县。位于本省南部，张广才岭西麓，松花江右岸。

【人口面积】人口24万，面积3150平方千米。

【地　　形】地处松嫩平原与东部山地间丘陵区。境内地势由南、北向中部倾斜，中部又由西南向东北倾斜，呈簸箕形。蚂蜒河纵贯中部。北流松花江。北部沿江河漫滩区有小块沼泽湿地。

【交　　通】尚方公路过境。

【资源经济】矿产资源有磁铁、铜、石英等。森林覆盖率48%。药材资源丰富，有刺五加、人参、五味子等，是全省中药材重点产区之一。农业主产稻谷、玉米、大豆。经济作物是烤烟、向日葵、甜菜和亚麻，是全省亚麻重点产区。工业以亚麻纤维、酿酒、机制纸等行业为主。

【风景名胜】县城建有高山滑雪场。

【地方特产】猴头蘑、木耳、榛子。

延寿县 ☎ 0451 ✉ 150700

1∶430 000　0　4.3　8.6千米

通河县

【地理位置】哈尔滨市辖县。位于本省南部，松花江北岸。

【人口面积】人口23万，面积5675平方千米。

【地　　形】地势由北向南倾斜，北部为低山区，属小兴安岭山脉，群山密布，森林茂密。中部为低山丘陵和山前台地，地势较平展，土质肥沃。南部是松花江冲积平原，小部分为季节性积水形成的沼泽地。境内主要河流有岔林河、西北河、大古洞河等7条。

【交　　通】哈萝（北）公路干线和方正至铁力在建高速公路经过通河镇。松花江上设有码头。

【资源经济】境内矿产资源主要有铁、大理石、花岗岩等。是省内主要农林县之一，产红松、云杉、冷杉、水曲柳等木材，刺五加、黄芪等中药材和木耳、猴头、元蘑等食用菌。农作物有稻谷、玉米、大豆、高粱等，是黑龙江省主要产粮基地县之一。大米质优，远近闻名。工业有食品和木材加工。

【风景名胜】中部山区建有约9万公顷的乌龙狩猎场，是国家级八大猎场之一。

【地方特产】木耳、猴头和药材刺五加、黄芪。

1∶390 000 0 3.9 7.8千米

巴彦县

【地理位置】哈尔滨市辖县。位于本省南部，松花江北岸。

【人口面积】人口63万，面积3135平方千米。

【地　　形】地处松嫩平原东缘，地势东高西低。境内有大小山峰29座，多分布在东北部边缘地带，属小兴安岭余脉。主要河流除少陵河、漂河外，松花江流经本县南端。

【交　　通】哈佳、滨北铁路，鹤哈高速、哈萝（北）公路过境，松花江航线在境内设港。

【经　　济】农作物主要有玉米、大豆、稻谷、甜菜、亚麻和烤烟等。为农业大县，20世纪50年代即为我国出口大豆的重要产地。工业以纺织、制鞋、粮油加工等行业为主。

【风景名胜】巴彦镇的清代“德政坊”为省级文物保护单位。县城西北建有驿马山国家森林公园。

【地方特产】元蘑、木耳等。

巴彦县　☎ 0451　✉ 151800　　1∶480 000　0　4.8　9.6千米

木兰县

【地理位置】哈尔滨市辖县。位于本省南部，松花江中游北岸。

【人口面积】人口24万，面积3179平方千米。

【地　　形】地处小兴安岭南部余脉，三面环山，南面临水。木达河、白杨木河纵贯，南入松花江。

【交　　通】交通以公路为主，哈萝（北）公路从境南贯通。境有森林小火车观光线横穿，木兰港是松花江水运重要港口之一。

【经　　济】矿藏有铅、金、煤、珍珠岩和花岗岩等。森林茂密，覆盖率达51%。产人参、党参、刺五加等中药材。有鹿、狍、黑熊等野生动物。经济以农业为主，农作物有大豆、稻谷、玉米、油菜、烤烟等。工业起步较晚，现有木材加工、柳编、食品加工等行业。柳条制品出口西欧和北美及东南亚等地。

【风景名胜】一年一度的滚冰节具有地方特色。境内的鸡冠山景区，怪石嶙峋，古木参天，四季风光美不胜收。

【地方特产】有木耳、蘑菇等特产。

防洪胜利纪念塔

防洪纪念塔是为纪念哈尔滨市人民战胜1957年特大洪水而建造。椭圆形花岗岩塔身高达22.5米。以塔顶一组高举红旗、抗洪筑堤的工农兵和知识分子青铜群雕为主景雕塑。标志着1957年全市人民战胜特大洪峰时的最高水位。1998年夏，哈尔滨发生超百年一遇的特大洪水，哈尔滨人民又一次战胜了特大洪水，保卫了家园。现在塔身上的金色曲形圆管，就是最高水位达120.89米的标志。池内喷泉象征着英雄的哈尔滨人民已把汹涌的波涛驯服成涓涓细流。夏季，这里音乐喷泉，广场上空飞翔着数只和平鸽，景色壮观，防洪纪念塔已成为哈尔滨市的重要标志。

萧红故居

萧红是20世纪30年代中国著名的女作家。萧红故居始建于1908年，青砖青瓦，土木建造，故居为清末传统八旗式住宅，她英年早逝，但给中国文学宝库留下了100多万字的文学珍品。她曾被鲁迅、茅盾等人称为中国最有前途的女作家。纪念馆展出萧红家人遗物以及萧红生前照片、中外名人留影、题词、信函等大量珍贵文物。

兆麟公园

位于道里区。哈尔滨冰灯游园的举办地。起始于1996年1月，是哈尔滨市最早的公园。因有著名抗日联军将领李兆麟将军墓得名。隆冬时节，冰灯玲珑剔透、形态万千的冰雪艺术品五光十色，成为冰的世界、灯的海洋，逼真奇特，令人陶醉。园内环境优雅，小南岛、丁香园等景点和高空缆车、美人鱼等娱乐设施。

中央大街

是全国闻名的步行街之一，是哈尔滨最具异国情调的历史文化名街和最繁华的商业街。北起松花江畔防洪胜利纪念塔，南接新阳广场，全长1400米，路面全部用整齐的长方花岗石铺就，久经磨蚀，光洁如镜。被称为“亚洲第一街”的中央大街，100多年来，不仅是一条老街、步行街，还是一条极具历史文化内涵的重要的城市风光名街，是历史上的哈尔滨的缩影，更是一条建筑艺术博览街。街道两侧矗立着欧式及仿欧式建筑近百栋。

太阳岛风景区

为国家级风景名胜区，坐落在哈尔滨市松花江北岸。为哈尔滨雪博会举办地，避暑胜地。岛上景点主题鲜明、个性独特。园内有太阳岛湖、太阳岛山、水阁云天、清泉飞瀑等景观。它以独特的北方自然风光和浪漫的欧陆风情著称。冬季，飞雪轻舞，玉树银花，银装素裹，一年一度的雪博会及许多国际国内的雪雕比赛都在这里举办。狗拉爬犁、雪滑圈、雪地自行车、雪地摩托，使游人陶醉于纵情赏雪、戏雪、踏雪、沐雪的无穷乐趣中。风景区内的俄罗斯风情小镇，更具有浓郁的异国风情；风景区北部鸟类自然保护区内，为鸟类迁徙、觅食和繁殖创造良好的生态环境。构成了一幅独具特色的北国风景画卷，素有“北国风光塞上江南”之美誉。

亚布力

亚布力滑雪旅游度假区，位于尚志市亚布力镇境内，距哈滨市200千米，距牡丹江市120千米。总面积22.55平方千米，是我国第一座大型滑雪运动基地。亚布力曾是清朝贵族围猎的地方，这里群山环抱，景色壮观，林木茂盛，繁殖着千余种珍奇树种，栖息着许多珍贵动物，具有旅游运动的优良条件。亚布力旅游滑雪场主峰为三锅盔，海拔1374米。这里雪质优良，年积雪期为170天，滑雪期近150天，积雪深度达1米以上。正常气候下每年11月中旬即可开滑雪，直到次年4月中旬。亚布力旅游滑雪场是中国第一座符合际标准的大型旅游滑雪场，可进行高山滑雪和越野滑雪，满足各层次滑雪者的需要。其中4号雪道是亚洲最长的高山易滑道。第届亚洲冬季运动会在这里举行。亚布力已成为春季观光、夏季暑、秋季狩猎、冬季滑雪的旅游胜地。

北虎林园

位于松花江北岸松北。该园是为挽救世界濒物种东北虎而于1996年建成的。占地面积44平方千米，园内驯不同年龄的纯种东北虎0多只，成年虎身强体，性情凶猛；幼虎憨态掬，具有很高的观赏价。是目前世界上最大的工饲养、繁育东北虎的地。

乐寺

是佛教徒参谒朝拜的北方佛教圣地，已被列为全国重点开寺庙和省级重点文物保护单位。每年农历四月初八、十八、十八的庆佛日，极乐寺都要举行盛大的庙会，届时游人熙熙攘，热闹非凡。

罗斯风情小镇

俄罗斯风情小镇位于松花江北太阳岛，与中央大街隔江相。小镇由淳朴、浓郁的俄罗斯风情的别墅、民宅构成，它们映在花卉、绿树从中，错落有致，各具风格，形成了独特的然风貌和建筑风貌。

小镇是以俄式风情为主的旅游休闲地，为中外游客提供了个原汁原昧、犹如时光倒流的游览空间。在这里可以欣赏俄斯风情舞蹈、俄罗斯冰上芭蕾，还可以观看俄罗斯艺人现场作工艺品。在布拉吉酒吧可以品尝异国菜肴，同时感受俄罗姑娘的异国情怀。

二龙山风光

二龙山

二龙山风景区位于宾县县城西南5千米，哈同公路旁，距哈尔滨市50千米。是哈尔滨市外围的重要旅游地，被称为哈尔滨的郊区公园。盛夏时，每天都有数以万计的游人到此旅游。景区是在1958年修筑的二龙山水库的基础上建立的。湖周有数十个形态各异的山头环绕，白石砬子山为群峰之首，登峰远眺，“绿野平畴，村镇数列如岛，百里之外的松花江，宛若丝带飘舞东去”。至山顶上的四方亭可观日出。二龙山观日出独具特色：晨初启，湖光山色瞬间可识，待时露地平线，山林景物逐渐明朗；阳光普照，湖中雾气升腾，使峰峦各显神姿，仿佛海市蜃楼再现。至山下长堤，可观夕照美景。黄昏时分，夕阳倒映湖面，和着微风，泛起涟漪；周边林影倒于水中，与斑斓的霞彩交织，令人心旷神怡。在二龙山管理局东部泻洪闸处，有二龙壁，高约3米，宽5米，上有彩色二龙戏珠浮雕，是游人留影佳处。景区备有观赏游船，有机动游艇，有水上脚踏车，游客喜好自便，可在湖面乘船游览。

峰山

松峰山自然保护区，位于哈尔滨市南45千米处的阿城区松峰山镇，面积约6平方千米，是森林生态型自然保护区。区内松峰山金代是皇室避暑、狩猎的林，金、清两代道教圣地，至今仍有曹道士碑刻、拜斗台、石刻围棋盘、金源虚古洞等遗存。清代以来被称为东北八大名山第一奇观。因山上多古松而称之松峰山。

松峰山海拔627米，由主峰烟筒峰和形态各异的乳头峰、狮嘴峰、棋盘峰、井峰等群峰组成。主峰俗称烟筒砬子，陡峭险峻，支峰状似双乳，自古有金源峰之称。山上林茂草丰，山顶有许多突起的环峰。在风景秀丽的天井峰下，尚两座清代道教建于嘉庆年间的古庙遗址，这就是海云观和藏经楼。此外还有拜台、山泉井、石宝、老道观及当年道土对奕的围棋盘等古迹。山腰有天然石，洞内有“松峰山太虚洞”刻字，并有若干石碑古迹。

松峰山

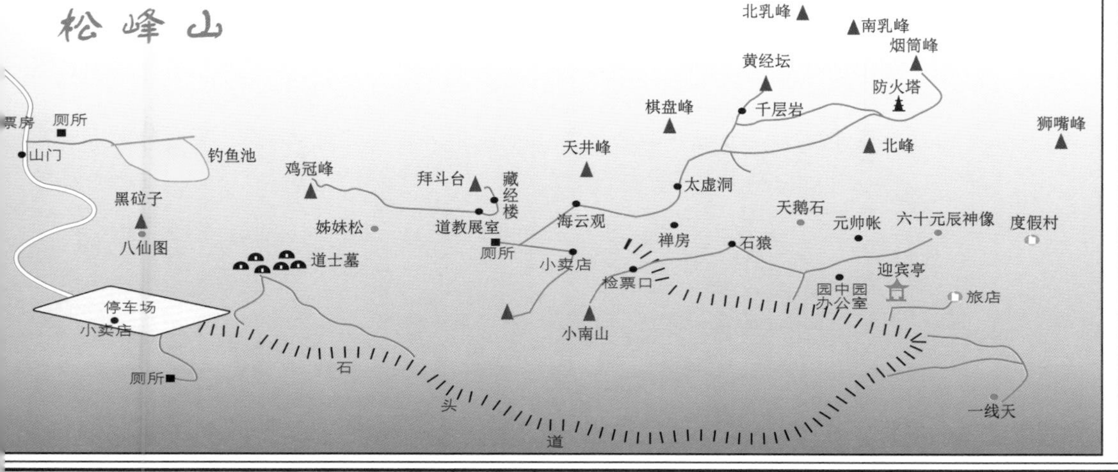

齐齐哈尔市

【地理位置】位于本省西部，地处东北松嫩平原。东临黑河市、绥化市，南接大庆市、吉林省，西北与内蒙古自治区为邻。

【行政区划】7市辖区1县级市8县：建华区、龙沙区、铁锋区、昂昂溪区、富拉尔基区、碾子山区、梅里斯达斡尔族区，讷河市，龙江县、依安县、泰来县、甘南县、富裕县、克山县、克东县、拜泉县。

【人口面积】人口517万，有汉、满、朝鲜、蒙古、回、达斡尔、鄂温克、锡伯等民族。面积44287平方千米。

【地　　形】地处松嫩平原，西北东三面为大兴安岭和小兴安岭所环绕，中部和南部为平原，市东南部湖泡众多，有大片沼泽分布。

【最高山峰】南格拉球山，海拔为586米。

【河流湖泊】主要江河有嫩江、诺敏河、雅鲁河、罕达罕河、乌裕尔河、音河等。湖泡有龙江湖、克钦湖、跃进水库等。

【气　　候】属温带大陆性季风气候，四季分明，春季干旱多风，夏季温热多雨水，秋季短早，冬季漫长，天气寒冷。年平均气温0.7℃－2.4℃，年降水量590–498毫米，无霜期122－150天。

【交　　通】绥满高速公路、嫩泰（来）高速公路在本市交会。有滨洲、平齐、齐北铁路及111、202、301国道在本市境内穿过，有三家子机场开通有直达北京，上海、广州，成都、沈阳等多条航线。交通四通八达，哈齐高铁于2015年8月竣工通车。

【资源经济】矿产资源有石油、天然气、黄黏土、矿泉水等。土地肥沃，水草资源丰富。野生动植物种类繁多。是我重要的商品粮、甜菜、亚麻产区。齐齐哈尔钢铁、重型机器、电力、化工等工业迅速发展成为全省全国重要工业基地。

【风景名胜】齐齐哈尔是中国历史文化名城，扎龙是中国首批列入《世界重要湿地名录》的“世界大湿地”、“中国鹤乡”、国家级自然保护区，还有齐齐哈尔国家森林公园，龙沙公园、江桥抗日纪念地等。

【特产美食】有北大仓酒和富裕老窖酒、腐乳、土豆、芦苇、药材防风，葵花籽、芥末、

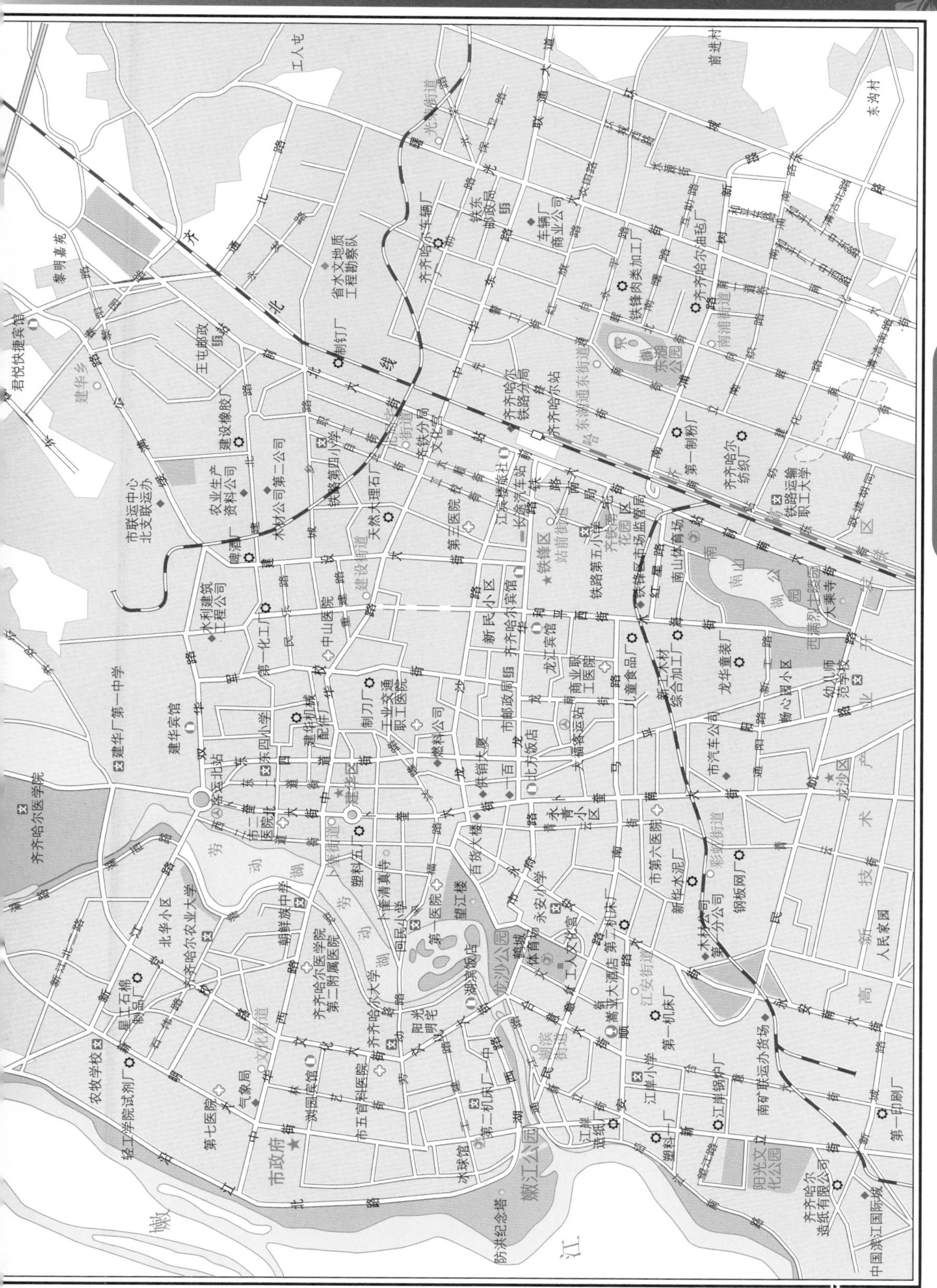
嫩江
嫩江公园
劳动湖
龙沙公园
南山公园
东湖公园
市政府
齐齐哈尔站
铁锋区
建华区
龙沙区
齐齐哈尔大学
齐齐哈尔医学院
防洪纪念塔
阳光文化公园
齐北线
望江楼
中国薄江国际城
新高技术产业区

齐齐哈尔市辖区

【地理位置】位于本省西部，嫩江东岸。

【人口面积】人口127万，面积5582平方千米。

【地　　形】地处东北松嫩平原西部，地域平坦辽阔。东南隅有大片湿地。

【交　　通】有滨洲、齐北、平齐铁路，哈齐高铁，嫩（江）泰（来）、绥满高速公路，201、231、232、301国道过境。有三家子机场。

【资源经济】矿产资源有石油、天然气、黄黏土等。黑土地带土壤肥沃，水草资源丰富。境内野生动植物种类繁多。植物有人参、黄芪、甘草、刺五加等中草药。第一个五年计划期间本市兴建了第一重型机器厂、齐齐哈尔钢厂、热电厂等国家重点项目，使其重工业在全省乃至全国都有重要地位。西南的富位尔基为新兴工业区，有机械、钢铁、电力、化工、纺织等大型工厂。碾子山、昂昂溪2区为机械工业区。

【风景名胜】有始建于清代的龙沙公园，内有清代爱国名将寿山寺。还有大佛寺、清真寺、嫩江明月岛风景区、扎龙仙鹤之乡。

【地方特产】鳌花鱼、葵花子、药材防风等。

建华区 ☎ 0452 ✉ 161006　龙沙区 ☎ 0452 ✉ 161005　铁峰区 ☎ 0452 ✉ 161002　昂昂溪区 ☎ 0452 ✉ 16103
富拉尔基区 ☎ 0452 ✉ 161002　碾子山区 ☎ 0452 ✉ 161046　梅里斯达斡尔族区 ☎ 0452 ✉ 161021

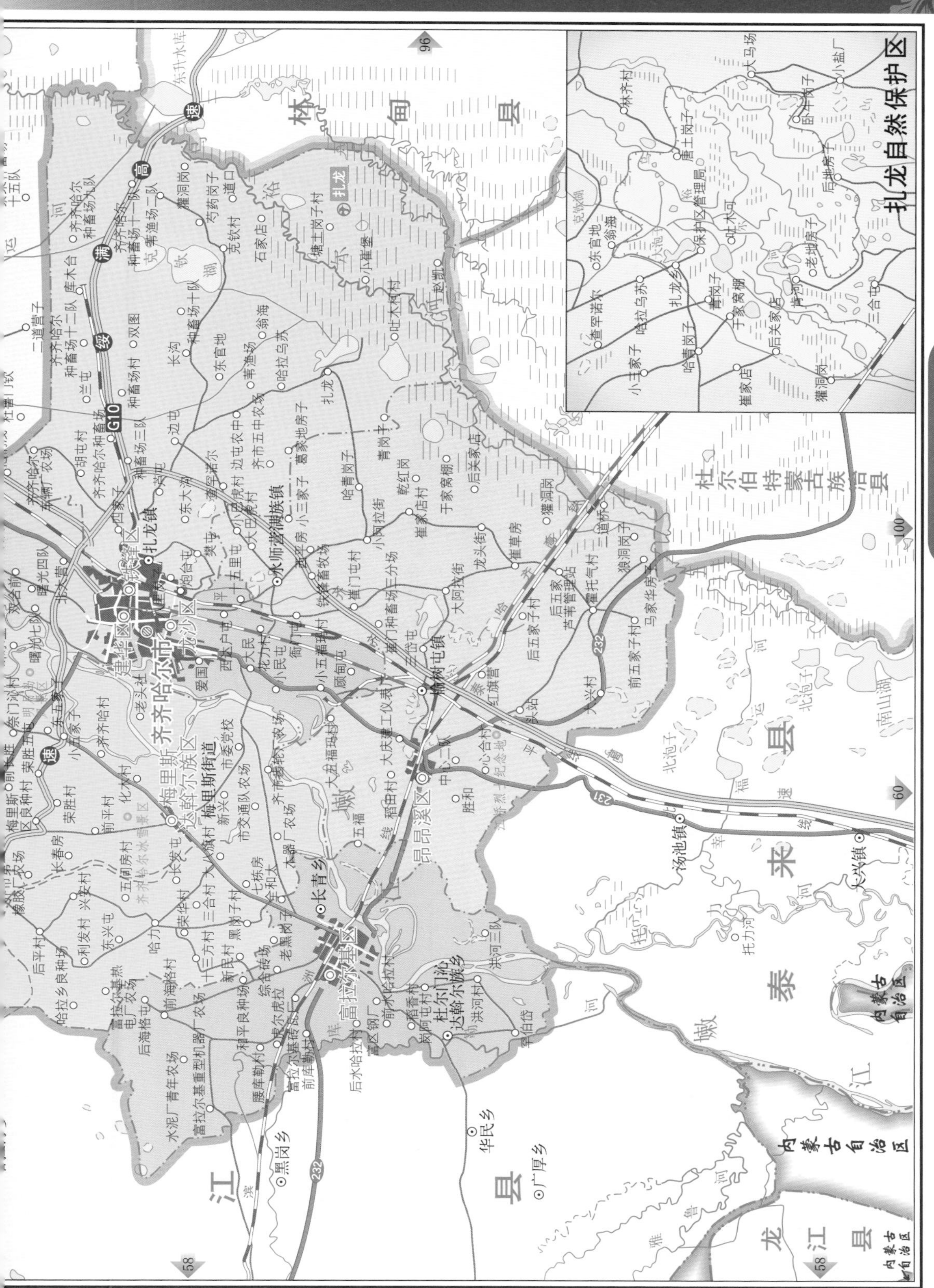
扎龙自然保护区
齐齐哈尔市
林甸县
杜尔伯特蒙古族自治县
泰来县
龙江县
内蒙古自治区
齐齐哈尔市
梅里斯达斡尔族区
昂昂溪区
富拉尔基区
建华区
龙沙区
铁锋区
扎龙镇
榆树屯镇
长青乡
杜尔门沁达斡尔族乡
水师营满族镇
梅里斯街道
汤池镇
大兴镇
黑岗乡
华民乡
广厚乡
扎龙
96
100
60
58
232
231
G10
1∶430 000
0
4.3
8.6千米

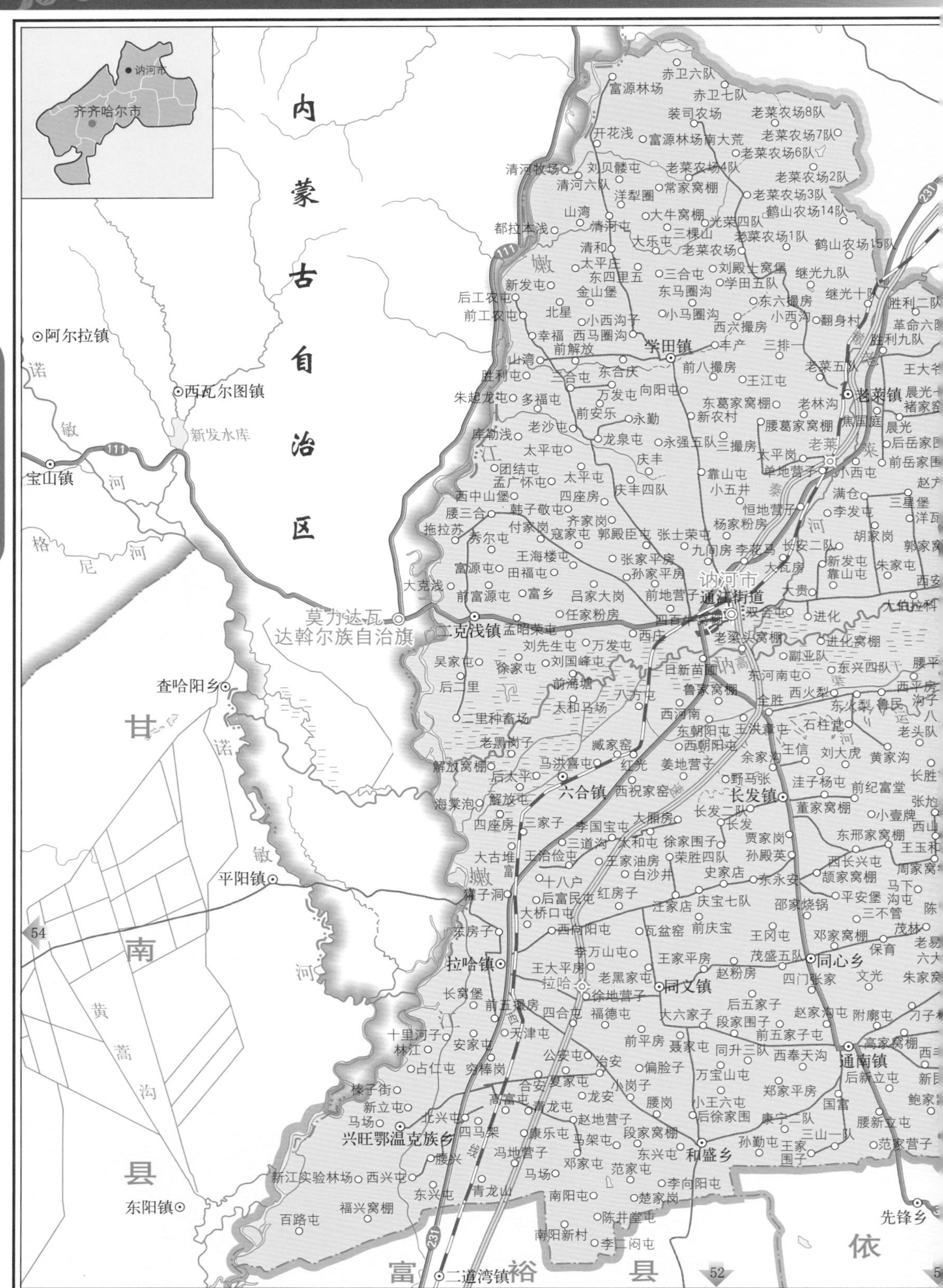
讷河市
齐齐哈尔市
内蒙古自治区
莫力达瓦达斡尔族自治旗
甘南县
富裕县
依
阿尔拉镇
西瓦尔图镇
新发水库
宝山镇
查哈阳乡
平阳镇
东阳镇
讷河市
通江街道
学田镇
老莱镇
二克浅镇
六合镇
长发镇
拉哈镇
同文镇
同心乡
通南镇
兴旺鄂温克族乡
和盛乡
二道湾镇
先锋乡
富源林场
清河牧场
都拉本浅
后工农屯
前工农屯
大克浅
海棠泡
解放窝棚
拉哈
老莱
54
52

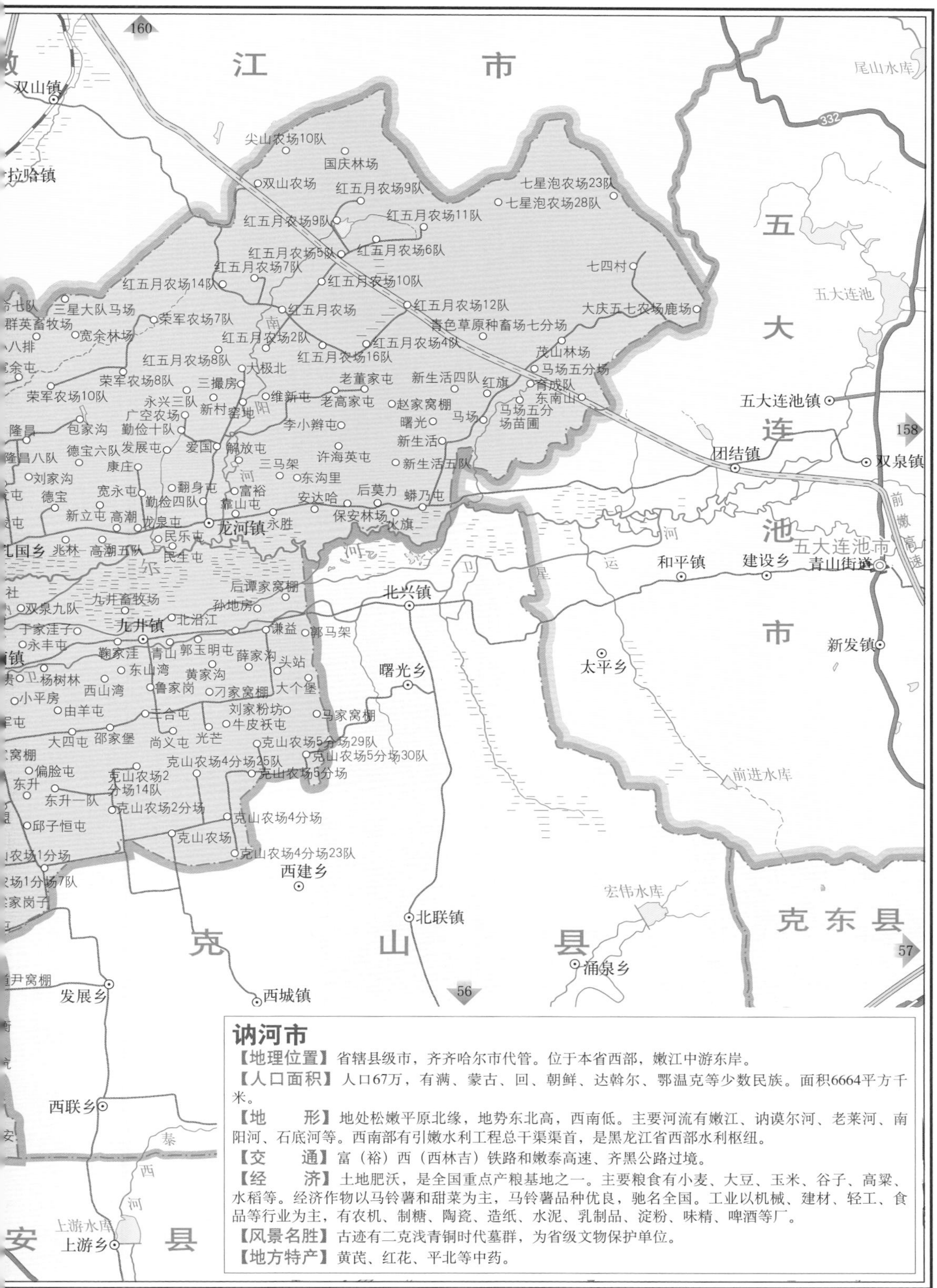

讷河市

【地理位置】省辖县级市，齐齐哈尔市代管。位于本省西部，嫩江中游东岸。

【人口面积】人口67万，有满、蒙古、回、朝鲜、达斡尔、鄂温克等少数民族。面积6664平方千米。

【地　　形】地处松嫩平原北缘，地势东北高，西南低。主要河流有嫩江、讷谟尔河、老莱河、南阳河、石底河等。西南部有引嫩水利工程总干渠渠首，是黑龙江省西部水利枢纽。

【交　　通】富（裕）西（西林吉）铁路和嫩泰高速、齐黑公路过境。

【经　　济】土地肥沃，是全国重点产粮基地之一。主要粮食有小麦、大豆、玉米、谷子、高粱、水稻等。经济作物以马铃薯和甜菜为主，马铃薯品种优良，驰名全国。工业以机械、建材、轻工、食品等行业为主，有农机、制糖、陶瓷、造纸、水泥、乳制品、淀粉、味精、啤酒等厂。

【风景名胜】古迹有二克浅青铜时代墓群，为省级文物保护单位。

【地方特产】黄芪、红花、平北等中药。

1:520 000　0　5.2　10.4千米

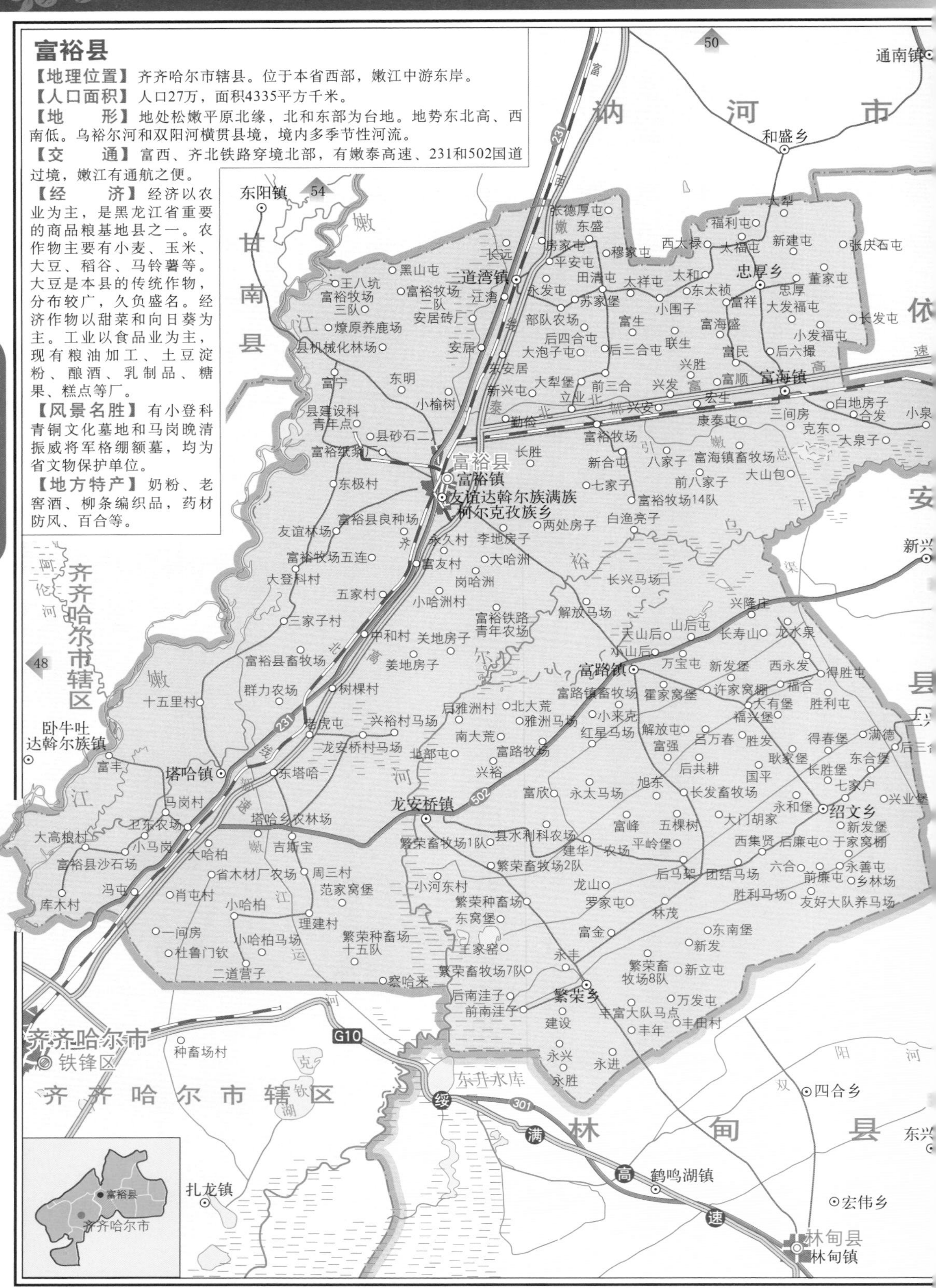

富裕县

【地理位置】齐齐哈尔市辖县。位于本省西部，嫩江中游东岸。

【人口面积】人口27万，面积4335平方千米。

【地　　形】地处松嫩平原北缘，北和东部为台地。地势东北高、西南低。乌裕尔河和双阳河横贯县境，境内多季节性河流。

【交　　通】富西、齐北铁路穿境北部，有嫩泰高速、231和502国道过境，嫩江有通航之便。

【经　　济】经济以农业为主，是黑龙江省重要的商品粮基地县之一。农作物主要有小麦、玉米、大豆、稻谷、马铃薯等。大豆是本县的传统作物，分布较广，久负盛名。经济作物以甜菜和向日葵为主。工业以食品业为主，现有粮油加工、土豆淀粉、酿酒、乳制品、糖果、糕点等厂。

【风景名胜】有小登科青铜文化墓地和马岗晚清振威将军格绷额墓，均为省文物保护单位。

【地方特产】奶粉、老窖酒、柳条编织品，药材防风、百合等。

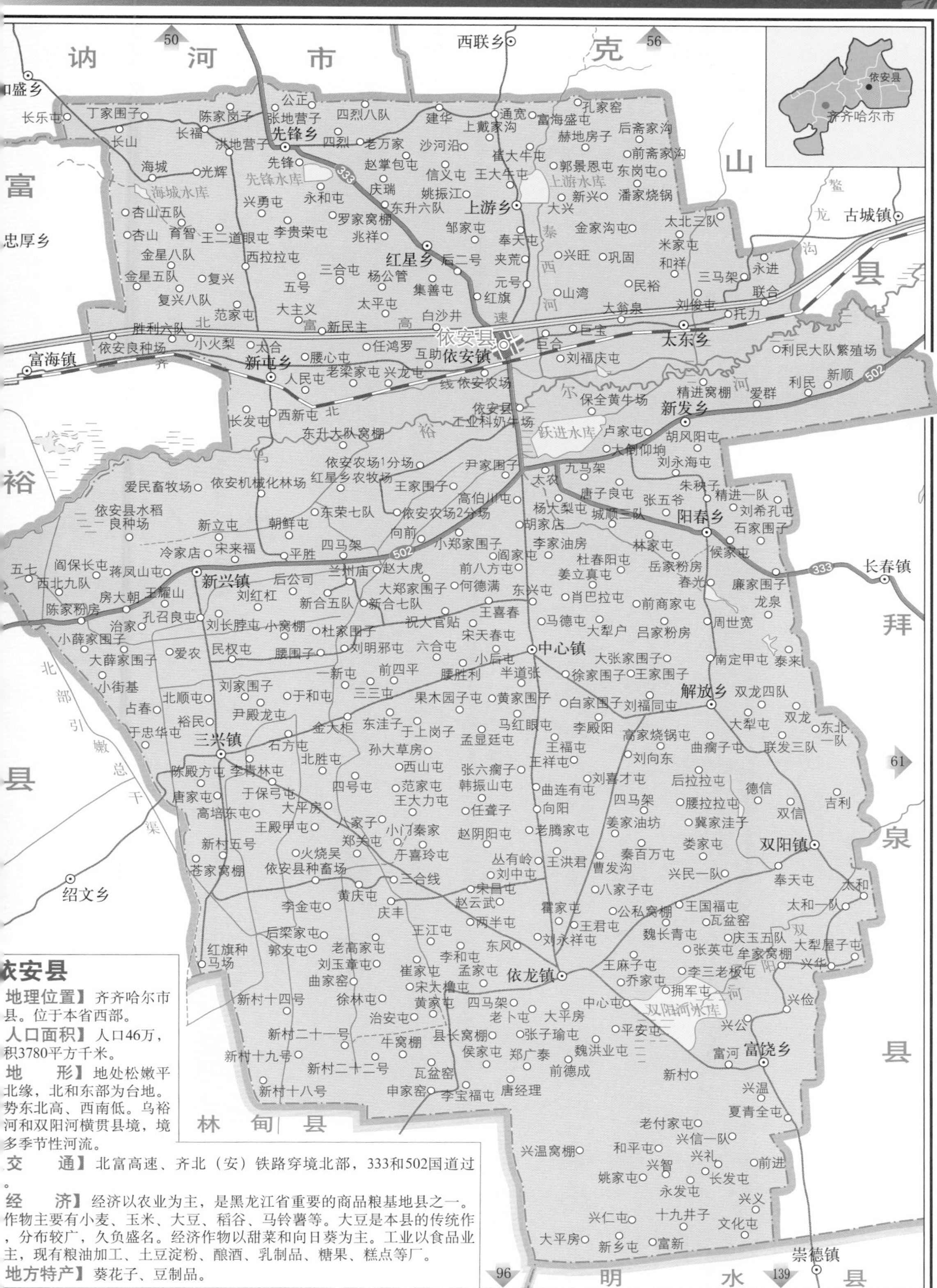

依安县

【地理位置】齐齐哈尔市
县。位于本省西部。

【人口面积】人口46万，
积3780平方千米。

【地　　形】地处松嫩平
北缘，北和东部为台地。
势东北高、西南低。乌裕
河和双阳河横贯县境，境
多季节性河流。

【交　　通】北富高速、齐北（安）铁路穿境北部，333和502国道过
。

【经　　济】经济以农业为主，是黑龙江省重要的商品粮基地县之一。
作物主要有小麦、玉米、大豆、稻谷、马铃薯等。大豆是本县的传统作
，分布较广，久负盛名。经济作物以甜菜和向日葵为主。工业以食品业
主，现有粮油加工、土豆淀粉、酿酒、乳制品、糖果、糕点等厂。

【地方特产】葵花子、豆制品。

甘南县

【地理位置】齐齐哈尔市辖县。位于本省西部，嫩江中游西岸。

【人口面积】人口36万，有汉、满、蒙古、达斡尔等民族。面积4384平方千米。

【地　　形】地处松嫩平原西缘，地势西北高、东南低。主要有嫩江、诺敏河、阿伦河、音河等河流。年平均气温2.5℃，年降水量476毫米。

【交　　通】绥满高速、301国道过境，还有富裕至甘南、碾子山至甘南等地方公路。夏季嫩江、诺敏河有水运之便。

【经　　济】本县地域辽阔，农业机械化水平高。有大面积草场，宜农宜牧。主要农作物有玉米、小麦、大豆、水稻、高粱、谷子等。经济作物以向日葵、大麻为主。畜牧业以养牛、马、羊、猪为主，绵羊存栏数居全省第二位。工业发展较快，有机械、电子、水泥、农具、冶金、陶瓷、造纸、皮革、食品、编织、工艺品等厂。

【风景名胜】古迹有县西北建于金代的界壕边堡遗址。

【地方特产】羊皮板等。

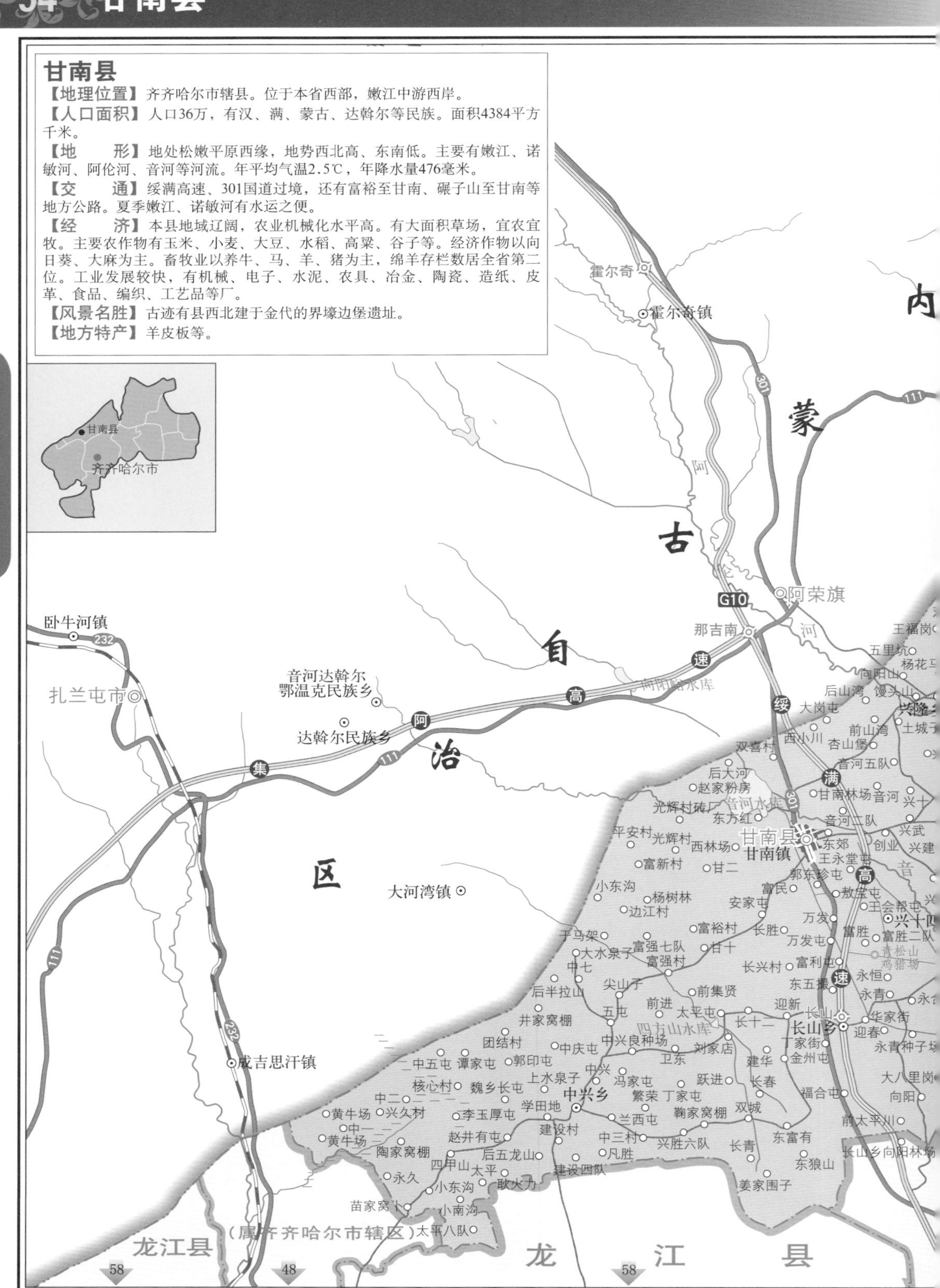

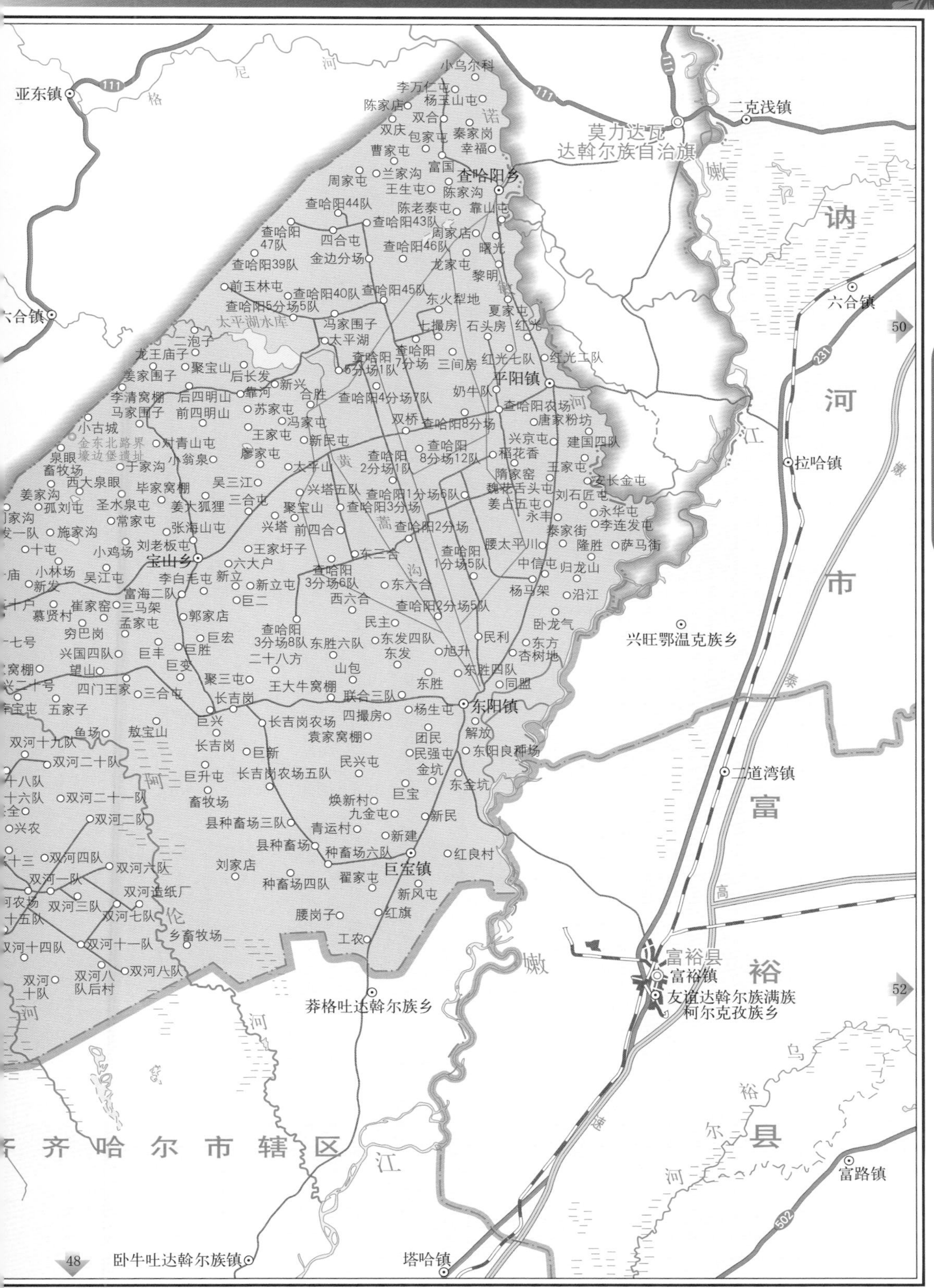

1∶520 000

0 5.2 10.4千米

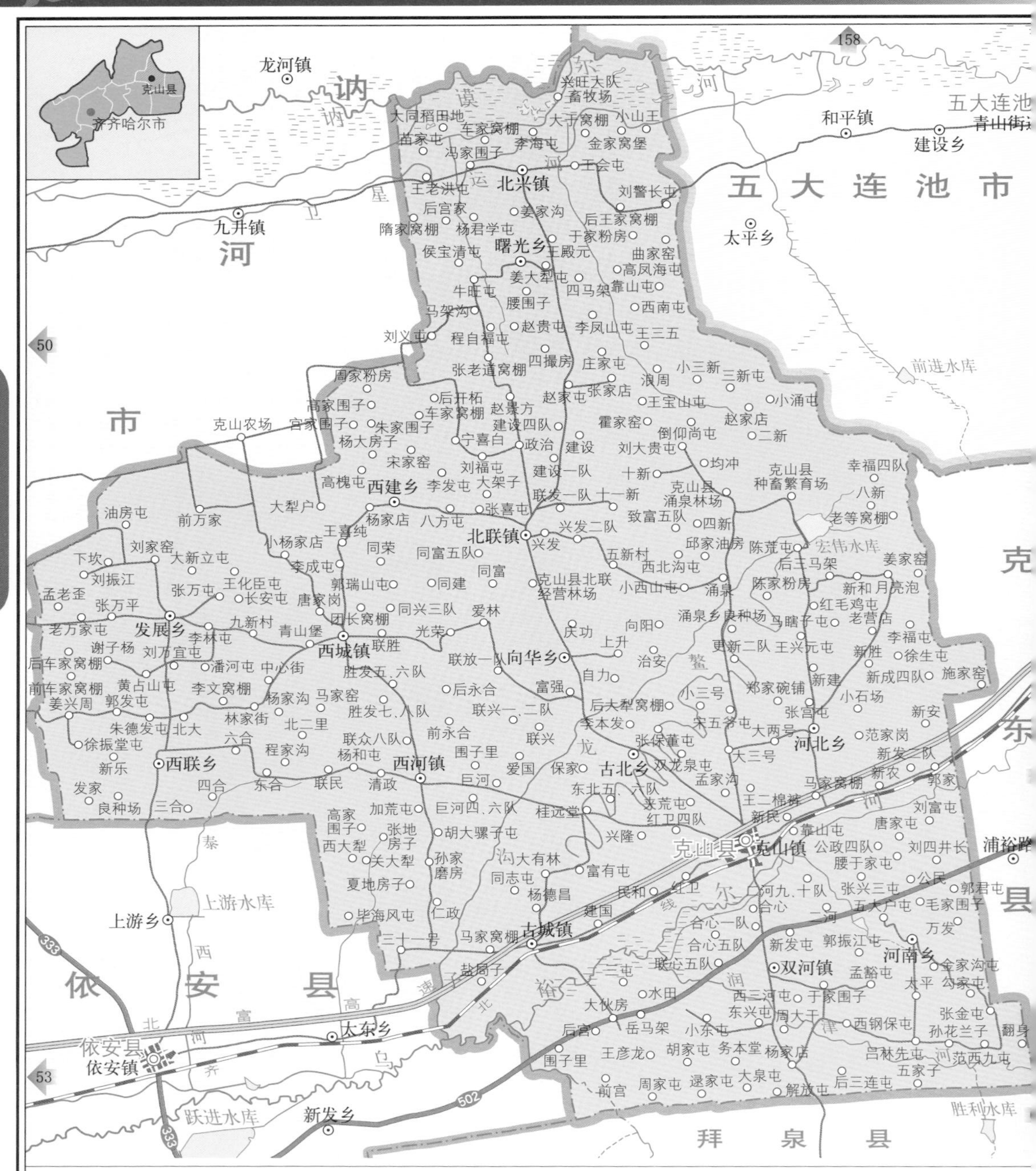

克山县

【地理位置】齐齐哈尔市辖县。位于本省西部。

【人口面积】人口45万，包括汉、满、蒙古、朝鲜、锡伯等民族。面积3632平方千米。

【地　　形】地处小兴安岭南部边缘和松嫩平原的北缘，属山前丘陵、平原地带，丘陵占全县总面积的80%。地势东北高、西南低。主要流有讷谟尔河、乌裕尔河、润津河、鳌龙沟等。

【交　　通】齐北铁路横贯南部，公路主要有齐齐哈尔至北安的高等级公路和在建高速公路，讷河至克山、克山至拜泉地方公路等。

【经　　济】本县土地肥沃，具有发展农林牧副渔业的优良条件。经济以农业为主，是国家重点商品粮基地县。主要农作物有小麦、大豆谷子、玉米、甜菜、亚麻和马铃薯等。大豆质量好，在国际市场上久负盛名。工业已初具规模，有机械、电子、化工、纺织、造纸、皮革、材、粮油加工等厂。乡镇企业迅速发展。

【地方特产】有“二克牌”豆腐乳。

克山县　☎ 0452　✉ 161600　　1:480 000　0　4.8　9.6千米

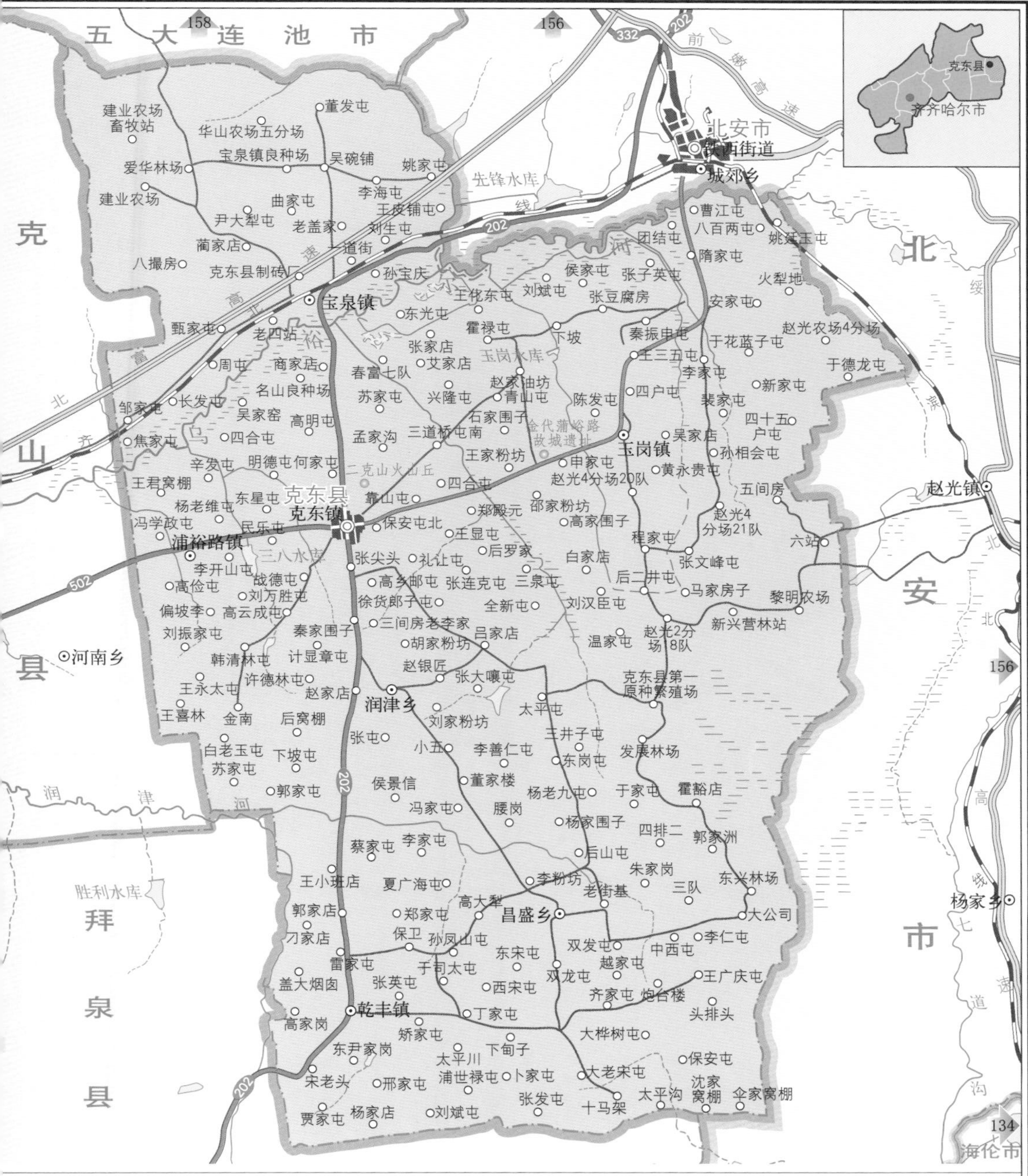

克东县

地理位置】齐齐哈尔市辖县。位于本省西部，因位于克山县之东得名。

人口面积】人口27万，有汉、满、蒙古等民族。面积2083平方千米。

地　　形】地处松嫩平原北部及小兴安岭山前台地，地势西北略高。主要河流有乌裕尔河和润津河。

交　　通】齐北铁路和高等级公路横贯北部，202国道纵贯全境。

经　　济】经济以农业为主，是本省重要商品粮基地县之一，以盛产小麦和大豆闻名，有“克拜粮仓”之称。经济作物有甜菜、亚、大麻等，马铃薯产量居全省前列。畜牧业饲养马、牛、羊为主。工业起步较晚，近年来，以地方工业为主体的建材、机械、食、酿酒、医药、皮革、印刷等发展起来。乡镇企业占相当比重。

风景名胜】古迹有金代蒲峪路故城遗址，为省重点文物保护单位。名胜有二克山火山丘。

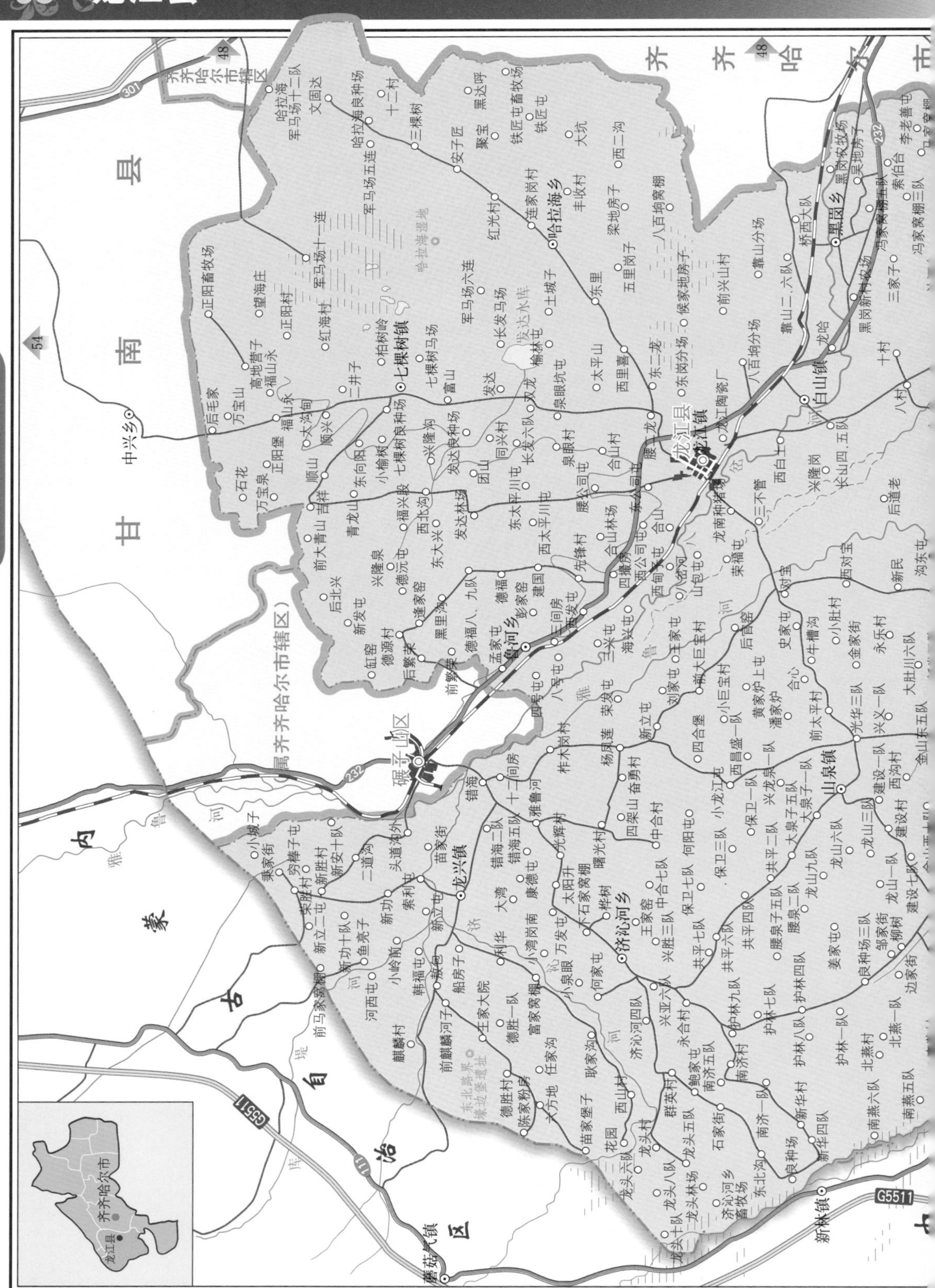

甘南县
齐齐哈尔市辖区
齐齐哈尔市
（属齐齐哈尔市辖区）
内蒙古自治区
龙江县
龙江镇
七棵树镇
哈拉海乡
白山镇
黑岗乡
鲁河乡
碾子山区
龙兴镇
济沁河乡
山泉镇
新林镇
蘑菇气镇
中兴乡
发达水库
哈拉海湿地

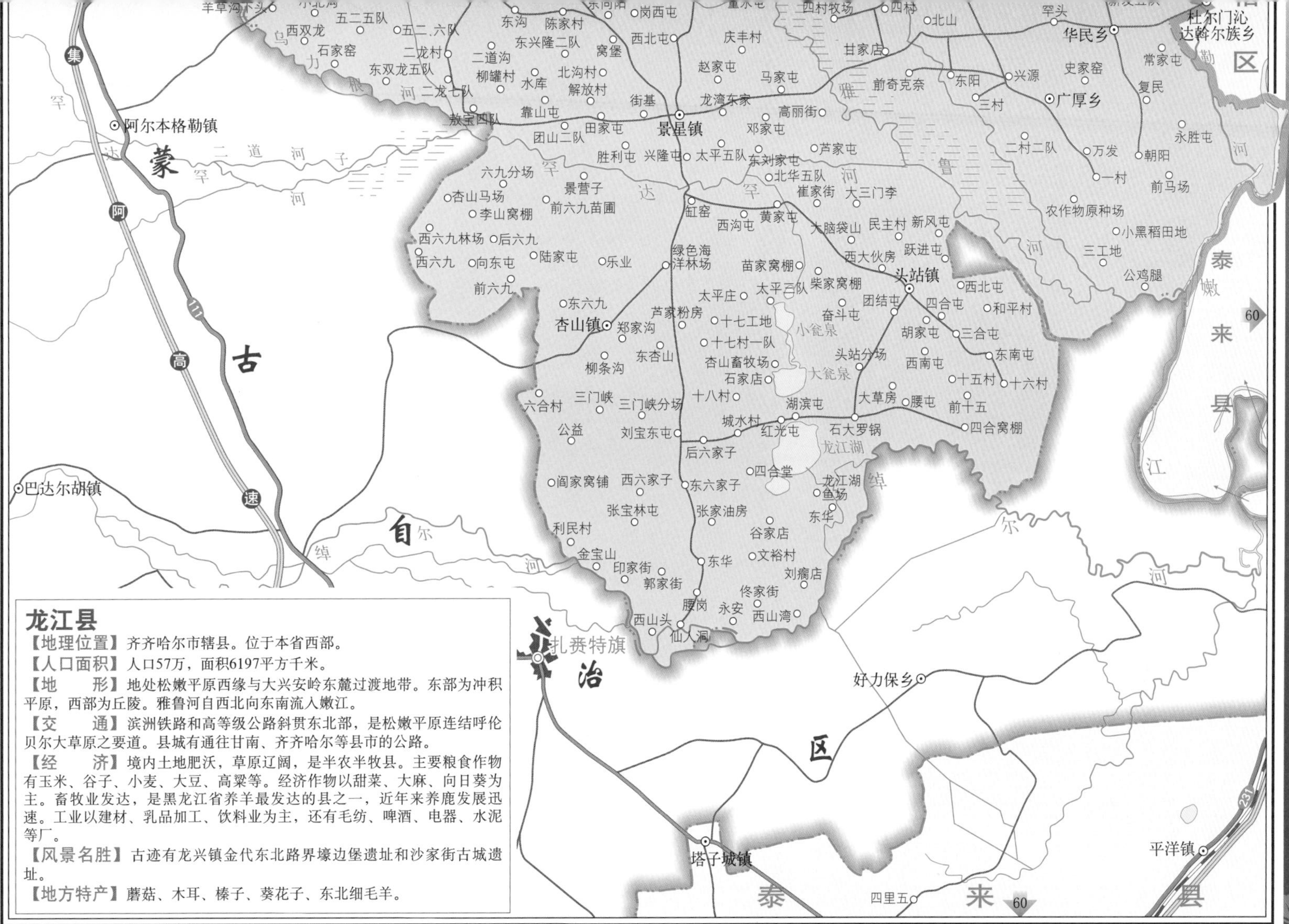

龙江县

【地理位置】齐齐哈尔市辖县。位于本省西部。

【人口面积】人口57万，面积6197平方千米。

【地　　形】地处松嫩平原西缘与大兴安岭东麓过渡地带。东部为冲积平原，西部为丘陵。雅鲁河自西北向东南流入嫩江。

【交　　通】滨洲铁路和高等级公路斜贯东北部，是松嫩平原连结呼伦贝尔大草原之要道。县城有通往甘南、齐齐哈尔等县市的公路。

【经　　济】境内土地肥沃，草原辽阔，是半农半牧县。主要粮食作物有玉米、谷子、小麦、大豆、高粱等。经济作物以甜菜、大麻、向日葵为主。畜牧业发达，是黑龙江省养羊最发达的县之一，近年来养鹿发展迅速。工业以建材、乳品加工、饮料业为主，还有毛纺、啤酒、电器、水泥等厂。

【风景名胜】古迹有龙兴镇金代东北路界壕边堡遗址和沙家街古城遗址。

【地方特产】蘑菇、木耳、榛子、葵花子、东北细毛羊。

1:430 000

0　4.3　8.6千米

泰来县

【地理位置】齐齐哈尔市辖县。位于本省西部，嫩江中游。

【人口面积】人口30万，有汉、满、回、蒙古、达斡尔、朝鲜等民族。面积4061平方千米。

【地　　形】地处松嫩江平原西部，地势西北略高，中部平坦宽阔，东南部低洼。除嫩江流经北部外，还有托力河。

【交　　通】平齐铁路和齐泰高速公路穿境，还有通往塔子城的支线高速的公路。

【经　　济】本县耕地多，又有广阔的草场，为半农半牧区。农作物主要有玉米、小麦、稻谷，兼产向日葵、甜菜、马铃薯、麻类经济作物。泰来西瓜以个大、甜美、多汁驰名。畜牧业以饲养黄牛、马、绵羊为主。草原还盛产甘草、防风、龙胆草等野生药材。江河湖泡产鳌花鱼、鲫鱼、鲤鱼等。工业基础薄弱，近年发展较快，有机械、建材、电子、食品、汽车修理等行业。

【风景名胜】古迹有金代塔子城古城及辽塔遗址，为省级文物保护单位。

【地方特产】泰来西瓜等。

1∶520 000　0　5.2　10.4千米

【地理位置】齐齐哈尔市辖县。位于本省西部，因城西有巴拜泉子而得县名。

【人口面积】人口54万，面积3569平方千米。

【地　　形】地处松嫩平原，地势东高西低。

【交　　通】有202、333两条国道交叉穿境。

【经　　济】经济以农业为主，主要粮食作物有小麦、玉米、谷子、大豆等，是黑龙江省小麦、大豆产区和全国重点商品粮生产基地县之一。经济作物以向日葵、亚麻、大麻为主，其中向日葵产量居全省首位。有硼润土矿，储量可观。工业以加工本地丰富的农副产品为中心，有制糖、粮油加工、酿酒、机械、化肥、造纸、皮革、纺织、亚麻加工等。

【地方特产】葵花子、芥末。

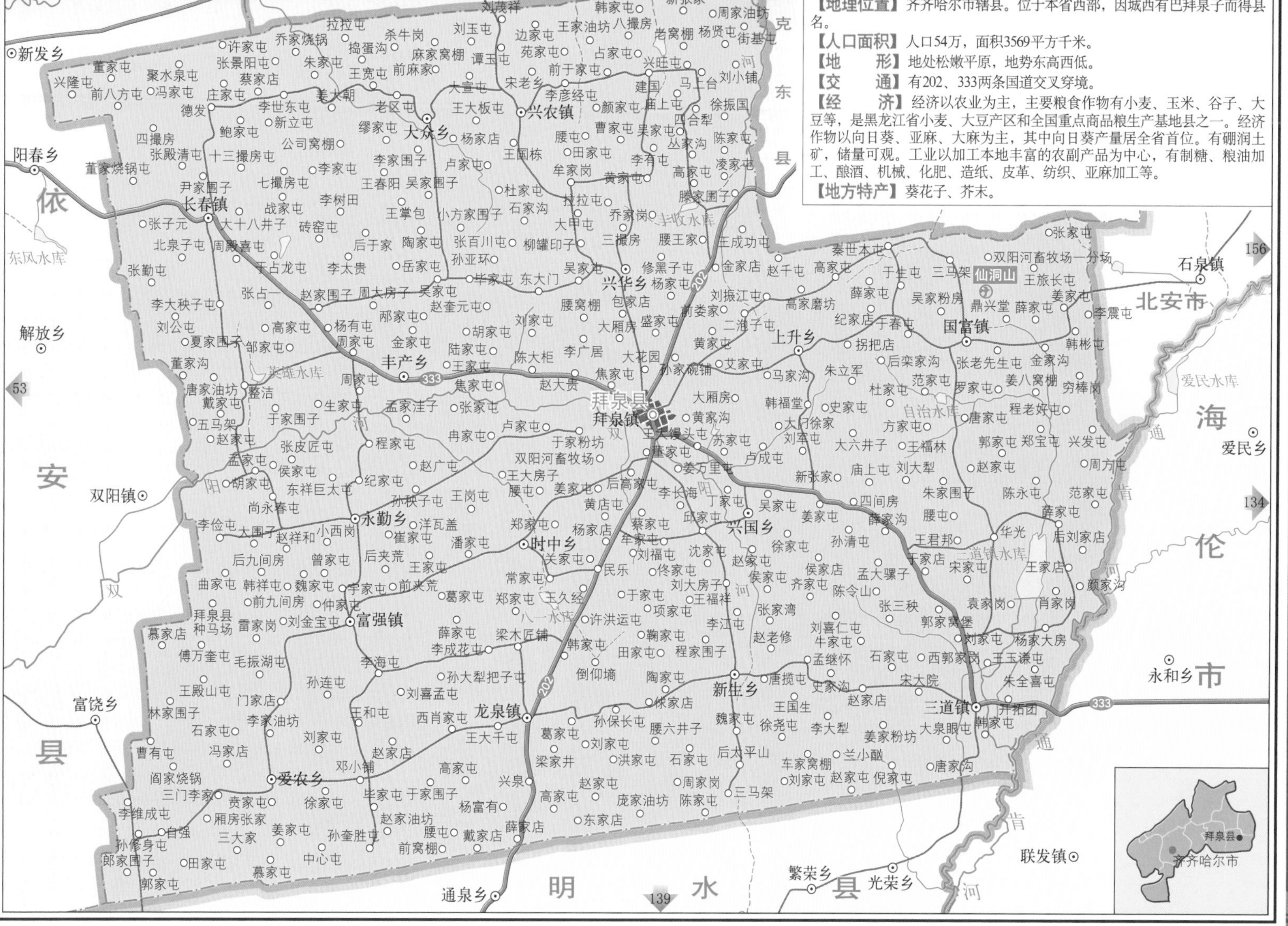

鸡西市

【地理位置】位于本省东南部，乌苏里江江畔、兴凯湖滨，完达山下。东、南与俄罗斯毗邻，西、北与牡丹江、七台河、双鸭山三市相接。

【行政区划】鸡冠区、恒山区、滴道区、梨树区、城子河区、麻山区6区，虎林市、密山市、2市鸡东县1县。

【人口面积】人口165万，面积22551平方千米。

【地　　形】完达山和长白山北断余脉，境内地势起伏，地形以山地、丘陵、平原为主，东南部兴凯湖和乌苏里江江沿岸平原、虎林以南，江畔湖滨为大面积沼泽湿地。

【最高山峰】虎林完达山神顶山，海拔831米。

【河流湖泊】主要河流有乌苏里江及其支流穆棱河、松阿察河、七虎林河、阿布沁河等。著名湖有密山南中俄界湖兴凯湖。

【气　　候】属中温带湿润季风气候，雨热同季，四季分明，冬季严寒多雪，夏季温暖多雨，年平均气温3℃，年降水量550毫米。

【交　　通】有林东（虎林—鸡东）、城鸡（下城子—鸡西）两铁路，方（正）虎高速公路、建（国）虎高速公路，还有多条国道公路。兴凯湖中国部分和乌苏里江穆棱河口以下均可在夏半年通航。

【资源经济】本市矿资源丰富，矿藏有煤、铁、金、铜、石灰石等，完达山森林茂密林特产丰富。农牧渔业发达，主要农产玉米、小麦、大豆、水稻，是本省商品粮生产基地之一。经济作物有甜菜、烟草等。鸡西煤田煤矿主要分布在城子河、恒山等处，主要工业部门有煤炭、焦化、化肥、机械、建材、玻璃、酿酒、乳品、木材加工、制药等。

【风景名胜】有完达山、乌苏里江、珍宝岛等处国家森林公园，兴凯湖、东方红湿地等处国家级自然保护区，以及虎头要塞胜迹、月牙湖风景区等。

【特产美食】有人参、黄芪、木耳、元

鸡西市金三角经济开发区
东平屯
新华村
永丰朝鲜族乡
市体育场
新世纪小学
儿童公园
动物园
文化广场
市第十八中学
东胜村
青岛啤酒(兴凯湖)有限公司
鸡西橡胶厂
市第三中学
太阳升村
金星委
鸡钢委
鸡西北方热电有限公司
丰华委
银东委
河东小区
市第一中学
市电供热公司
电业委
动力水泥厂
东岸宾馆
仁和村
北方外国语学院
广东委
东山委
鸡西建筑涂料厂
矿务局第二机电总厂
鸡西电业局
世纪商厦
市医院
鸡冠区
鸡西站
电信局
金洲大厦
鸡西矿务局
市客运中心
市果品公司
市运输总公司
鸡冠区医院
市急救中心
市市场监督局
市政府
鸡西矿业总医院
市文化和旅游局
强胜委
市公共交通有限责任公司
铁路机务段
第十三中学
市第十九中学
福兴天地
市职教中心
上东国际
鸡西实验中学
鸡西气象局
黑龙江科技学院鸡西校区
胜利委
鸡西大学
市检察院
红星乡
红胜村
西郊乡
西郊批发市场
鸡西西站
华严寺
鸡西市第一中学
建光委
铁西委
建新委
鸡西市体育会展中心
小乌拉草沟
鸡西市检察院
前进村
201国道鸡西支线

鸡西市辖区(鸡冠区 恒山区 滴道区 梨树区 城子河区 麻山区)

鸡西市辖区

【地理位置】位于本省东南部，因处于鸡冠山以西得名。

【人口面积】人口74万，有汉、满、回、朝鲜等民族。面积2253平方千米。

【地　　形】以鸡冠区为中心的鸡西市区，地形以丘陵为主，南面、西北面环山，地势西南高、东北低。穆棱河从西南流向东北鸡东、密山、虎林等县市。市区的中心城区逐渐向西南方扩展。

【交　　通】牡佳高铁，鹤大高速、鸡虎高速，201、331国道过境。

【经　　济】中部、北部为商业区，东部为工业区。有机械、煤炭、电力、建材、木材加工等工业。恒山和城子河是全市主要产煤区。

【风景名胜】有恒山区的华严寺、净土寺，滴道区的孔雀园。

【地方特产】林特产木耳、元蘑，药材人参、黄芪等。

区	电话区号	邮编
鸡冠区	☎ 0467	✉ 158100
恒山区	☎ 0467	✉ 158130
滴道区	☎ 0467	✉ 158150
梨树区	☎ 0467	✉ 158160
城子河区	☎ 0467	✉ 158170
麻山区	☎ 0467	✉ 158180

1:350 000

0　3.5　7

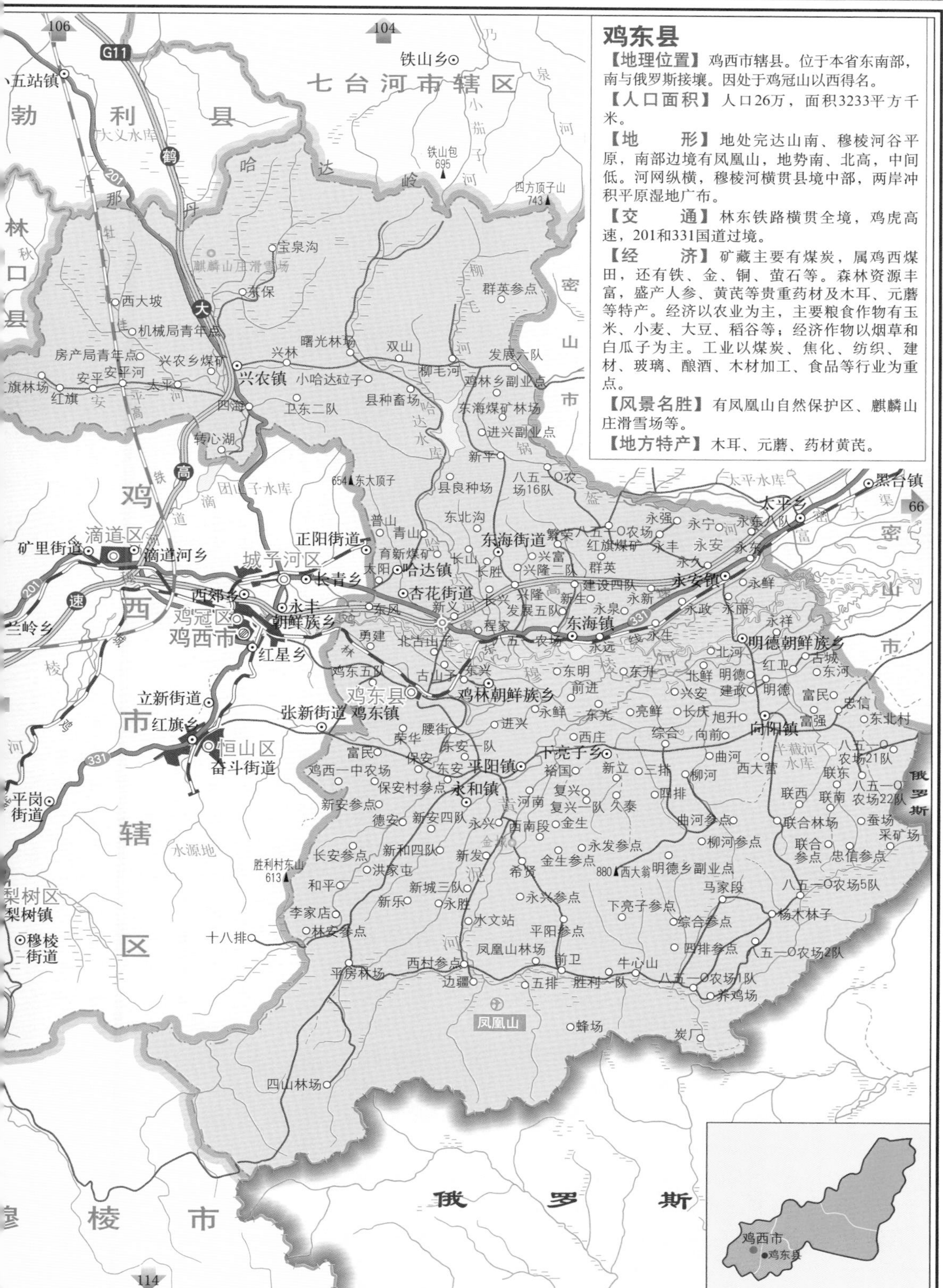

鸡东县

【地理位置】鸡西市辖县。位于本省东南部，南与俄罗斯接壤。因处于鸡冠山以西得名。

【人口面积】人口26万，面积3233平方千米。

【地　　形】地处完达山南、穆棱河谷平原，南部边境有凤凰山，地势南、北高，中间低。河网纵横，穆棱河横贯县境中部，两岸冲积平原湿地广布。

【交　　通】林东铁路横贯全境，鸡虎高速，201和331国道过境。

【经　　济】矿藏主要有煤炭，属鸡西煤田，还有铁、金、铜、萤石等。森林资源丰富，盛产人参、黄芪等贵重药材及木耳、元蘑等特产。经济以农业为主，主要粮食作物有玉米、小麦、大豆、稻谷等；经济作物以烟草和白瓜子为主。工业以煤炭、焦化、纺织、建材、玻璃、酿酒、木材加工、食品等行业为重点。

【风景名胜】有凤凰山自然保护区、麒麟山庄滑雪场等。

【地方特产】木耳、元蘑、药材黄芪。

东县 ☎ 0467 ✉ 158200

1:570 000　0　5.7　11.4千米

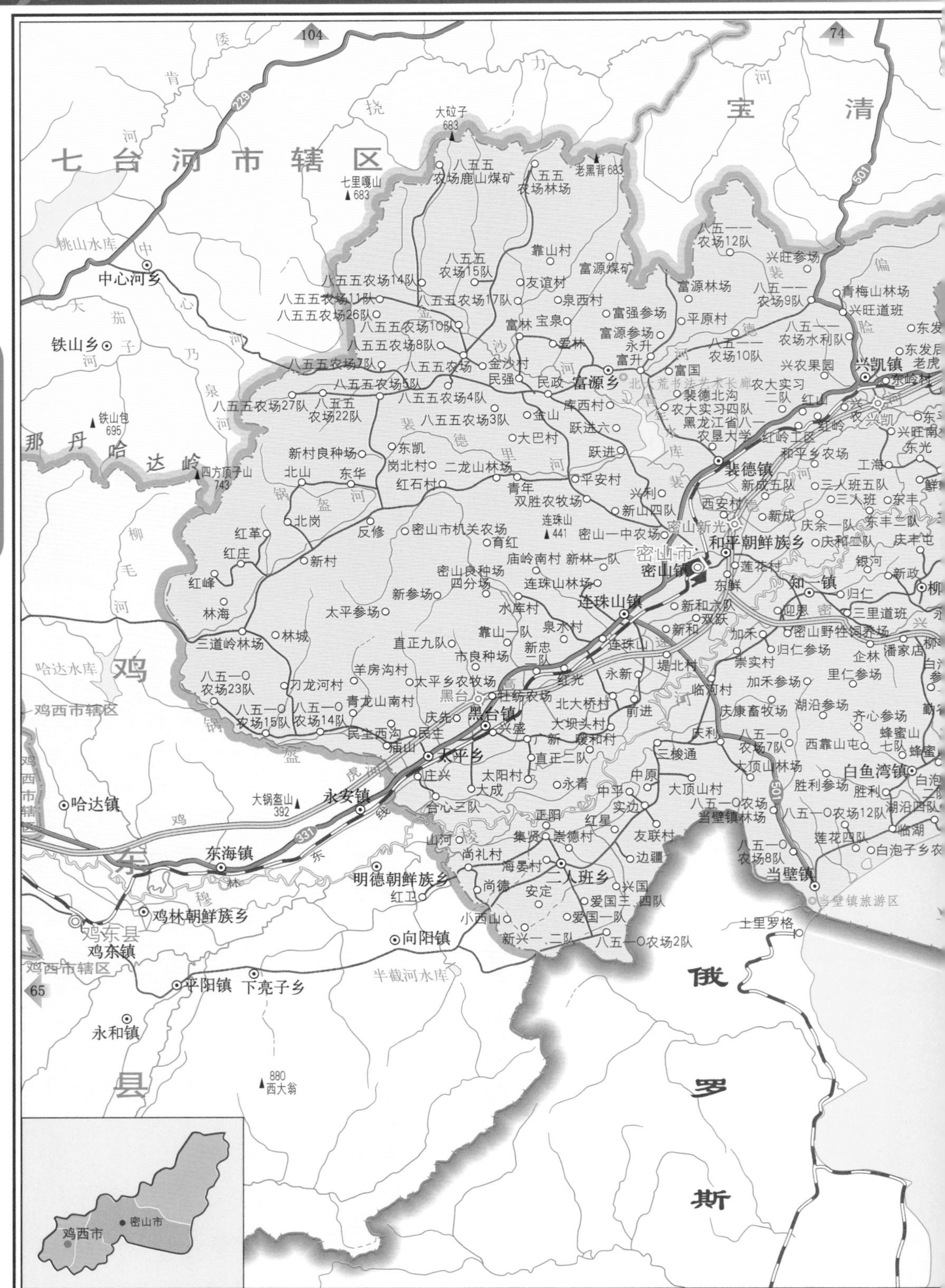

密山市 ☎ 0467 ✉ 158300

密山市

【地理位置】省辖县级市，鸡西市代管。位于本省东南部，兴凯湖北岸，东、南与俄罗斯相邻。

【人口面积】人口38万，有汉、朝鲜、满、回、蒙古等民族。面积7731平方千米。

【地　　形】地处完达山南穆棱河谷，南部为兴凯湖平原。地势西北高、东南低。穆棱河横贯中部，为本市最大的河流。东南部有兴凯湖为中俄界湖。

【交　　通】林东铁路、鸡虎高速、密兴高速过境。当壁镇为边境贸易口岸。

【经　　济】工业以制药、建材、煤炭、焦化、纺织、乳品、酿酒、农机修造、粮油和食品加工等行业为重点。农业主产小麦、玉米、大豆、稻谷、甜菜、黄烟等。国营农、牧场较多。兴凯湖为省水产养殖基地。

【风景名胜】名胜古迹有兴凯湖自然保护区和新开流新石器时代文化遗址。

【地方特产】特产有中国四大名鱼之一的大白鱼。柞蚕、白瓜子、木耳、蘑菇等。

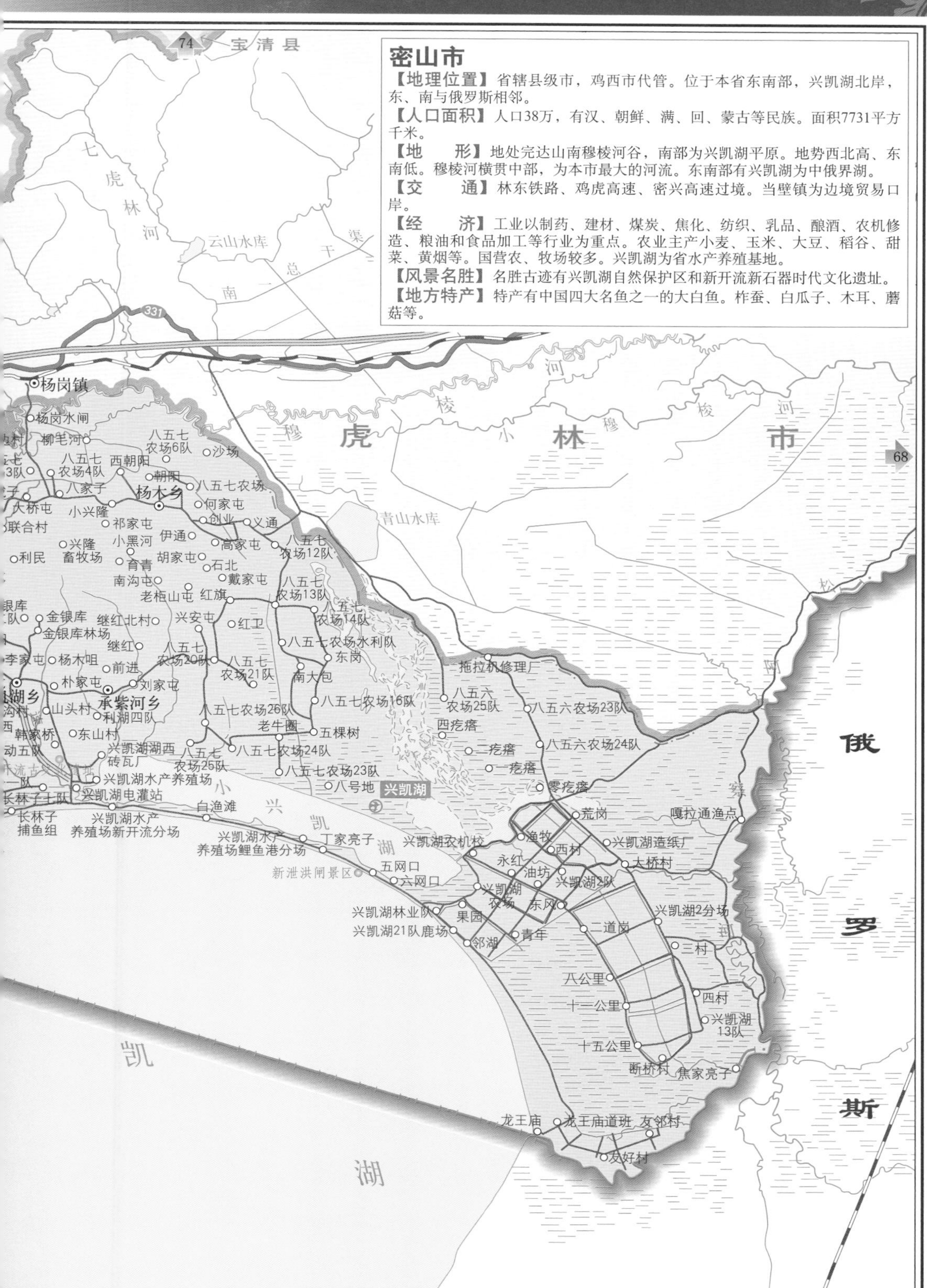

1:570 000　0　5.7　11.4千米

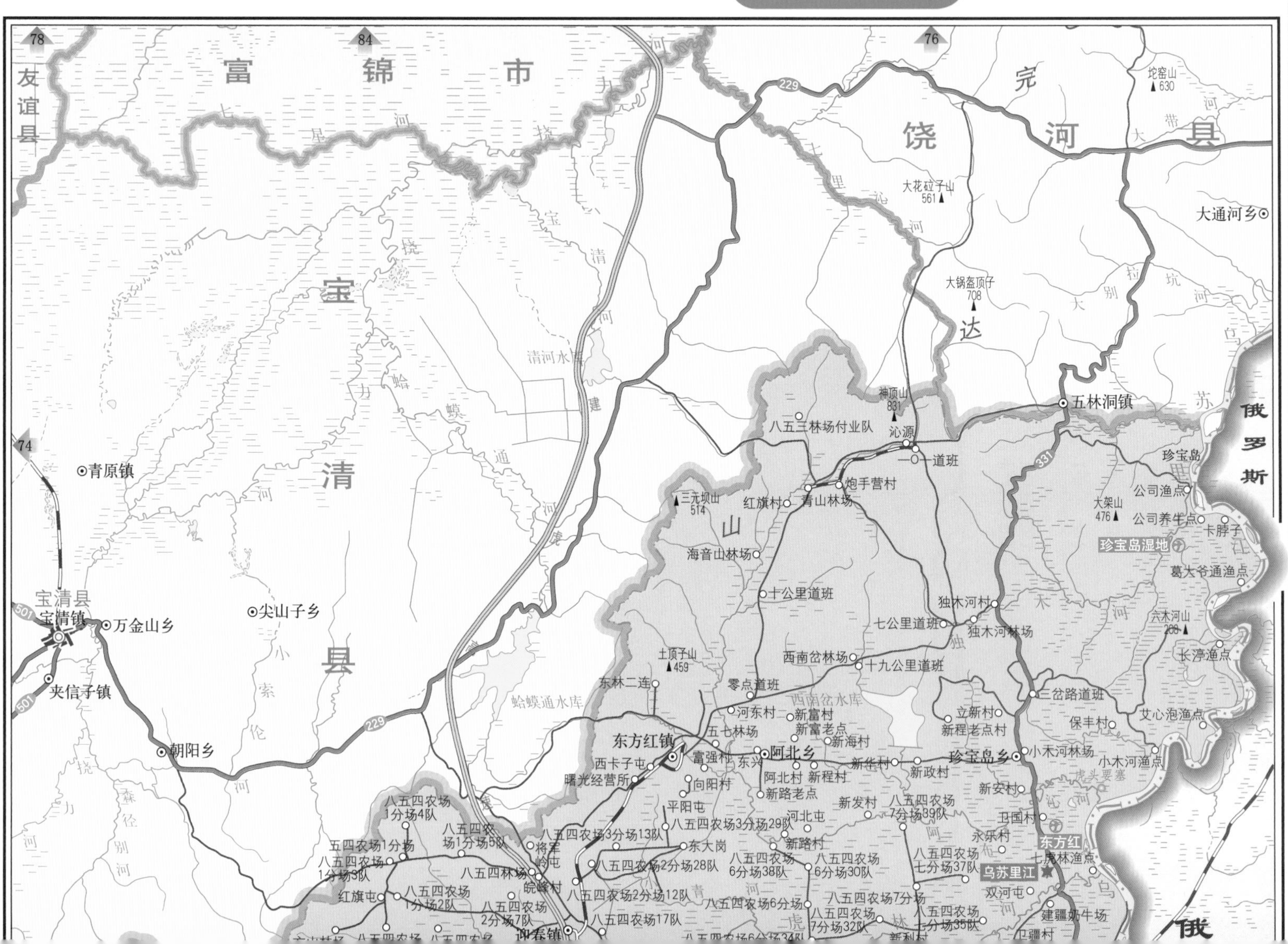
友谊县
富锦市
宝清县
饶河县
完达山
俄罗斯
大通河乡
五林洞镇
珍宝岛
公司渔点
公司养牛点
卡脖子
珍宝岛湿地
葛大爷通渔点
长滨渔点
艾心泡渔点
小木河渔点
大架山 476
六木河山 208
坨窑山 630
大花砬子山 561
大锅盔顶子 708
神顶山 831
三元坝山 514
土顶子山 459
八五三林场付业队
沁源
一〇一道班
炮手营村
红旗村
青山林场
海音山林场
十公里道班
七公里道班
独木河村
独木河林场
西南岔林场
十九公里道班
西南岔水库
东林二连
零点道班
河东村
新富村
新富老点
新海村
立新村
新程老点村
三岔路道班
保丰村
五七林场
东方红镇
富强村
东兴
阿北乡
新华村
新政村
珍宝岛乡
小木河林场
虎头要塞
西卡子屯
曙光经营所
向阳村
阿北村
新程村
新路老点
新安村
平阳屯
新发村
八五四农场7分场39队
卫国村
永乐村
东方红
七虎林渔点
乌苏里江
双河屯
建疆奶牛场
卫疆村
八五四农场3分场29队
河北屯
八五四农场3分场13队
新路村
东大岗
八五四农场6分场38队
八五四农场6分场30队
八五四农场七分场37队
将军岭屯
八五四农场2分场28队
八五四林场
皖峰村
八五四农场2分场12队
八五四农场6分场
八五四农场7分场
八五四农场7分场32队
八五四农场七分场35队
八五四农场17队
八五四农场2分场7队
八五四农场1分场5队
八五四农场1分场4队
五四农场1分场
八五四农场1分场3队
红旗屯
八五四农场1分场2队
迎春镇
蛤蟆通水库
清河水库
青原镇
尖山子乡
宝清镇
万金山乡
夹信子镇
朝阳乡
229
331
501
74
76
78
84

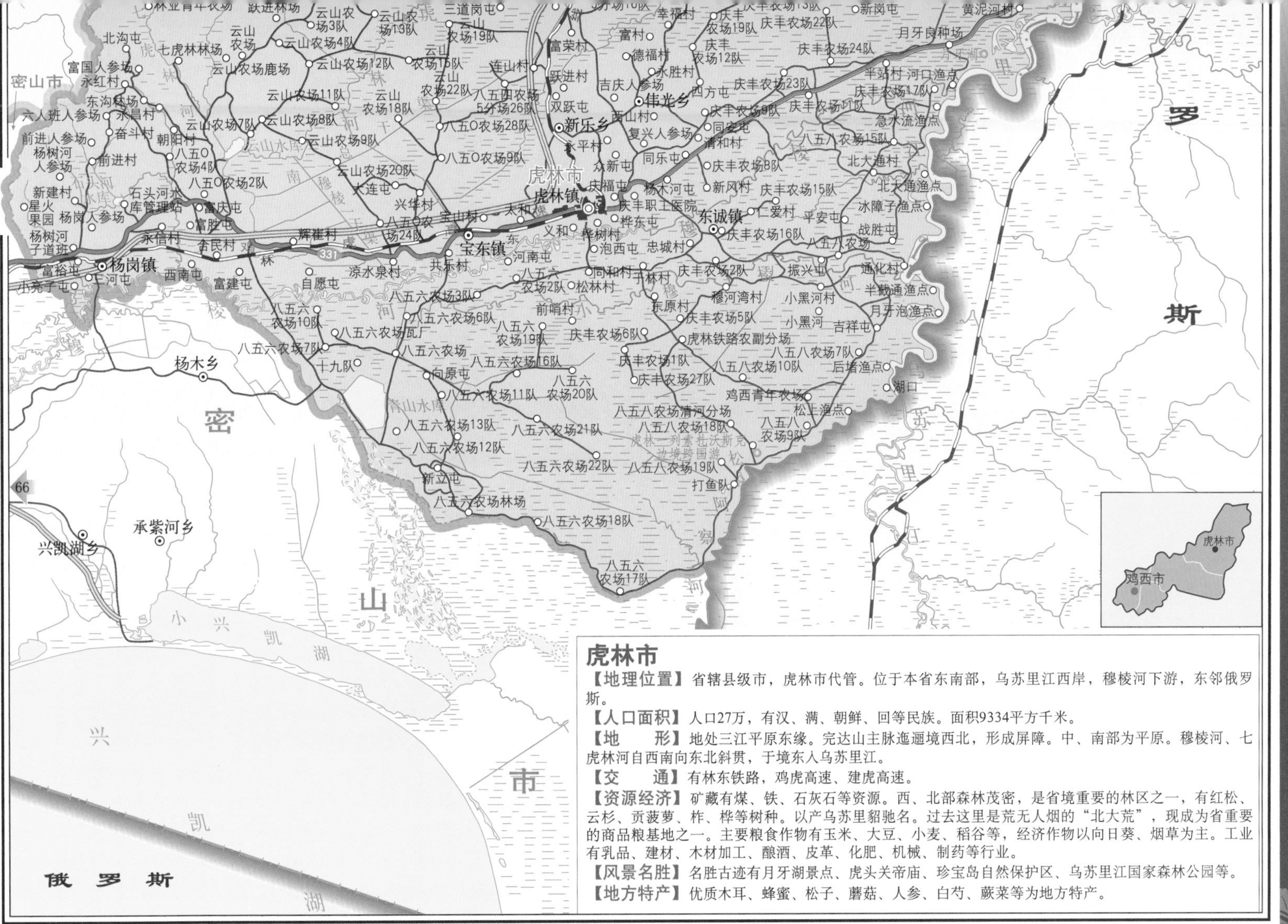

虎林市

【地理位置】省辖县级市，虎林市代管。位于本省东南部，乌苏里江西岸，穆棱河下游，东邻俄罗斯。

【人口面积】人口27万，有汉、满、朝鲜、回等民族。面积9334平方千米。

【地　　形】地处三江平原东缘。完达山主脉迤逦境西北，形成屏障。中、南部为平原。穆棱河、七虎林河自西南向东北斜贯，于境东入乌苏里江。

【交　　通】有林东铁路，鸡虎高速、建虎高速。

【资源经济】矿藏有煤、铁、石灰石等资源。西、北部森林茂密，是省境重要的林区之一，有红松、云杉、贡菠萝、柞、桦等树种。以产乌苏里貂驰名。过去这里是荒无人烟的"北大荒"，现成为省重要的商品粮基地之一。主要粮食作物有玉米、大豆、小麦、稻谷等，经济作物以向日葵、烟草为主。工业有乳品、建材、木材加工、酿酒、皮革、化肥、机械、制药等行业。

【风景名胜】名胜古迹有月牙湖景点、虎头关帝庙、珍宝岛自然保护区、乌苏里江国家森林公园等。

【地方特产】优质木耳、蜂蜜、松子、蘑菇、人参、白芍、蕨菜等为地方特产。

双鸭山市

【地理位置】位于本省东部，坐落在完达山北，黑龙江以南。东隔乌苏里江与俄罗斯相望。东南部与鸡西市相毗邻，西南与七台河市相连、西北部与佳木斯市接壤。

【行政区划】4市辖区4县：尖山区、岭东区、四方台区、宝山区，集贤县、友谊县、宝清县、饶河县。

【人口面积】人口137万，面积22802平方千米。

【地　　形】地势为西南高，东北低。东部有完达山地，市区南低山丘陵属张广才最北端余脉，东的北部为三江平原南部。

【最高山峰】老秃顶子山，海拔854米。

【河流湖泊】有乌苏里江、安邦河、挠力河及其支流七星河等河流和红旗水库、蛤蟆通水库等。

【气　　候】属寒温带大陆性季风气候，冬长而寒冷干燥，夏季短多雨。年平均气温为2.6–5.2℃，年降水量500–523毫米。

【交　　通】有佳富、福前铁路，哈同、建虎高速公路过境，221国道及省道、县道在境内纵横交错，构成公路网。

【资源经济】双鸭山煤田是本省第一大煤田，中国十个特大煤田之一。矿产资源还有石墨、磷、铁、黄金、白银、大理石、红绿宝石等。森林资源有柞木、桦杨、红松等。20世纪50年代起开发北大荒，建设了许多大型国营机械化农、牧、林场，成为重要的商品粮基地，粮食作物以玉米、大豆、小麦、水稻为主，经济作物有甜菜黄烟、白瓜子等。工矿业发达有热电、化工、橡胶、机械、建材、酿酒、食品等工业。

【风景名胜】饶河珍宝岛国家森林公园，青山旅游景区、集贤七星峰砬子、东北黑蜂、宝清安达山森林公园，七星河、力河国家级自然保护区。

【特产美食】盛产山木耳、蘑菇、五味子、人参、鹿茸、猕猴桃、蜂蜜、乌苏里江大马哈鱼、挠力河红肚鲫鱼等。

1:1 840 000　0　18.4　36.8千米

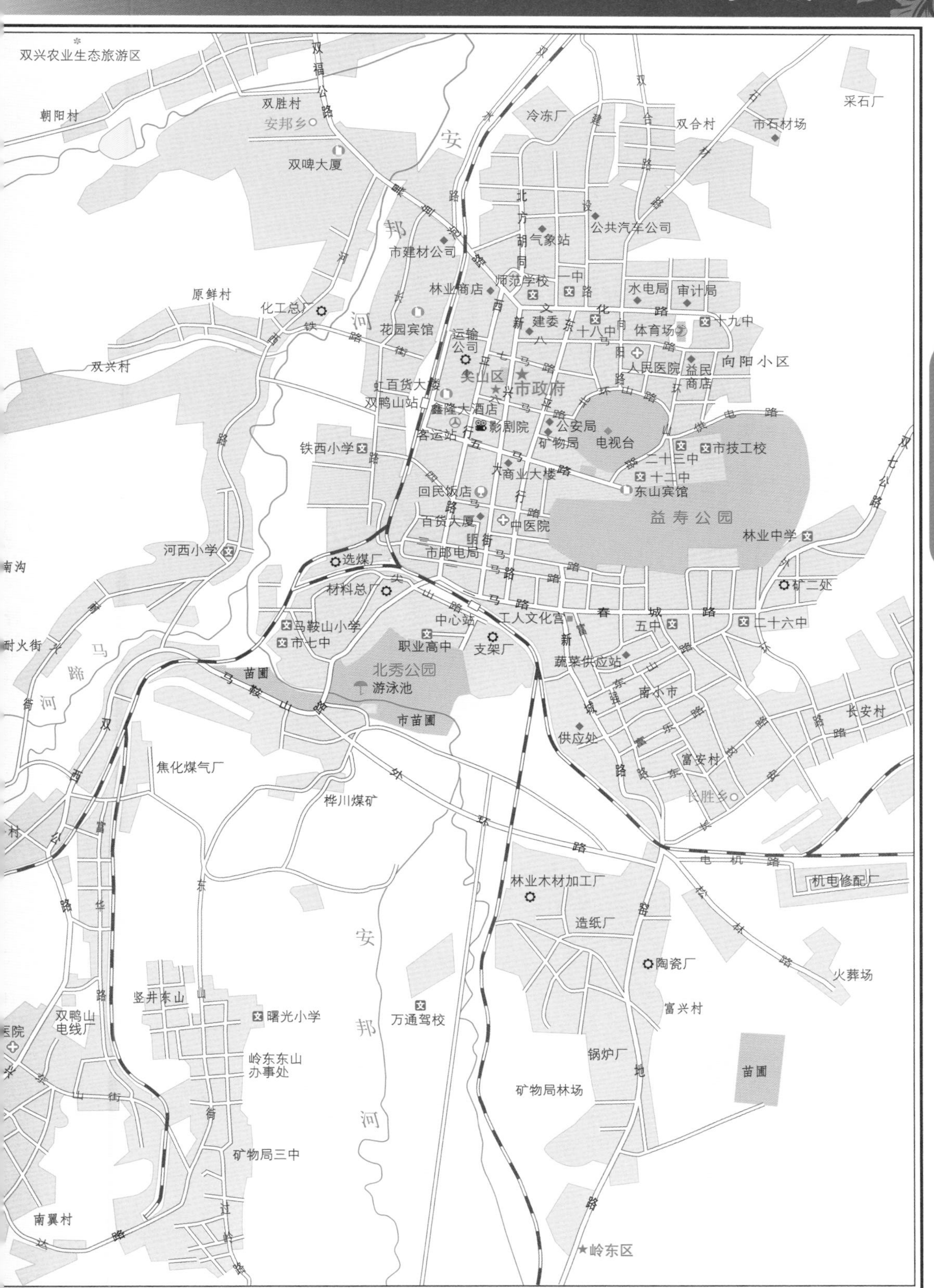
双兴农业生态旅游区
朝阳村
双胜村
安邦乡
双啤大厦
冷冻厂
双合村
市石材场
采石厂
公共汽车公司
气象站
市建材公司
林业商店
师范学校
一中
水电局
审计局
十九中
原鲜村
化工总厂
花园宾馆
运输公司
建委
十八中
体育场
向阳小区
双兴村
尖山区
市政府
人民医院
益民商店
百货大楼
双鸭山站
鑫隆大酒店
影剧院
公安局
电视台
客运站
矿物局
铁西小学
市技工校
二十三中
大商业大楼
十二中
回民饭店
东山宾馆
益寿公园
百货大厦
中医院
林业中学
河西小学
市邮电局
选煤厂
矿二处
南沟
材料总厂
工人文化宫
五中
二十六中
马鞍山小学
中心站
市七中
职业高中
支架厂
耐火街
北秀公园
游泳池
蔬菜供应站
南小市
苗圃
市苗圃
长安村
供应处
富安村
焦化煤气厂
桦川煤矿
长胜乡
机电修配厂
林业木材加工厂
造纸厂
陶瓷厂
火葬场
竖井东山
曙光小学
万通驾校
富兴村
双鸭山电线厂
岭东东山办事处
锅炉厂
苗圃
矿物局林场
矿物局三中
南翼村
岭东区
安邦河

尖山区 ☎0469 ✉155100 岭东区 ☎0469 ✉155120
四方台区 ☎0469 ✉155130 宝山区 ☎0469 ✉155131

集贤县

【地理位置】双鸭山市辖县。位于本省东部。

【人口面积】人口29万，面积2253平方千米。以汉族为主，有满、回、朝鲜等少数民族。

【地　　形】地处三江平原西部，除西南部为丘陵外，大部为平原。地势西南高，东北低。安邦人工河纵贯。

【交　　通】佳富、福前铁路横贯境内。哈同高速、福宝、福双公路从境内经过。

【经　　济】矿产以煤为主，蕴藏丰富，属双鸭山煤田。粮食作物主产大豆、玉米、小麦、稻谷，经济作物产黄烟、甜菜、白瓜子。是省主要产粮县和甜菜产地之一，素有“大豆之乡”美称。本县除煤炭工业外，还有化肥、机械、建材、橡胶、水泥、食品加工、酿酒等行业。

【风景名胜】福利镇东南七星砬子是省著名旅游区和东北虎自然保护区。

【地方特产】白瓜子、人参等。

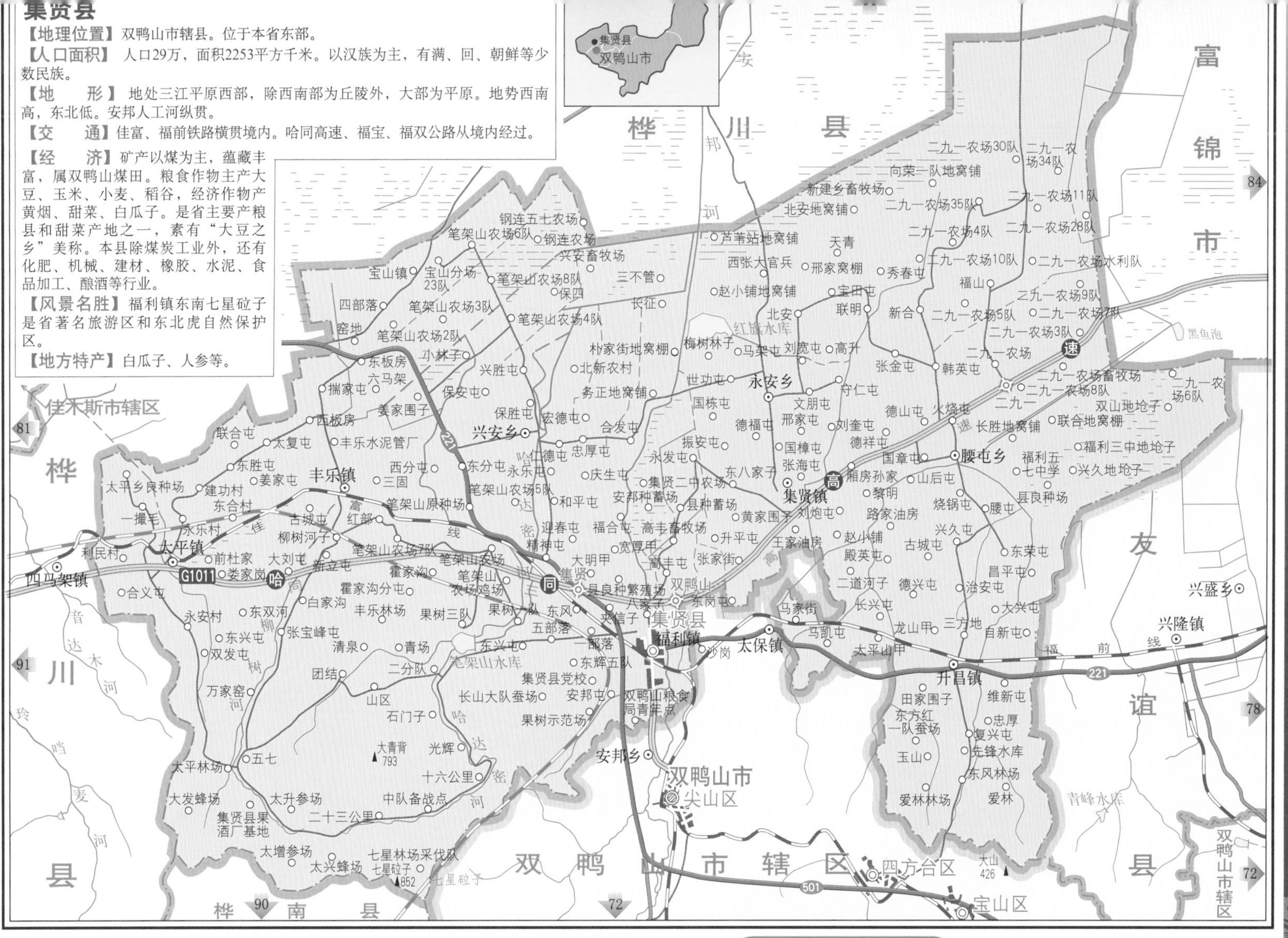

1∶390 000　0　3.9　7.8千米

双鸭山市

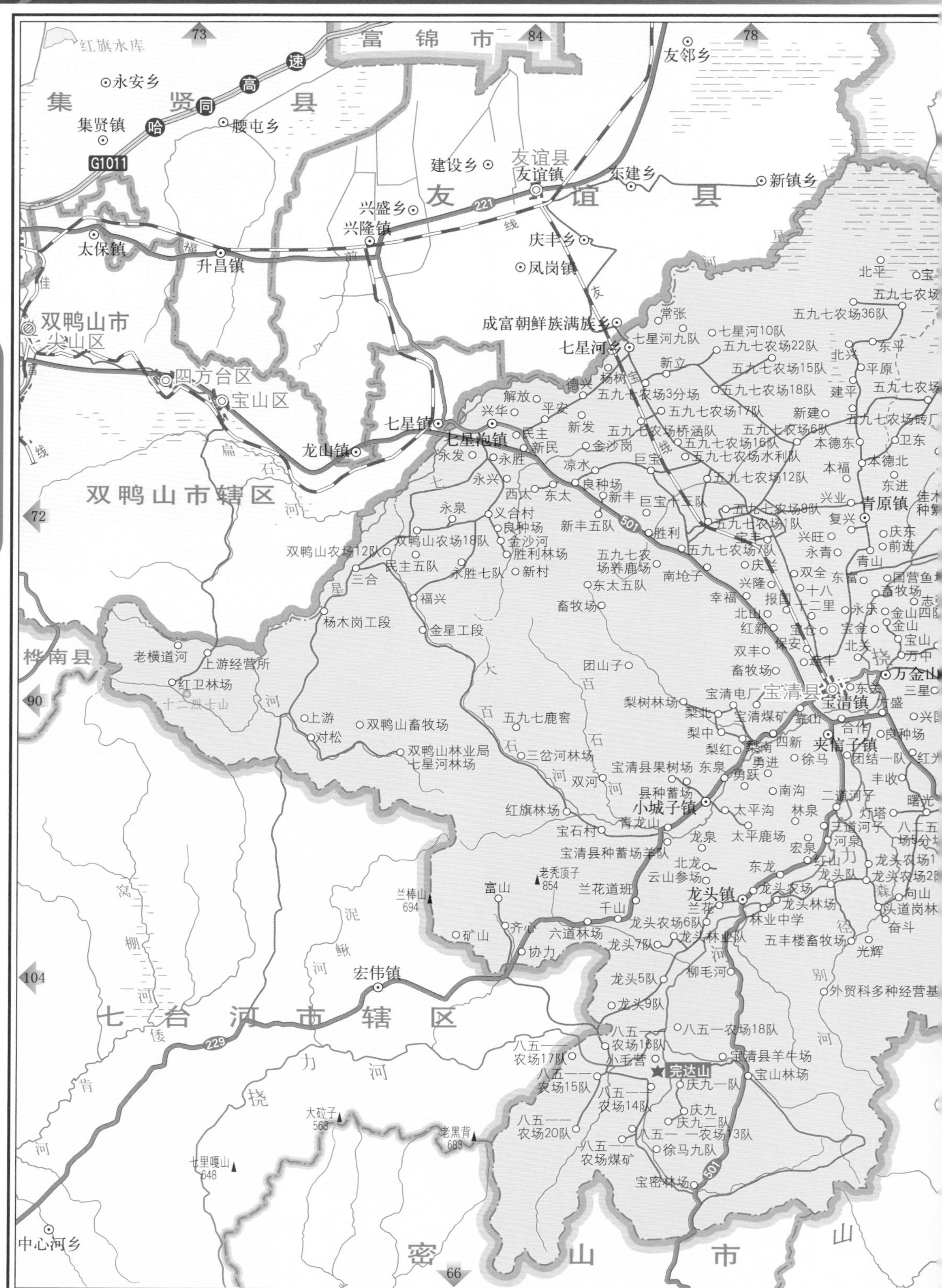
富锦市
友谊县
集贤县
双鸭山市辖区
七台河市辖区
桦南县
密山市
红旗水库
永安乡
集贤镇
腰屯乡
哈同高速
G1011
建设乡
友谊县
友谊镇
东建乡
新镇乡
友邻乡
兴盛乡
兴隆镇
太保镇
升昌镇
庆丰乡
凤岗镇
双鸭山市
尖山区
四方台区
宝山区
成富朝鲜族满族乡
七星河乡
七星镇
龙山镇
七星泡镇
青原镇
万金山
宝清县
宝清镇
夹信子镇
小城子镇
龙头镇
宏伟镇
中心河乡
老横道河
上游经营所
红卫林场
十二烈士山
上游
对松
双鸭山畜牧场
双鸭山林业局七星河林场
杨木岗工段
金星工段
双鸭山农场12队
三合
民主五队
永胜七队
福兴
新村
胜利林场
金沙河
良种场
义合村
双鸭山农场18队
永泉
永兴
永发
永胜
西太
东太
民主
新民
解放
平安
兴华
德兴
新发
金沙岗
凉水
良种场
新丰
新丰五队
胜利
巨宝
巨宝十三队
五九七农场3分场
五九七农场17队
五九七农场桥涵队
五九七农场16队
五九七农场水利队
五九七农场12队
五九七农场8队
五九七农场7队
五九七农场养鹿场
五九七农场15队
五九七农场18队
五九七农场22队
七星河10队
七星河九队
五九七农场36队
五九七农场6队
常张
新立
杨树
东太五队
畜牧场
南坨子
团山子
五九七鹿窖
三岔河林场
双河
红旗林场
宝石村
青龙山
宝清县果树场
县种畜场
宝清县种畜场羊队
兰花道班
千山
富山
齐心
矿山
协力
六道林场
龙头农场6队
龙头7队
龙头林业队
龙头5队
龙头9队
柳毛河
林业中学
兰花
龙头农场
龙头林场
五丰楼畜牧场
光辉
外贸科多种经营基
云山参场
北龙
东龙
龙泉
太平鹿场
太平沟
宏泉
红山
龙头队
龙头农场1
龙头农场2
向山
头道岗林
奋斗
二道河子
三道河子
河泉
灯塔
曙光
八二五
场5分场
林泉
南沟
勇进
勇跃
东泉
梨北
梨中
梨红
梨南
梨树林场
宝清电厂
宝清煤矿
四新
徐马
团结一队
丰收
良种场
合作
广盛
三星
东安
万中
宝山
金山
金山四队
永乐
宝金
北关
志
畜牧场
国营鱼
东富
十八
十二里
双全
报国
兴隆
幸福
北山
红新
宝仓
保安
双丰
畜牧场
庆丰
宝丰
青山
永青
兴旺
复兴
前进
庆东
兴业
东进
本福
本德北
本德东
卫东
新建
建平
平原
东平
北兴
五九七农场
北平
八五一一农场18队
八五一一农场16队
八五一一农场17队
八五一一农场15队
八五一一农场14队
八五一一农场20队
八五一一农场13队
八五一一农场煤矿
小毛营
完达山
宝清县羊牛场
宝山林场
庆九一队
庆九
庆九二队
徐马九队
宝密林场
老秃顶子 854
兰棒山 694
大砬子 563
老黑背 683
七里嘎山 648
221
229
501
七星河
扁石河
大百石河
泥鳅河
挠力河
倭肯河
窝棚河
别拉河
73
84
78
72
90
104
66

宝清县

【地理位置】双鸭山市辖县。位于本省东部。由境内的宝清河得名。

【人口面积】人口39万，面积10001平方千米。

【地　　形】地处完达山地北缘，三江平原南缘。南部为低山丘陵，完达山绵延于东、南、西境。北部为平原，多沼泽。

【交　　通】友宝铁路、建虎高速、福饶公路过境。

【经　　济】经济以农、牧、林业为主。1958年后大力开发北大荒，建立了4个大型国营农场，使本县成为全省商品粮基地之一。主要粮食作物有玉米、大豆、小麦，经济作物以甜菜、亚麻、烟草、白瓜子为主。畜牧业以养猪、牛、羊为主，是省重点养羊区之一。境内有煤、金等矿产和森林资源，森林覆盖率达35%。挠力河红肚鲫鱼有名。工业以建材、农机、发电、食品等门类为重点。

【风景名胜】纪念地有珍宝岛革命烈士陵园。

【地方特产】土特产有鹿茸、木耳、蘑菇、五味子、人参等。

1∶610 000　0　6.1　12.2千米

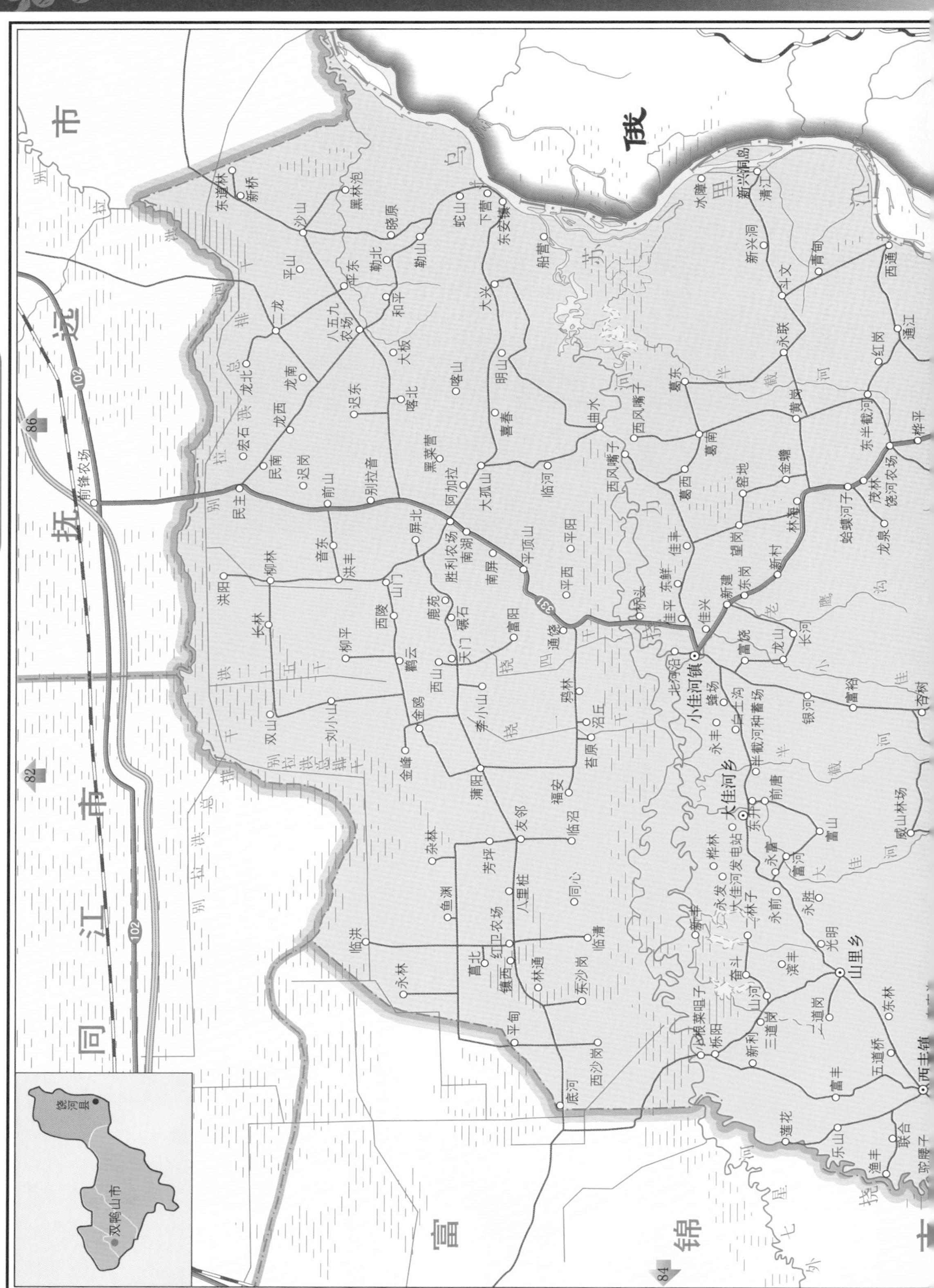
俄
乌
苏
里
江
抚
远
市
同
江
市
富
锦
饶河镇
小佳河镇
大佳河乡
山里乡
西丰镇
五林洞镇
东安镇
胜利农场
八五九农场
红卫农场
前锋农场
饶河农场
半截河种畜场
威山林场
大佳河发电站
别拉洪河
挠力河
七星河
102
331
86
82
84
饶河县
双鸭山市

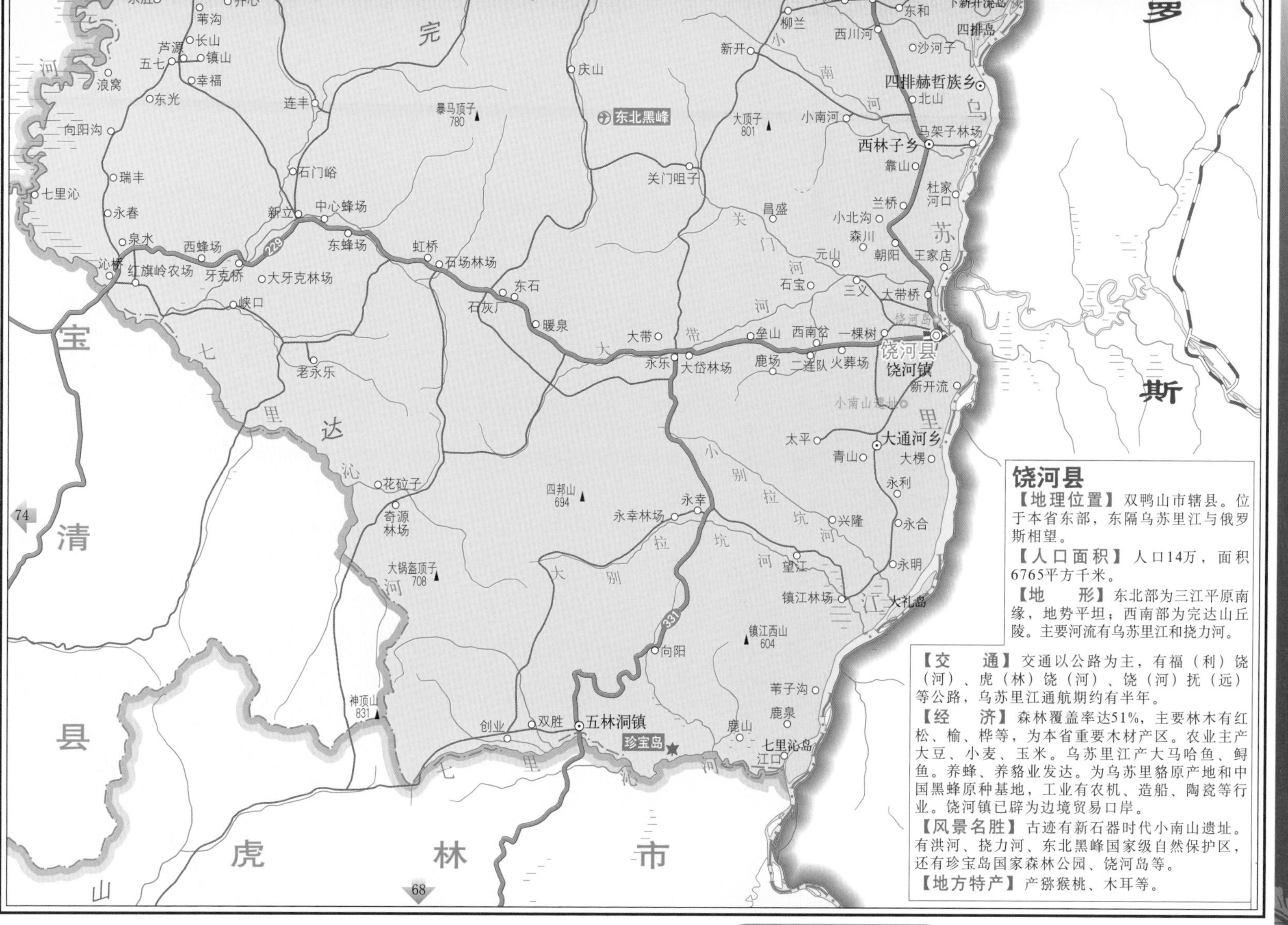

饶河县

【地理位置】双鸭山市辖县。位于本省东部，东隔乌苏里江与俄罗斯相望。

【人口面积】人口14万，面积6765平方千米。

【地　　形】东北部为三江平原南缘，地势平坦；西南部为完达山丘陵。主要河流有乌苏里江和挠力河。

【交　　通】交通以公路为主，有福（利）饶（河）、虎（林）饶（河）、饶（河）抚（远）等公路，乌苏里江通航期约有半年。

【经　　济】森林覆盖率达51%，主要林木有红松、榆、桦等，为本省重要木材产区。农业主产大豆、小麦、玉米。乌苏里江产大马哈鱼、鲟鱼。养蜂、养貉业发达。为乌苏里貉原产地和中国黑蜂原种基地，工业有农机、造船、陶瓷等行业。饶河镇已辟为边境贸易口岸。

【风景名胜】古迹有新石器时代小南山遗址。有洪河、挠力河、东北黑峰国家级自然保护区，还有珍宝岛国家森林公园、饶河岛等。

【地方特产】产猕猴桃、木耳等。

1:430 000　0　4.3　8.6千米

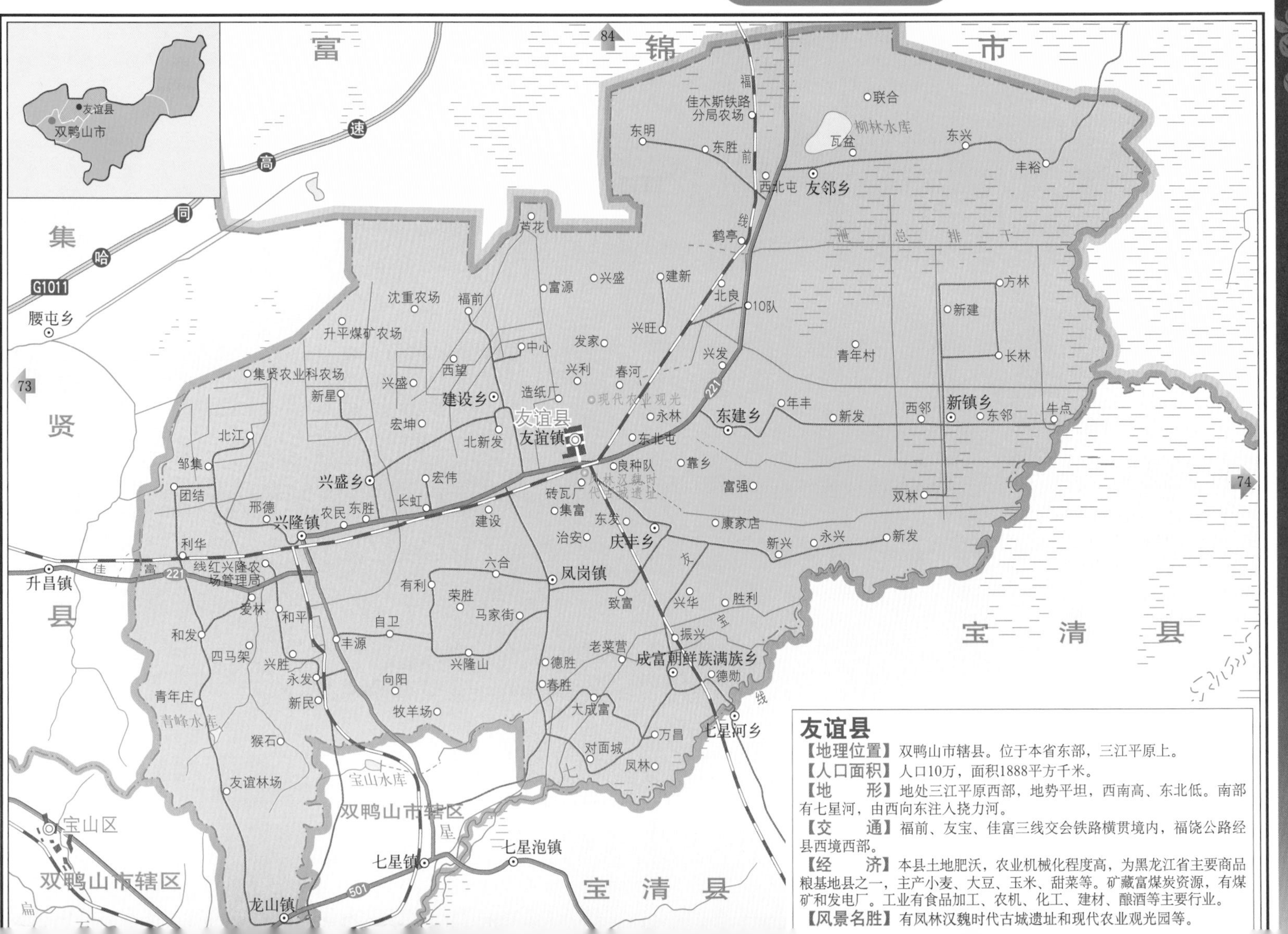

友谊县

【地理位置】双鸭山市辖县。位于本省东部，三江平原上。

【人口面积】人口10万，面积1888平方千米。

【地　　形】地处三江平原西部，地势平坦，西南高、东北低。南部有七星河，由西向东注入挠力河。

【交　　通】福前、友宝、佳富三线交会铁路横贯境内，福饶公路经县西境西部。

【经　　济】本县土地肥沃，农业机械化程度高，为黑龙江省主要商品粮基地县之一，主产小麦、大豆、玉米、甜菜等。矿藏富煤炭资源，有煤矿和发电厂。工业有食品加工、农机、化工、建材、酿酒等主要行业。

【风景名胜】有凤林汉魏时代古城遗址和现代农业观光园等。

佳木斯市

【地理位置】位于本省东北边陲，地处黑龙江、乌苏里江和松花江汇流的三江平原腹地。东隔黑龙江与俄罗斯的哈巴罗夫斯克（伯力）相望，南接双鸭山市和七台河市，西与哈尔滨市和伊春市相连，西北邻鹤岗市，。

【行政区划】4市辖区3县级市3县：前进区、向阳区、东风区、郊区，同江市、富锦市、抚远市，桦南县、桦川县、汤原县。

【人口面积】人口228万，有汉、满、朝鲜、回、蒙古等民族。面积32470平方千米。

【地　　形】地处三江平原中部，地势低平，多沼泽湿地，境内是世界三大黑土平原之一的三江平原主体。

【最高山峰】七星砬子，海拔852米。

【河流湖泊】松花江，乌苏里江，挠力河、大力加湖，向阳水库等。

【气　　候】属中温带湿润大陆性季风气候，冬长夏短，四季分明。风大易旱；夏季温暖多雨，气候湿润；秋季气候凉爽，降温急骤；冬季漫长寒冷，气候干燥。无霜期130天，年平均气温3℃左右，年降水量530−550毫米。

【交　　通】绥佳、鹤佳、图佳、佳福和福前福等多条铁路。哈同、建虎、建黑、鹤大高速公路和211、221国道及多条省道相会在境内。有东郊机场。还有黑龙江、松花江、乌苏里江内河航道。

【资源经济】矿产资源十分丰富，主要矿产有黄金、煤炭、石油、铜、镍、铁、锌、铬等，还有石灰石、大理石、花岗石、石英石、沸石、天然气等。森林资源和野生动物资源也很丰富。黑龙江、乌苏里江产的鲟鱼、鳇鱼闻名于世，被誉为“鲟鳇鱼之乡”。20世纪50年代复转军人、知青到此开发北大荒，建有多个大型机械化国营农场、农业经济迅速发展，成为重要农业基地，盛产水稻、大豆、玉米、马铃薯等粮食作物和亚麻、白瓜子、甜菜、向日葵等经济作物。工业有全国最大的造纸厂、最大的甜菜糖厂。还有采煤、农机制造、木材加工、化肥、食品加工等。

【风景名胜】大亮河子、五顶山、街津山、三环泡，八岔岛，晨星岛等。可以最早看到太阳升起，被誉为“东方第一城”。

【特产美食】木雕、石雕，鳇鱼、鲟鱼、大马哈鱼，木耳、人参、五味子等。

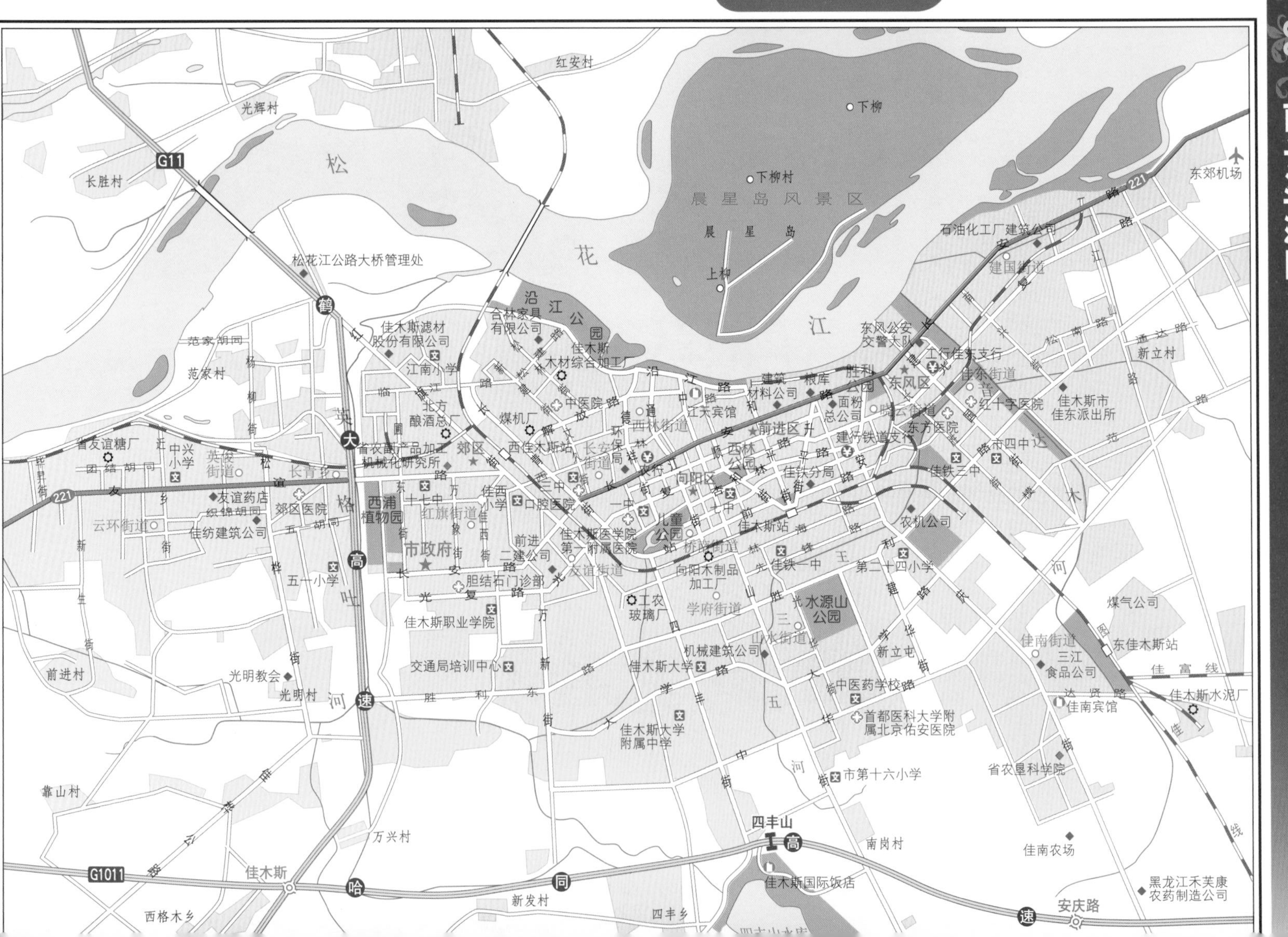
东郊机场
新立村
佳木斯市佳东派出所
煤气公司
东佳木斯站
佳木斯水泥厂
黑龙江禾芙康农药制造公司
安庆路
佳南宾馆
三江食品公司
佳南街道
省农垦科学院
佳南农场
石油化工厂建筑公司
建国街道
工行佳东支行
佳东街道
红十字医院
市四中
佳铁三中
东方医院
农机公司
第二十四小学
首都医科大学附属北京佑安医院
中医药学校
市第十六小学
南岗村
佳木斯国际饭店
四丰山
水源山公园
佳铁一中
东风区
东风公安交警大队
胜利公园
粮库
面粉总公司
建行铁道支行
佳铁分局
前进区
西林公园
向阳区
机械建筑公司
向阳木制品加工厂
学府街道
山水街道
佳木斯大学
佳木斯大学附属中学
工农玻璃厂
儿童公园
佳木斯站
佳木斯医学院第一附属医院
江天宾馆
建筑材料公司
西林街道
长安街道
中医院
佳木斯木材综合加工厂
沿江公园
合林家具有限公司
煤机厂
西佳木斯站
口腔医院
郊区
北方酿酒总厂
省农畜产品加工机械化研究所
江南小学
佳木斯滤材股份有限公司
市政府
红旗街道
二建公司
胆结石门诊部
佳木斯职业学院
交通局培训中心
西浦植物园
万兴村
新发村
四丰乡
晨星岛风景区
晨星岛
下柳
下柳村
上柳
松花江公路大桥管理处
红安村
光辉村
长胜村
范家胡同
范家村
五一小学
前进村
光明村
光明教会
郊区医院
长青乡
友谊药店
佳纺建筑公司
英俊街道
中兴小学
云环街道
省友谊糖厂
靠山村
西格木乡
佳木斯
G11
G1011
221

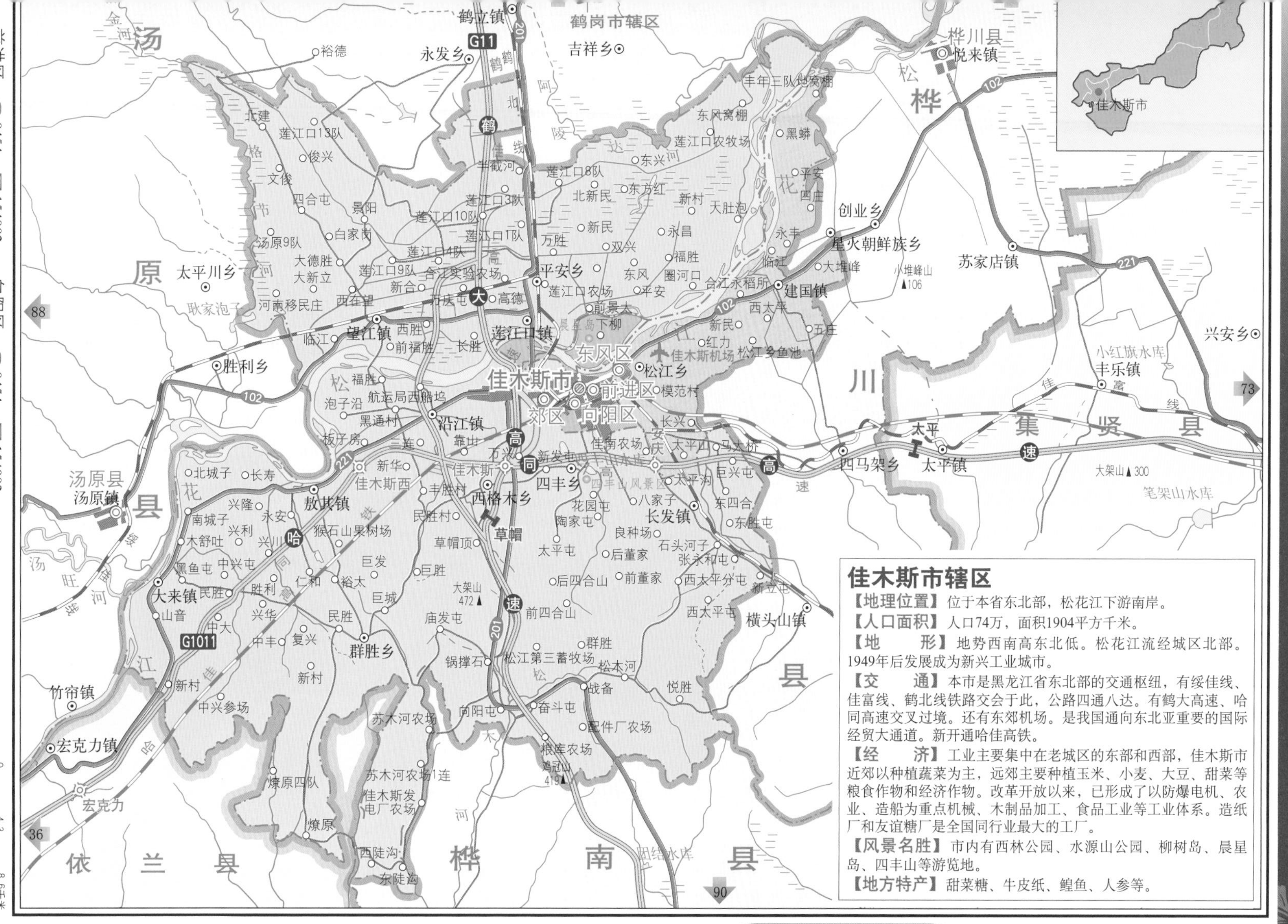
佳木斯市辖区
【地理位置】位于本省东北部，松花江下游南岸。
【人口面积】人口74万，面积1904平方千米。
【地　　形】地势西南高东北低。松花江流经城区北部。1949年后发展成为新兴工业城市。
【交　　通】本市是黑龙江省东北部的交通枢纽，有绥佳线、佳富线、鹤北线铁路交会于此，公路四通八达。有鹤大高速、哈同高速交叉过境。还有东郊机场。是我国通向东北亚重要的国际经贸大通道。新开通哈佳高铁。
【经　　济】工业主要集中在老城区的东部和西部，佳木斯市近郊以种植蔬菜为主，远郊主要种植玉米、小麦、大豆、甜菜等粮食作物和经济作物。改革开放以来，已形成了以防爆电机、农业、造船为重点机械、木制品加工、食品工业等工业体系。造纸厂和友谊糖厂是全国同行业最大的工厂。
【风景名胜】市内有西林公园、水源山公园、柳树岛、晨星岛、四丰山等游览地。
【地方特产】甜菜糖、牛皮纸、鳇鱼、人参等。
佳木斯市
东风区
前进区
向阳区
郊区
鹤岗市辖区
桦川县
汤原县
依兰县
桦南县
集贤县
1:430 000
0 4.3 8.6千米

前进区	☎ 0454	✉ 154002	向阳区	☎ 0454	✉ 154002
东风区	☎ 0454	✉ 154005	郊区	☎ 0454	✉ 154004

同江市

【地理位置】省辖县级市，佳木斯市代管。位于本省东北部。松花江与黑龙江汇合口，北隔黑龙江与俄罗斯相望。

【人口面积】人口17万，有汉、朝鲜、满、蒙古、赫哲等民族。面积6229平方千米。

【地　　形】地处三江平原腹地，地势西南高，东北低。同江周围地形低洼，多湿地、泡沼、牛轭湖。有黑龙江和松花江，还有鸭绿河、蓬花河等河流。

【交　　通】哈同、建黑高速，221国道终点，同江至抚远公路起点，二龙山至抚远公路过东南部。是重要边境贸易口岸。

【经　　济】是黑龙江省重要商品粮基地之一，也是国家重点开发的“三江平原”的组成部分。主要粮食作物有小麦、大豆、玉米、水稻、谷子等；经济作物有亚麻、甜菜、油菜、向日葵。水产资源丰富，盛产著名的鲟鱼、鳇鱼、大马哈鱼及“三花五罗”（鲫花、鳌花、编花和法罗、哲罗、胡罗、雅罗、铜罗）鱼。工业有发电、啤酒、机械、农机修造、建材、服装、乳制品等厂。

【风景名胜】有八岔岛、洪河自然保护区，街津山国家森林公园，八岔、街津口赫哲族风情乡镇。

【地方特产】鲟鱼、鳇鱼、大马哈鱼等。

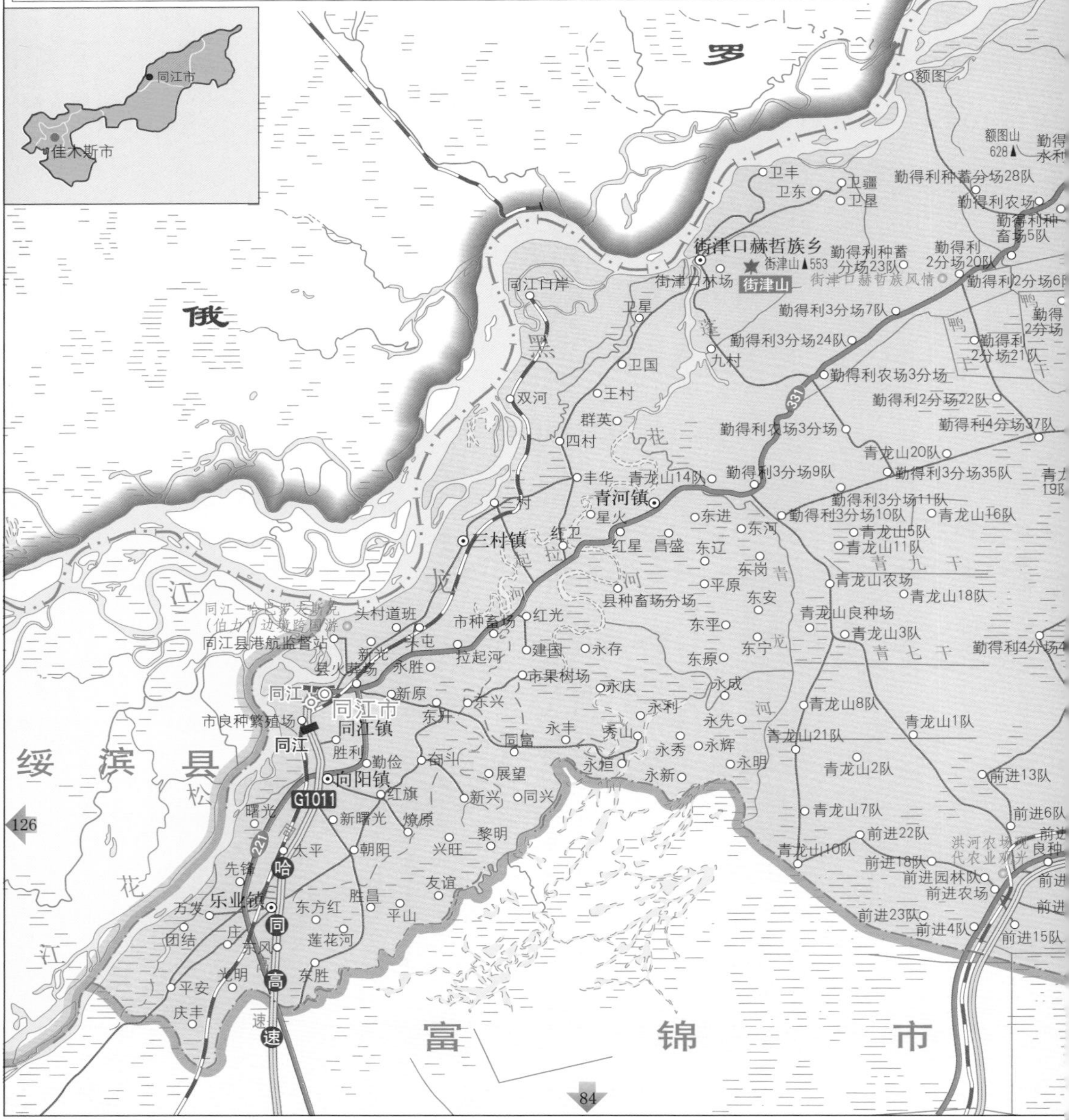

同江市
佳木斯市

佳木斯市

俄
罗
绥滨县
富锦市
街津口赫哲族乡
街津山▲553
街津山
街津口赫哲族风情
街津口林场
同江口岸
额图
额图山 628▲
卫丰
卫东
卫疆
卫垦
卫星
卫国
王村
双河
群英
四村
丰华
青河镇
星火
三村
三村镇
红卫
红星
昌盛
东进
东河
东辽
东岗
平原
东安
东平
东宁
东原
永成
永先
永辉
永明
永秀
永新
永利
永庆
永存
永丰
永恒
秀山
县种畜场分场
市种畜场
红光
建国
市果树场
头村道班
头屯
新光
永胜
拉起河
东兴
东升
新原
同富
展望
同兴
新兴
奋斗
勤俭
胜利
县良种场
市良种繁殖场
同江一哈巴罗夫斯克（伯力）边境跨国游
同江县港航监督站
同江
同江镇
向阳镇
红旗
燎原
新曙光
曙光
黎明
兴旺
朝阳
太平
先锋
乐业镇
万发
团结
一庄
东风
光明
平安
庆丰
东胜
莲花河
东方红
胜昌
平山
友谊
G1011
221
哈
同
高
速
勤得利种畜分场28队
勤得利农场
勤得利种畜场5队
勤得利种畜分场23队
勤得利2分场20队
勤得利2分场6队
勤得利3分场7队
勤得利3分场24队
勤得利2分场21队
勤得利农场3分场
勤得利2分场22队
勤得利4分场37队
勤得利3分场9队
勤得利3分场35队
勤得利3分场11队
勤得利3分场10队
勤得利4分场
青龙山20队
青龙山14队
青龙山16队
青龙山5队
青龙山11队
青龙山农场
青龙山18队
青龙山良种场
青龙山3队
青龙山8队
青龙山1队
青龙山21队
青龙山2队
青龙山7队
青龙山10队
前进13队
前进6队
前进22队
前进18队
前进园林队
前进农场
前进23队
前进4队
前进15队
洪河农场现代农业观光
九村
黑
龙
江
松
花
江
126
84

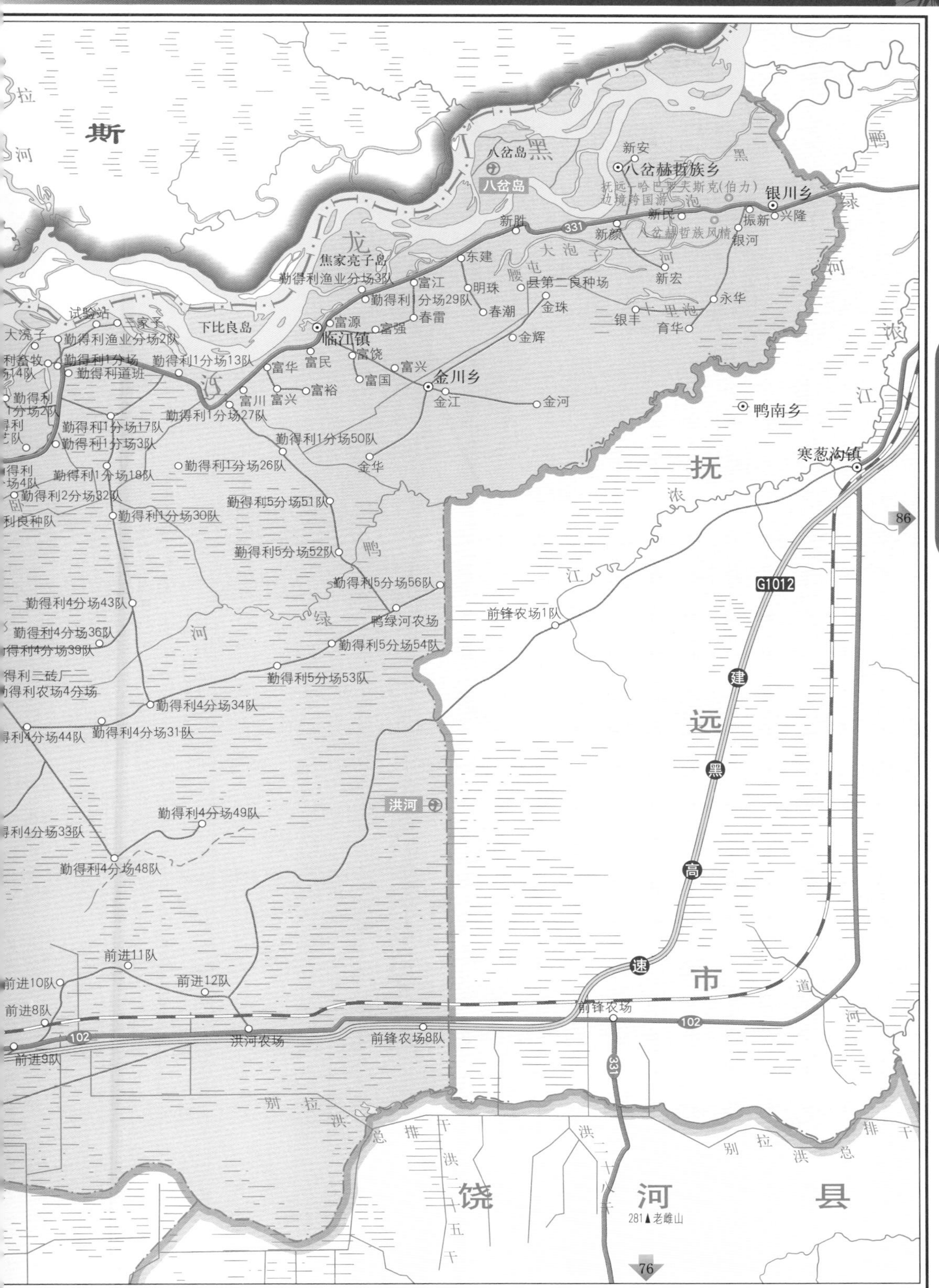

1∶480 000
0 4.8 9.6千米

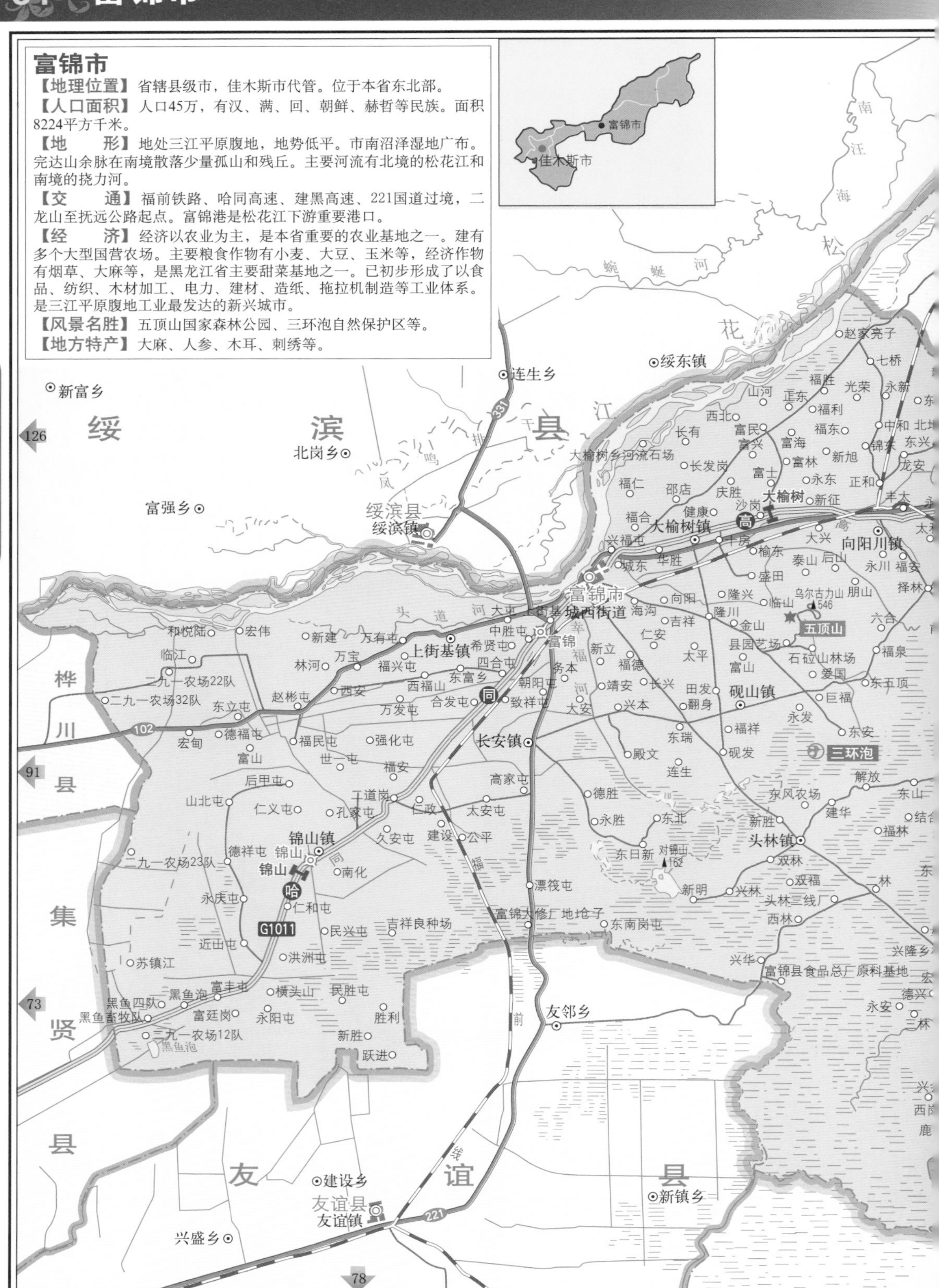

富锦市

【地理位置】省辖县级市，佳木斯市代管。位于本省东北部。

【人口面积】人口45万，有汉、满、回、朝鲜、赫哲等民族。面积8224平方千米。

【地　　形】地处三江平原腹地，地势低平。市南沼泽湿地广布。完达山余脉在南境散落少量孤山和残丘。主要河流有北境的松花江和南境的挠力河。

【交　　通】福前铁路、哈同高速、建黑高速、221国道过境，二龙山至抚远公路起点。富锦港是松花江下游重要港口。

【经　　济】经济以农业为主，是本省重要的农业基地之一。建有多个大型国营农场。主要粮食作物有小麦、大豆、玉米等，经济作物有烟草、大麻等，是黑龙江省主要甜菜基地之一。已初步形成了以食品、纺织、木材加工、电力、建材、造纸、拖拉机制造等工业体系。是三江平原腹地工业最发达的新兴城市。

【风景名胜】五顶山国家森林公园、三环泡自然保护区等。

【地方特产】大麻、人参、木耳、刺绣等。

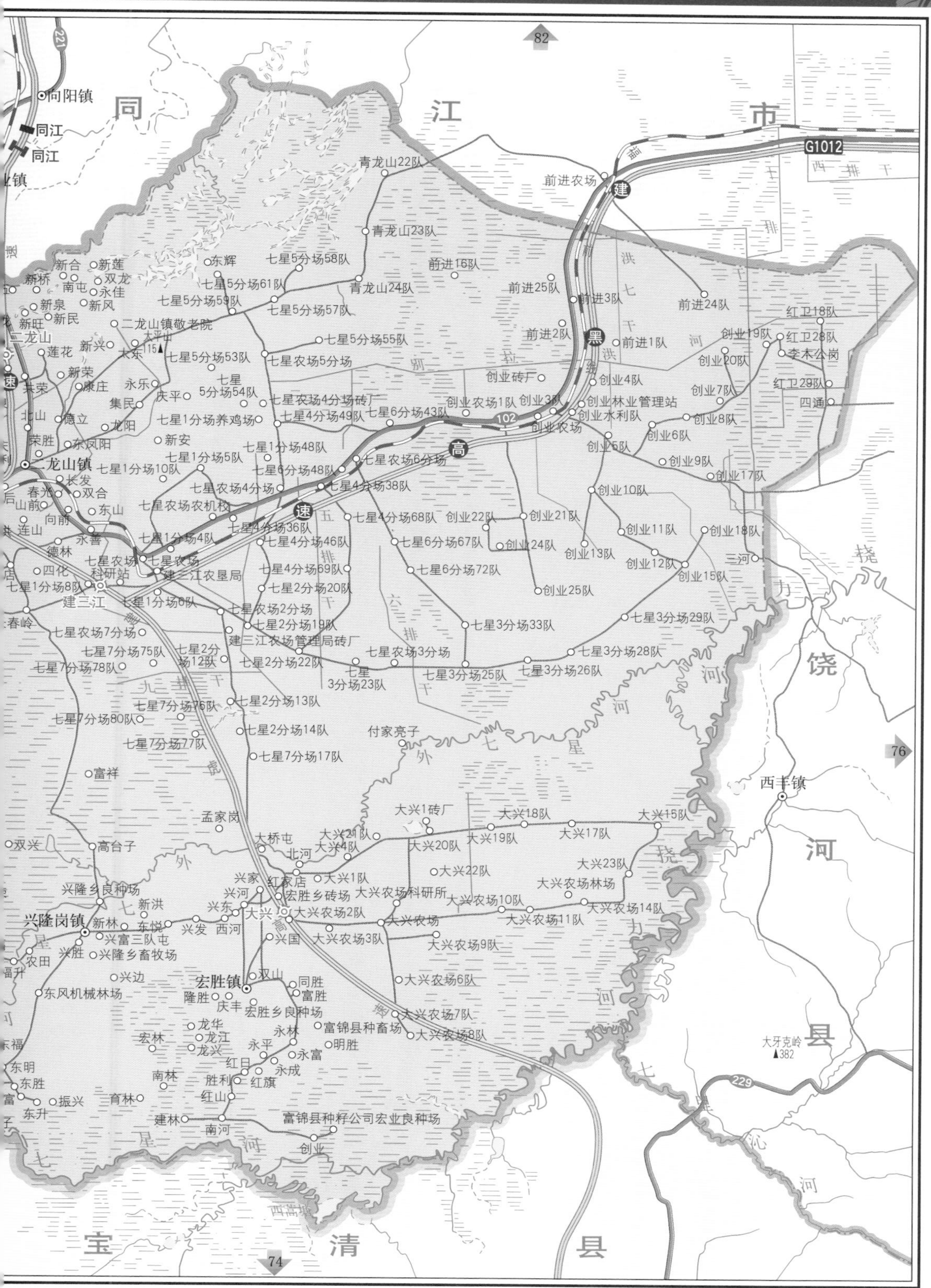
82
同
江
市
向阳镇
同江
同江
G1012
前进农场
建
西
排
干
青龙山22队
青龙山23队
青龙山24队
前进16队
前进25队
前进3队
前进24队
前进2队
前进1队
黑
东辉
七星5分场58队
七星5分场61队
七星5分场59队
七星5分场57队
七星5分场55队
七星5分场53队
七星5分场54队
七星农场5分场
新合
新莲
新桥
双龙
南屯
永佳
新泉
新风
新旺
新民
二龙山
二龙山镇敬老院
太平山
115
新兴
太东
莲花
新荣
康庄
永乐
庆平
集民
兴荣
北山
德立
龙阳
七星1分场养鸡场
新安
荣胜
东凤阳
七星农场4分场砖厂
七星4分场49队
七星6分场43队
七星1分场48队
七星1分场5队
七星1分场10队
二龙山镇
长发
春光
双合
山前
东山
向前
连山
永善
德林
七星农场4分场
七星农场农机校
七星6分场48队
七星农场6分场
七星4分场38队
七星4分场36队
七星4分场46队
七星4分场68队
七星1分场4队
七星农场
七星农场科研站
建三江农垦局
四化
七星1分场8队
建三江
七星1分场6队
七星4分场69队
七星2分场20队
七星6分场67队
七星6分场72队
七星农场2分场
七星2分场19队
建三江农场管理局砖厂
七星农场7分场
七星7分场75队
七星2分场12队
七星7分场78队
七星2分场22队
七星农场3分场
七星3分场23队
七星3分场25队
七星3分场26队
七星3分场28队
七星3分场29队
七星3分场33队
七星2分场13队
七星7分场76队
七星7分场80队
七星2分场14队
七星7分场77队
七星7分场17队
付家亮子
富祥
孟家岗
双兴
高台子
大桥屯
北河
大兴21队
大兴4队
大兴1砖厂
大兴18队
大兴19队
大兴17队
大兴15队
大兴20队
大兴22队
大兴23队
大兴1队
红家店
兴家
兴河
宏胜乡砖场
大兴农场科研所
大兴农场林场
大兴农场10队
大兴农场14队
大兴农场11队
大兴农场2队
大兴农场
大兴
兴东
兴隆乡良种场
新洪
兴隆岗镇
新林
东悦
兴发
西河
兴富三队屯
兴国
大兴农场3队
大兴农场9队
兴胜
兴隆乡畜牧场
农田
兴边
双山
东风机械林场
宏胜镇
同胜
富胜
大兴农场6队
隆胜
庆丰
宏胜乡良种场
大兴农场7队
龙华
龙江
龙兴
宏林
永林
富锦县种畜场
大兴农场8队
永平
明胜
永富
红日
永成
南林
胜利
红旗
红山
东明
东胜
振兴
育林
东升
建林
南河
富锦县种籽公司宏业良种场
创业
宝
清
县
74
西高速
七
星
河
创业砖厂
创业农场1队
创业3队
创业林业管理站
创业水利队
创业4队
创业农场
102
高
速
创业5队
创业6队
创业7队
创业8队
创业9队
创业10队
创业11队
创业12队
创业13队
创业15队
创业17队
创业18队
创业19队
创业20队
创业21队
创业22队
创业24队
创业25队
红卫18队
红卫28队
李木公岗
红卫29队
四通
三河
五
排
干
六
排
干
九
排
干
别
拉
洪
七
干
河
挠
力
饶
河
县
76
西丰镇
大牙克岭
382
229
七
星
沁
河
外
七
星
河
1:480 000
0
4.8
9.6千米

抚远市

【地理位置】省辖县级市，佳木斯市代管。位于本省东北部。境东、北部邻俄罗斯。

【人口面积】人口8万，面积6047平方千米。

【地　　形】地处黑龙江与乌苏里江汇流的三角地带，三江平原东北部，地势低。除境北部的黑龙江和境东部的乌苏里江外，还有浓江、别拉洪河，河网纵横，多沼泽湿地，沼泡星罗棋布。属中温带湿润大陆性季风气候。

【交　　通】有前抚铁路和建黑高速，多条省道在境内相会。水、陆交通便利，是黑龙江省唯一的水上入海通道。

【经　　济】黑龙江和乌苏里江水产资源丰富，是省内重要渔业基地和全国最大的大马哈鱼渔场，以盛产大马哈鱼驰名。1958年后，大批复转军人和知青到此开发北大荒，农业迅速发展。主要农作物有大豆、小麦、玉米、马铃薯等。工业有发电、造船、罐头、农机修造、木材加工、酿酒、食品加工等厂。

【风景名胜】三江国家级自然保护区、抚远–哈巴罗夫斯克（伯力）边境跨国游、乌苏镇。

【地方特产】大马哈鱼、鳇鱼、鲟鱼。

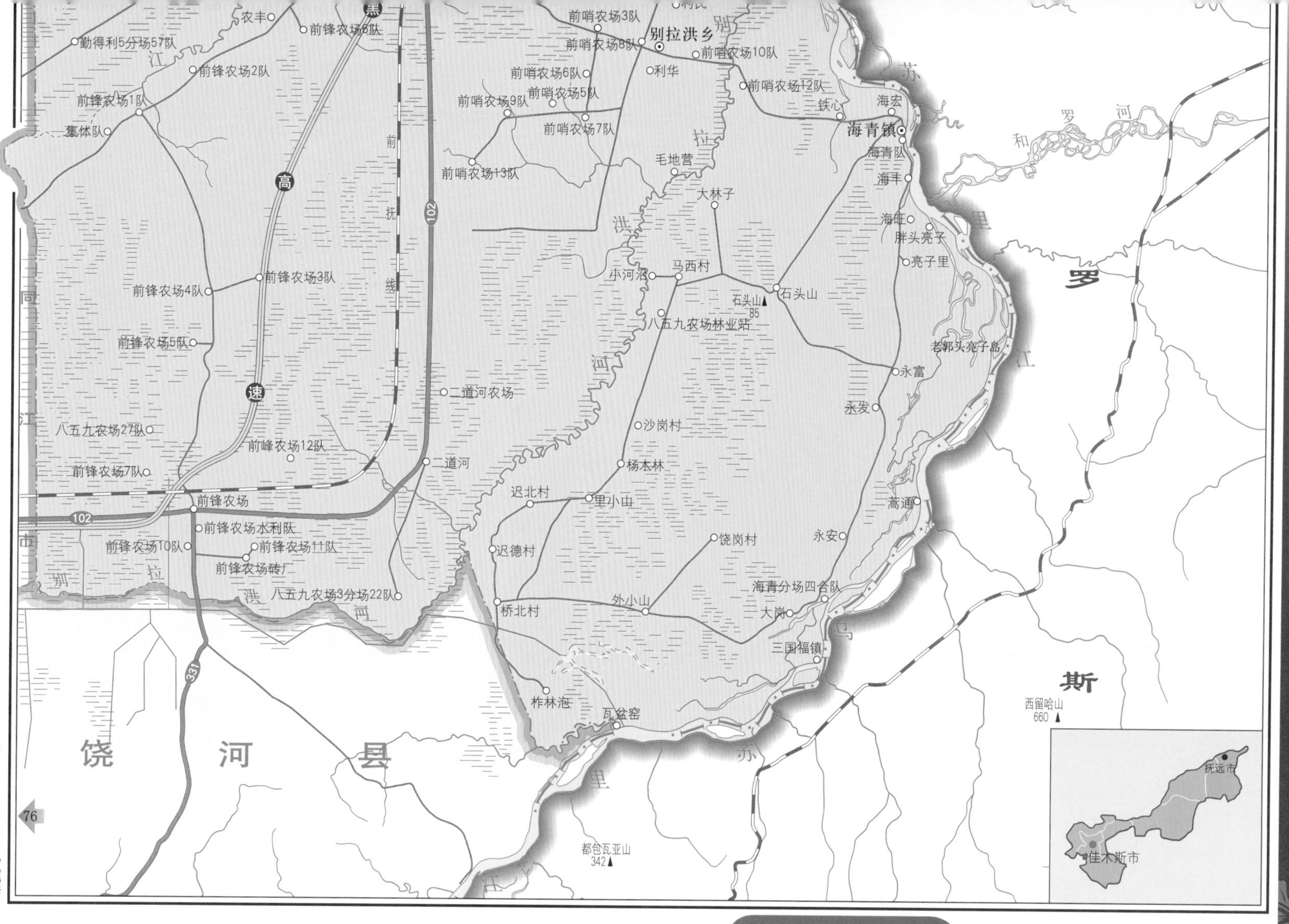

1:480 000

0 4.8 9.6千米

汤原县
佳木斯市
伊春市辖区
鹤岗
依兰县
佳木斯
大亮子河
汤原县
汤原镇
香兰镇
汤旺朝鲜族乡
竹帘镇
太平川乡
胜利乡
宏克力镇
浩良河镇
晨明镇
大来镇
敖其镇
望江镇
青岭经营所
一楞
东风经营所
鹤立二中
庞家店
红旗经营所
木材青年点
格金河经营所
新华3连
元宝山水库
群策山经营所
新华4连
新华农场鹿场
兴林林场
五二O农场
新华2连
庙岭山
359
水文站
三号沟经营所
兴林采伐点
汤原种畜场
裕德畜牧场
四队马点
马场三队
大亮子河林场
集科河经营所
朝阳畜场
北华
南华
文俊蚕场
亮子河铁矿
海丰林场
尖山子
563
东风林场
德新蚕场
新兴屯
香山
新望
兴隆屯
庆兴屯
腰营林场
德全屯
竹青
汤原县果木园
黑金河
太平川良种场
东兴屯
太和屯
共和参场
双合屯
开发
江兴
八家子
汤原3队
金家屯
长生
福民蚕场
汤原6队
荣丰
荣春
巨德
新安
连胜
亮子河发电厂农场
宝山
云头砬子
712
汤原1队
景春屯
吉城屯
石场沟林场
长青屯
伏龙
河力屯
复胜
伏安
柳家屯
汤原4队
福民屯
新民
汤原农场
东江沿
北靠山
新胜
新兴
伏兴
正阳林场
南靠山
西大桥
东庆升
南向阳
仙马
木良村
东凤鸣
新建八队
陶家村
大正
新建村
永久屯
大有屯
新立屯
木良林场
双河村
大屯
庆丰村
茨梅
新发村
香兰农场
水利工程队
红星
曾波
民主村
共和屯
太阳
兴顺村
汤旺乡畜牧场
保全村
香兰1分场
红旗
五星
兴隆
吉利
香兰农场
三部落
一部落
兰田
五部落
六部落
宏克力
五号水库
新华镇参场
莲江口15队
强胜三队
莲江口14队
王傻子屯
裕德
常阳屯
宏图
加兴
裕新
八撮房
双发屯
莲江口
大德胜
佳西
群胜乡
102
221
332
222
G1011
146
36
36
81

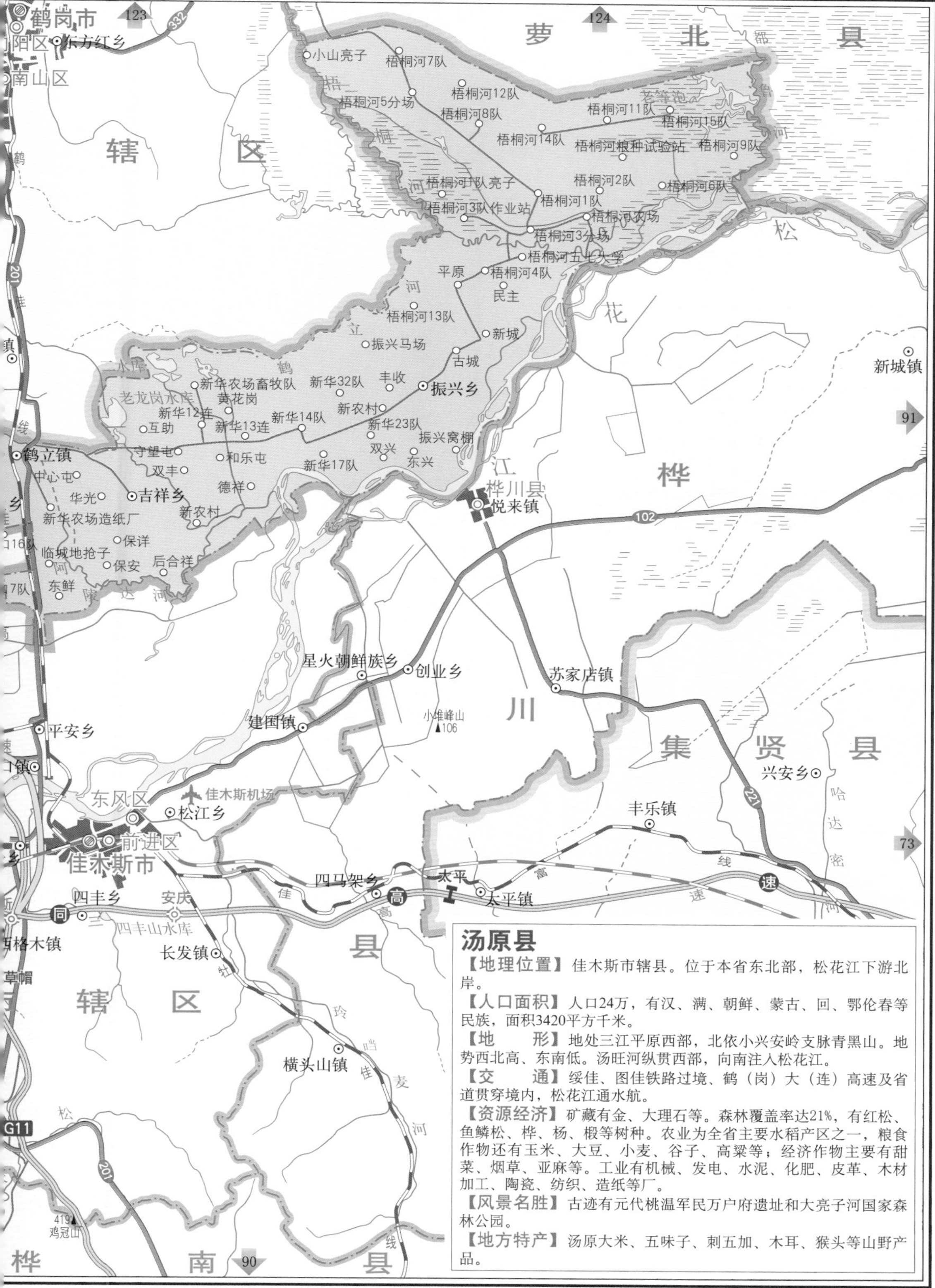

汤原县

【地理位置】佳木斯市辖县。位于本省东北部，松花江下游北岸。

【人口面积】人口24万，有汉、满、朝鲜、蒙古、回、鄂伦春等民族，面积3420平方千米。

【地　　形】地处三江平原西部，北依小兴安岭支脉青黑山。地势西北高、东南低。汤旺河纵贯西部，向南注入松花江。

【交　　通】绥佳、图佳铁路过境、鹤（岗）大（连）高速及省道贯穿境内，松花江通水航。

【资源经济】矿藏有金、大理石等。森林覆盖率达21%，有红松、鱼鳞松、桦、杨、椴等树种。农业为全省主要水稻产区之一，粮食作物还有玉米、大豆、小麦、谷子、高粱等；经济作物主要有甜菜、烟草、亚麻等。工业有机械、发电、水泥、化肥、皮革、木材加工、陶瓷、纺织、造纸等厂。

【风景名胜】古迹有元代桃温军民万户府遗址和大亮子河国家森林公园。

【地方特产】汤原大米、五味子、刺五加、木耳、猴头等山野产品。

1∶430 000　0　4.3　8.6千米

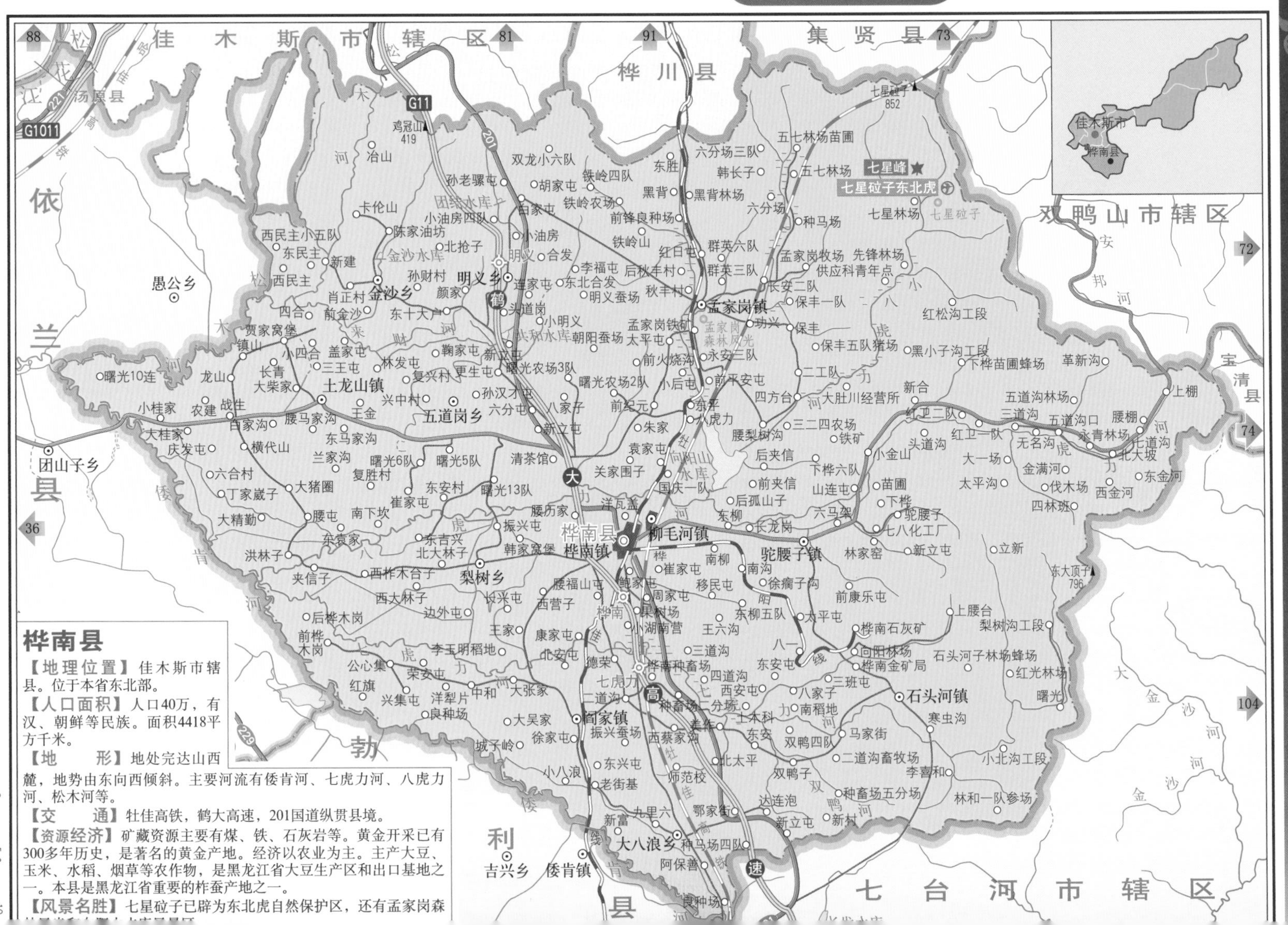

桦南县

【地理位置】佳木斯市辖县。位于本省东北部。

【人口面积】人口40万，有汉、朝鲜等民族。面积4418平方千米。

【地　　形】地处完达山西麓，地势由东向西倾斜。主要河流有倭肯河、七虎力河、八虎力河、松木河等。

【交　　通】牡佳高铁，鹤大高速，201国道纵贯县境。

【资源经济】矿藏资源主要有煤、铁、石灰岩等。黄金开采已有300多年历史，是著名的黄金产地。经济以农业为主。主产大豆、玉米、水稻、烟草等农作物，是黑龙江省大豆生产区和出口基地之一。本县是黑龙江省重要的柞蚕产地之一。

【风景名胜】七星砬子已辟为东北虎自然保护区，还有孟家岗森

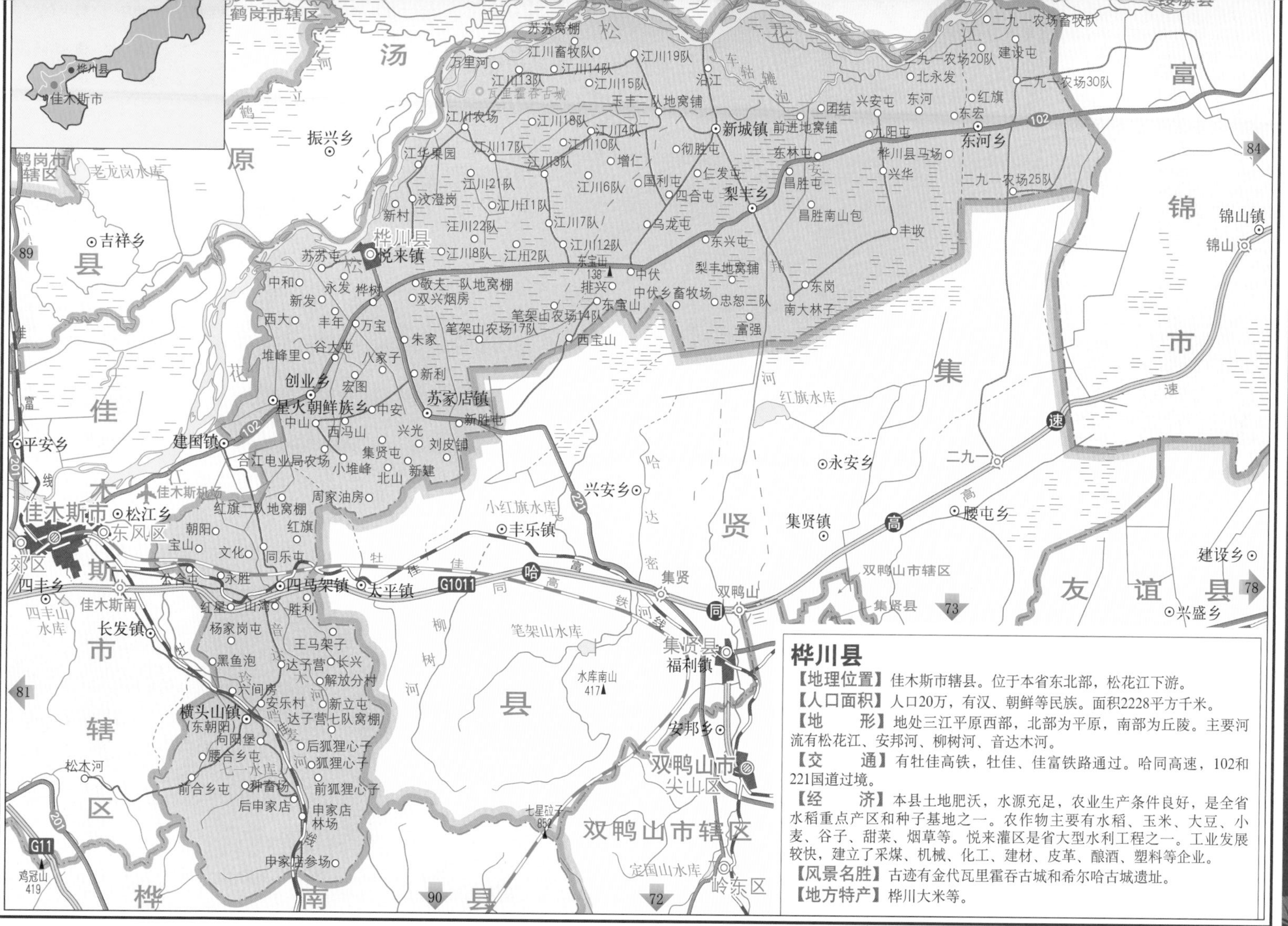

桦川县

【地理位置】佳木斯市辖县。位于本省东北部，松花江下游。

【人口面积】人口20万，有汉、朝鲜等民族。面积2228平方千米。

【地　　形】地处三江平原西部，北部为平原，南部为丘陵。主要河流有松花江、安邦河、柳树河、音达木河。

【交　　通】有牡佳高铁，牡佳、佳富铁路通过。哈同高速，102和221国道过境。

【经　　济】本县土地肥沃，水源充足，农业生产条件良好，是全省水稻重点产区和种子基地之一。农作物主要有水稻、玉米、大豆、小麦、谷子、甜菜、烟草等。悦来灌区是省大型水利工程之一。工业发展较快，建立了采煤、机械、化工、建材、皮革、酿酒、塑料等企业。

【风景名胜】古迹有金代瓦里霍吞古城和希尔哈古城遗址。

【地方特产】桦川大米等。

大庆市

【地理位置】大庆市位于黑龙江省西南部，松嫩平原中部。东与绥化市相连，东南接哈尔滨市，西南隔松花江与吉林省相望，西北部与齐齐哈尔市接壤。

【行政区划】5市辖区3县1自治县：萨尔图区、龙凤区、让胡路区、红岗区、大同区，肇州县、肇源县、林甸县，杜尔伯特蒙古族自治县。

【人口面积】人口272万，有汉、蒙古、满、朝鲜等民族。面积21643平方千米。

【地　　形】地处松嫩平原，地势平坦开阔，无山丘，多沼泽、湖泊分布。

【河流湖泊】有松花江、嫩江、霍烧黑泡、他拉红泡、哭泪泡及南引水库等。

【气　　候】属中温带半湿润区大陆性季风气候，受季风交替影响，气候变化多端，冬季盛行偏北风，寒冷有雪；春秋季短促多风，夏季盛行偏南风，光照充足，降水偏少。年平均气温4.2℃。年均无霜期143天。

【交　　通】新建哈齐高铁，同滨洲铁路、通让铁路在本市境内交叉通过，绥满、大广、哈大、大齐高速，301、203国道及省、县道相交织，形成四通八达的公路交通网。松花江肇源港实现了江海联运，可沿松花江直航中俄边境口岸。航空有齐齐哈尔三家子民航机场。包含管道运输在内的本市立体化交通运输体系已初步形成。

【资源经济】本市石油、天然气、地热资源储藏丰富。是国内罕见的大规模地热富集区，温泉水质优良，富含锌、硒、钙等20多种对人体有益的微量元素。松嫩平原地势低平，广阔湿地，牧草资源丰富。农业主产小麦、玉米、稻谷、甜菜、葵花子等。畜牧业主要饲养牛、羊、马等，奶牛和羊的存栏数均居全省前列，是全国商品牛基地县之一。工业以油气开采、石化为主，还有制糖、乳品、化肥、建材、酿酒、电机、塑料、粮油加工、食品等行业。

【风景名胜】玛琼和龙凤湿地、大庆国家森林公园、铁人王进喜纪念馆、林甸温泉疗养地和扎龙国家级自然保护区、松基三号井、黑山杜尔伯特连环湖水禽狩猎场、肇源的大庙和莲花湖风景区等。大庆还拥有石油、湿地文化、民俗风情、野生动植物观赏、温泉疗养等丰富的旅游资源。

【特产美食】盛产芦苇和防风、黄芩、龙胆草等中药材，大庆黑加仑果汁、安达干酪和奶粉，

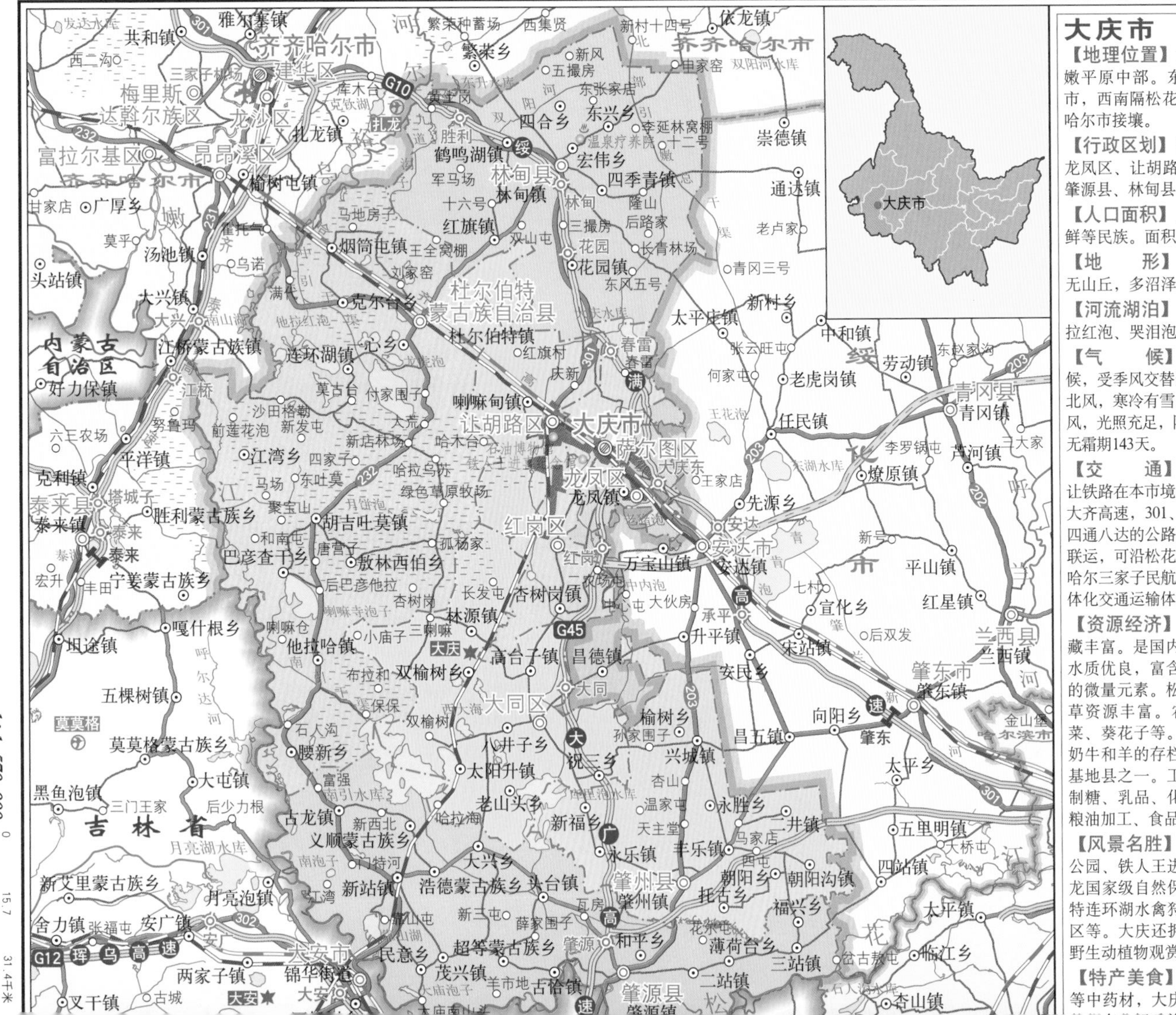

六大队
月亮泡
铁路医院
让胡路站
让胡路区
二十五中
第四医院
西寨
景园公园
景园中学
富强村
前进村
大庆石油管理局
果午泡
油田乐园
宏伟六屯
明湖水上乐园
明湖
红旗村
东葫芦泡
盖家屯
新建村
新二村
建华村
新世纪大酒店
新三村
独立屯站
青年水库
乘风庄
乘风六村
铁人中学
恒茂宾馆
乘风泡
机械化养猪厂
图强村
奋勇一村
奋勇村
星火村
星火一村
五里莫水泡
标杆一村
迎峰村
登峰村
奔腾一村
奔腾二村
文化北村
文化西村
文化村
铁人二村
供电公司
奔腾村
铁人一村
拥军村
运输北村
标杆村
上游村南山西泡
标杆东泡
火炬一村
火炬村
火炬中心村
标杆三村
北水源
鸡场
群英村
阀门厂
中医院
展览馆
图书馆
青少年宫
儿童公园
客运总站
气象台
向阳二村
东风泡
东风新村
卫生学校
东风公园
电视台
实验中学
大庆站
第一医院
大庆宾馆
东风村
陈家大院水泡子
市政府
联谊宾馆
胜利一村
胜利村
食品公司
东水源泡
市邮政局
万宝屯敬老院
风雷村
建设村
铁峰村
胜利二村
十里泡
大庆市第八中学
三永水库
龙凤区
青龙山
三永村
解放一村
孙家屯
解放村
第二医院
扬树林泡
南七站
大庆石油站
黎明小学
赵家屯
南八联
赵家屯西泡
四十四号泡
解放二村
向阳屯
热电厂
赵家屯南泡
大庆东站
龙凤宾馆
七架子泡
南八站
兰德湖
萨尔图区
滨洲村
电泵公司
滨洲湖
黎明湖
跃进屯

大庆市辖区

【地理位置】位于本省西南部。

【人口面积】人口137万，有汉、蒙古、满、朝鲜等民族。面积5311平方千米。

【地　　形】地处松嫩平原腹地，嫩江下游左岸，地形平坦开阔，全境湖泡众多，较大的有中内泡、哭泪泡、老江身泡、西大海等，还有红旗水库、大庆水库、（嫩江）南引水库等。

【交　　通】有通让铁路、滨洲铁路、哈齐高铁、绥满高速、大广高速公路，各区有公路相通。

【经　　济】工业以石油天然气开采、石油化工为主，龙凤区是石油化工中心。红岗区是石油集输中心，有输油管道通秦皇岛和大连港。其他工业有建材、轻纺、塑料、食品等。市辖区西南部的大同一带是大庆市农业基地。农作物有玉米、小麦、高粱、甜菜等，畜牧业、水产养殖业也较发达。

【风景名胜】有大同区的大庆国家森林公园、“松基三号井”，红岗区的铁人王进喜纪念馆，让胡路区的油田科技博物馆、铁人公园等参观纪念地。

【地方特产】有黑加伦果汁、东北细毛羊、药材防风等。

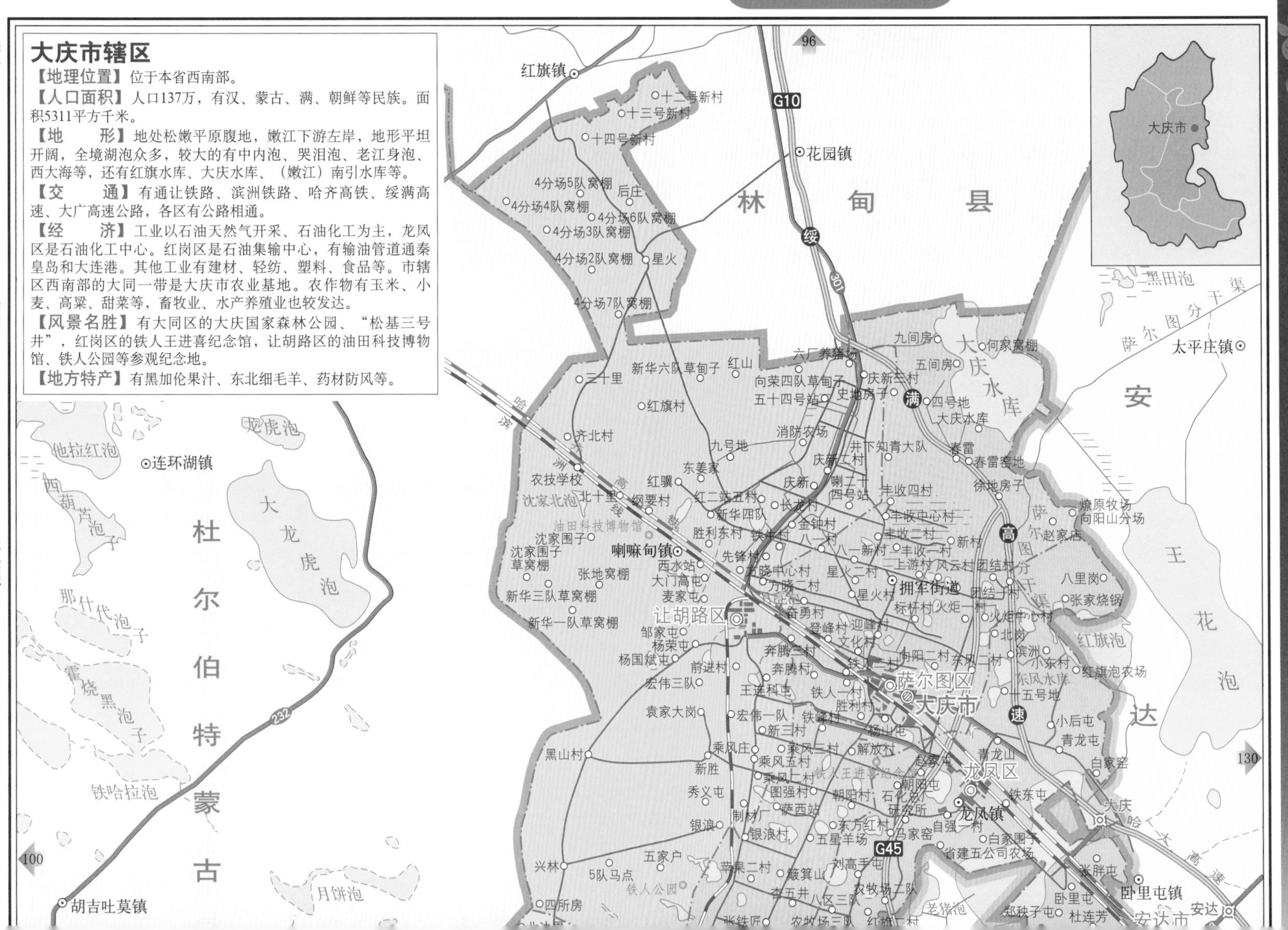

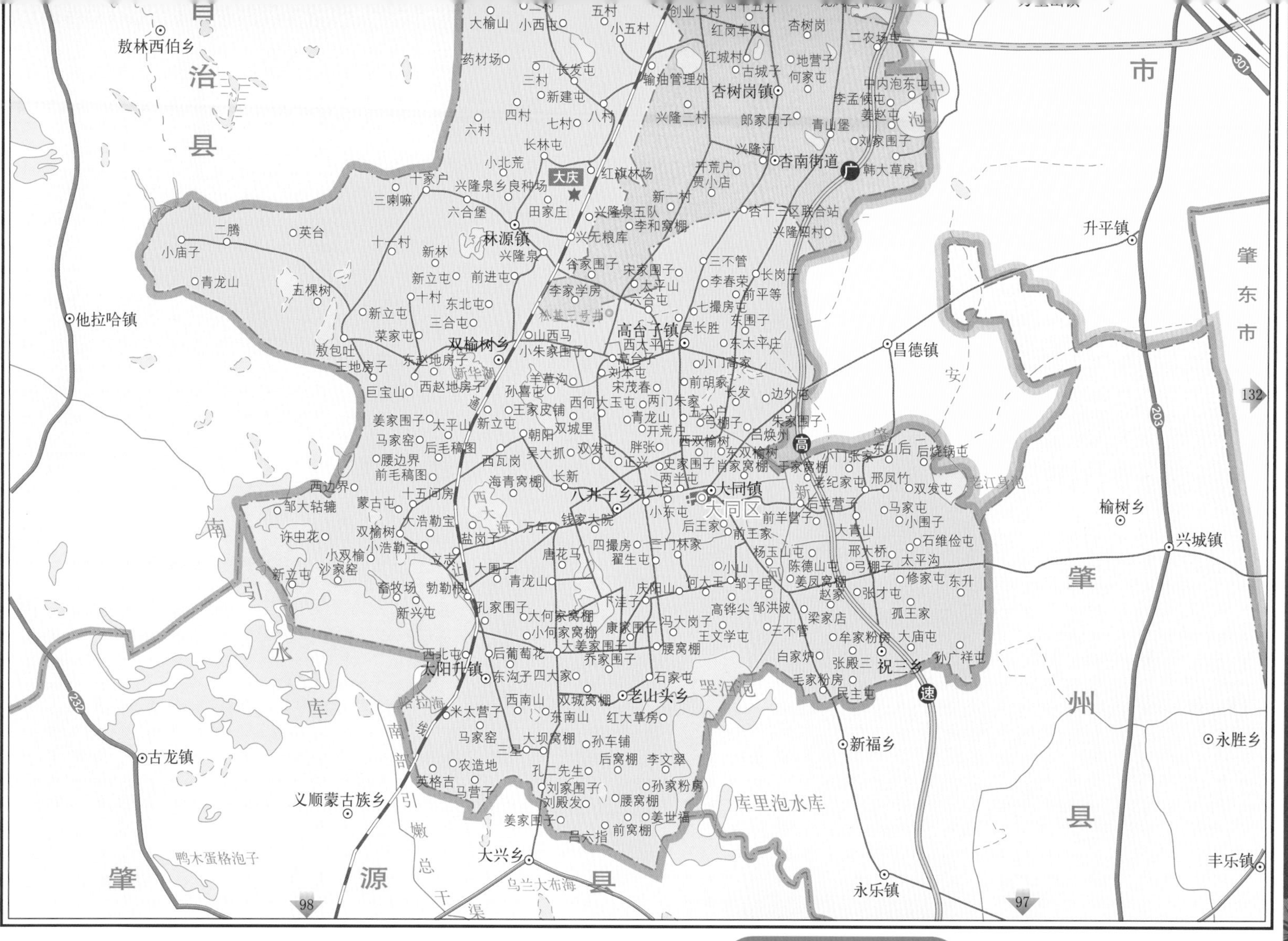

1∶480 000　0　4.8　9.6千米

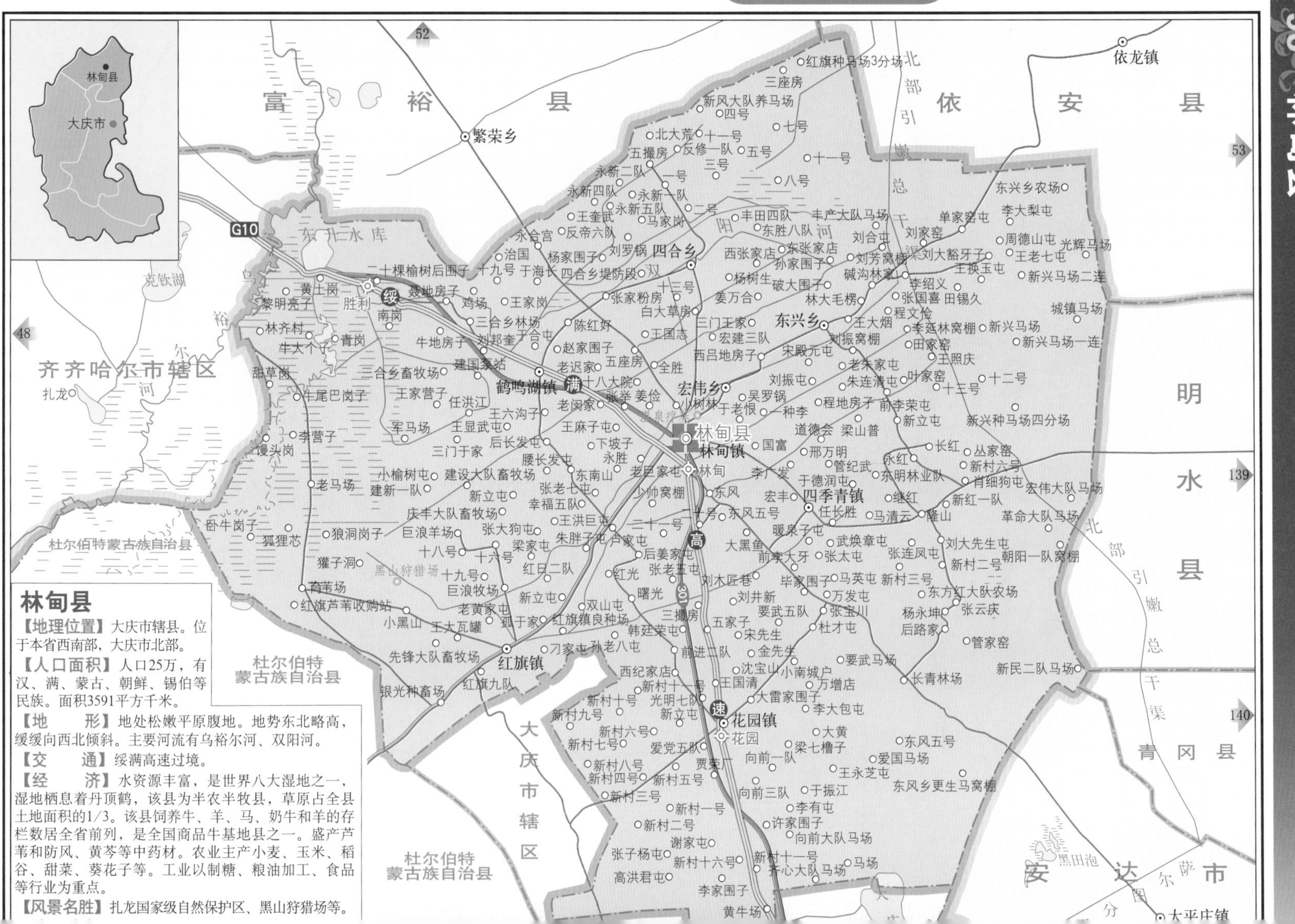

林甸县

【地理位置】大庆市辖县。位于本省西南部，大庆市北部。

【人口面积】人口25万，有汉、满、蒙古、朝鲜、锡伯等民族。面积3591平方千米。

【地　　形】地处松嫩平原腹地。地势东北略高，缓缓向西北倾斜。主要河流有乌裕尔河、双阳河。

【交　　通】绥满高速过境。

【经　　济】水资源丰富，是世界八大湿地之一，湿地栖息着丹顶鹤，该县为半农半牧县，草原占全县土地面积的1/3。该县饲养牛、羊、马、奶牛和羊的存栏数居全省前列，是全国商品牛基地县之一。盛产芦苇和防风、黄芩等中药材。农业主产小麦、玉米、稻谷、甜菜、葵花子等。工业以制糖、粮油加工、食品等行业为重点。

【风景名胜】扎龙国家级自然保护区、黑山狩猎场等。

1:480 000　0　4.8　9.6千米

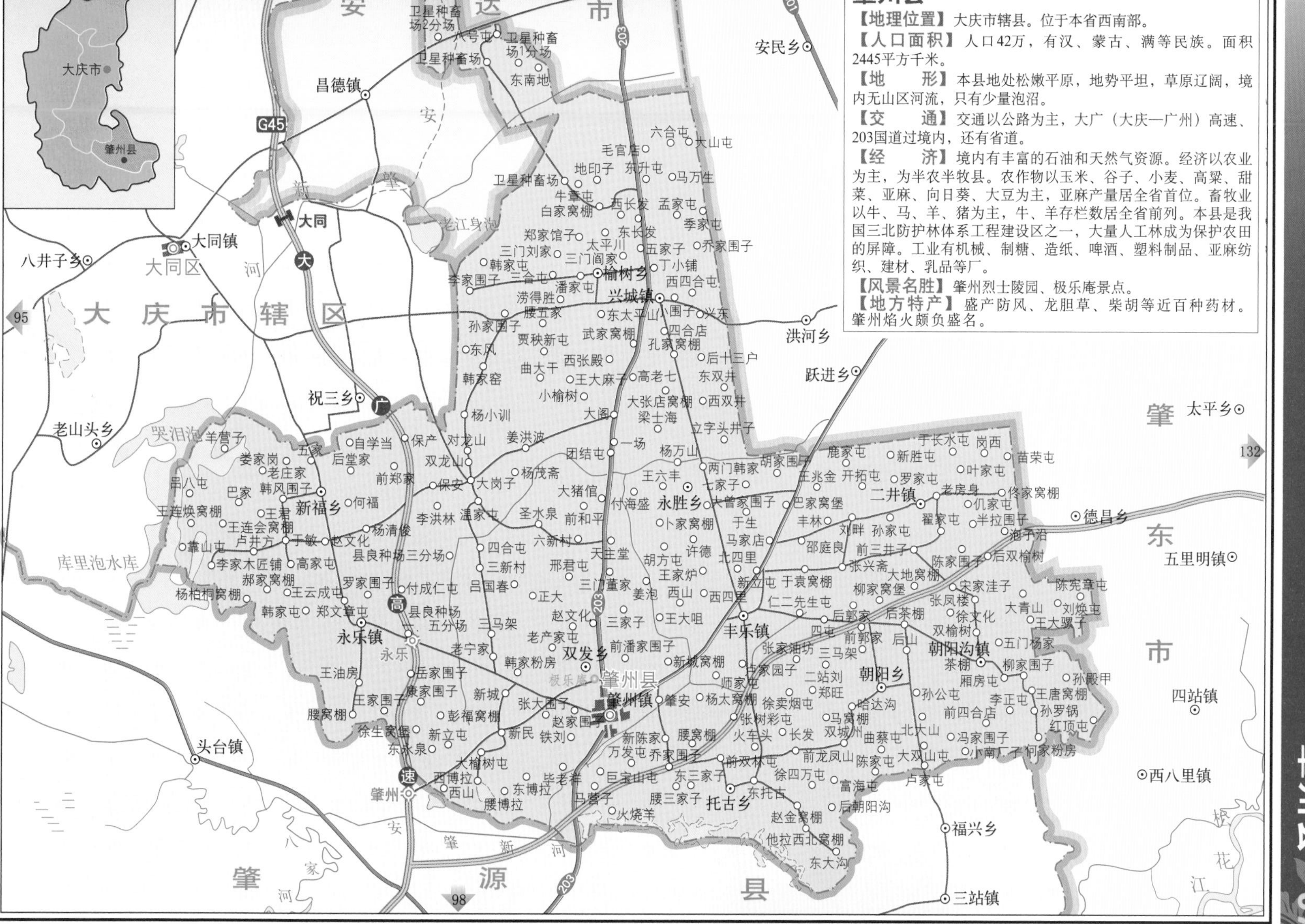

肇州县

【地理位置】大庆市辖县。位于本省西南部。

【人口面积】人口42万，有汉、蒙古、满等民族。面积2445平方千米。

【地　　形】本县地处松嫩平原，地势平坦，草原辽阔，境内无山区河流，只有少量泡沼。

【交　　通】交通以公路为主，大广（大庆—广州）高速、203国道过境内，还有省道。

【经　　济】境内有丰富的石油和天然气资源。经济以农业为主，为半农半牧县。农作物以玉米、谷子、小麦、高粱、甜菜、亚麻、向日葵、大豆为主，亚麻产量居全省首位。畜牧业以牛、马、羊、猪为主，牛、羊存栏数居全省前列。本县是我国三北防护林体系工程建设区之一，大量人工林成为保护农田的屏障。工业有机械、制糖、造纸、啤酒、塑料制品、亚麻纺织、建材、乳品等厂。

【风景名胜】肇州烈士陵园、极乐庵景点。

【地方特产】盛产防风、龙胆草、柴胡等近百种药材。肇州焰火颇负盛名。

肇州县 ☎ 0459 ✉ 166400

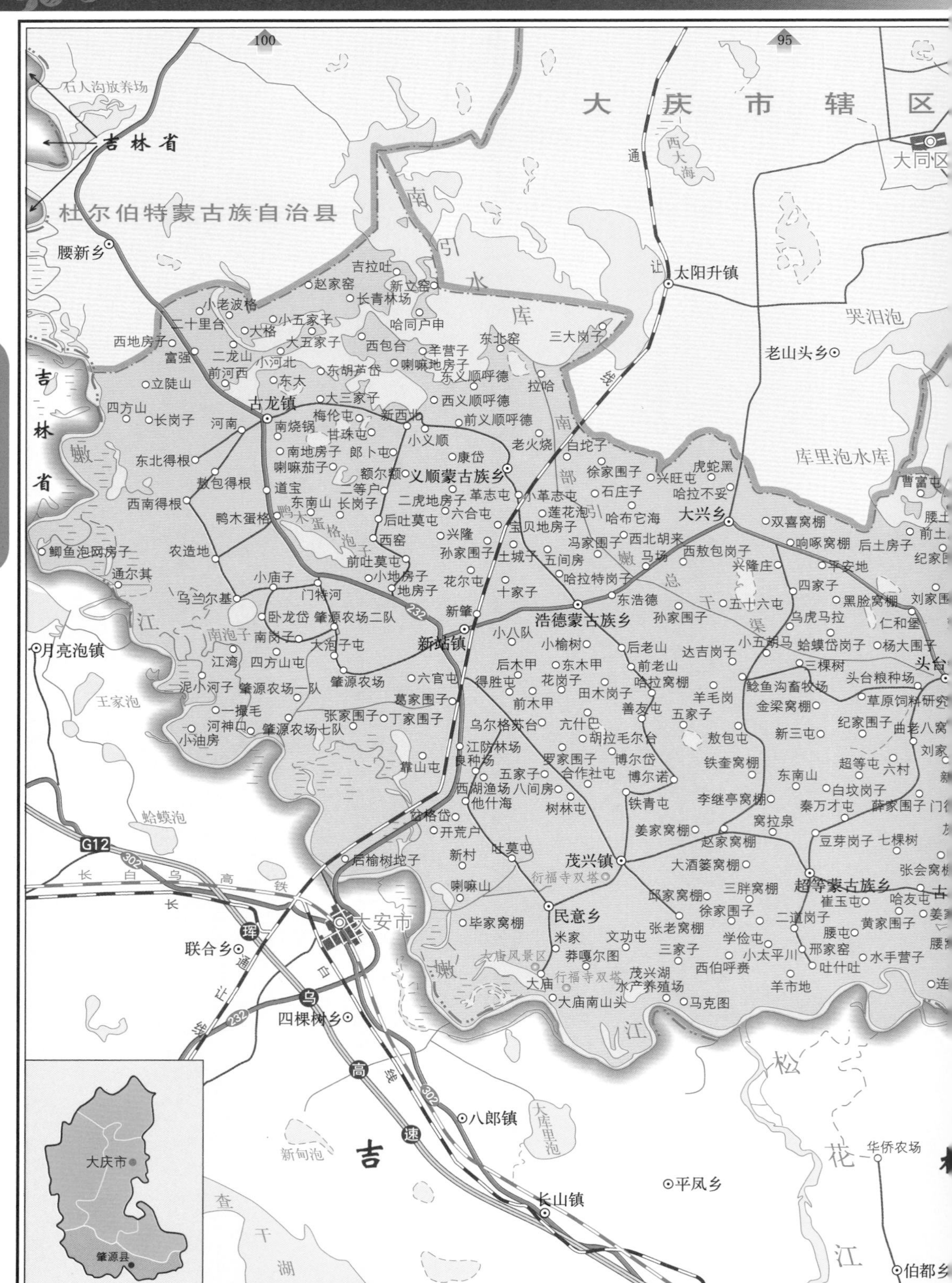
100
95
大庆市辖区
大同区
石人沟放养场
吉林省
杜尔伯特蒙古族自治县
腰新乡
西大海
通让线
南引水库
太阳升镇
哭泪泡
老山头乡
库里泡水库
吉拉吐
赵家窑
新立窑
长青林场
小老波格
小五家子
二十里台
大格
哈同户申
东北窑
三大岗子
西地房子
大五家子
西包台
羊营子
富强
二龙山
小河北
喇嘛地房子
前河西
东胡芦岱
东义顺呼德
立陡山
东太
拉哈
古龙镇
大三家子
西义顺呼德
四方山
长岗子
梅伦屯
新西北
前义顺呼德
河南
南烧锅
甘珠屯
小义顺
南部引
老火烧
南地房子
郎卜屯
康岱
白坨子
虎蛇黑
东北得根
喇嘛茄子
额尔额
义顺蒙古族乡
徐家围子
兴旺屯
曹富屯
敖包得根
道宝
二等户
革志屯
小革志屯
石庄子
哈拉不妥
西南得根
东南山
长岗子
二虎地房子
莲花泡
哈布它海
大兴乡
双喜窝棚
腰土
鸭木蛋格
后吐莫屯
六合屯
宝贝地房子
前土
鸭木蛋格泡子
西窑
兴隆
冯家围子
西北胡来
响哝窝棚
后土房子
鲫鱼泡网房子
农造地
孙家围子
土城子
五间房
马场
西敖包岗子
纪家围
前吐莫屯
嫩
兴隆庄
平安地
通尔其
小庙子
小地房子
花尔屯
哈拉特岗子
总
四家子
门特河
地房子
十家子
东浩德
干
五十六屯
黑脸窝棚
刘家围
乌兰尔基
新肇
浩德蒙古族乡
孙家围子
乌虎马拉
卧龙岱
肇源农场二队
232
渠
仁和堡
南泡子
南岗子
新站镇
小八队
小榆树
后老山
达吉岗子
小五胡马
蛤蟆岱岗子
杨大围子
月亮泡镇
江
大泡子屯
前老山
三棵树
头台
江湾
四方山屯
后木甲
东木甲
哈拉窝棚
头台粮种场
王家泡
泥小河子
肇源农场一队
肇源农场
六官屯
得胜屯
花岗子
田木岗子
羊毛岗
鲶鱼沟畜牧场
草原饲料研究
前木甲
一撮毛
葛家围子
善友屯
五家子
金梁窝棚
河神口
张家围子
丁家围子
乌尔格苏台
亢什巴
纪家围子
曲老八窝
小油房
肇源农场七队
胡拉毛尔台
敖包屯
新三屯
江防林场
博尔岱
刘家
靠山屯
良种场
罗家围子
铁奎窝棚
东南山
超等屯
六村
五家子
合作社屯
博尔诺
西湖渔场
八间房
白坟岗子
他什海
树林屯
铁青屯
李继亭窝棚
秦万才屯
薛家围子
蛤蟆泡
窝拉泉
岱格岱
开荒户
姜家窝棚
赵家窝棚
豆芽岗子
七棵树
G12
302
吐莫屯
新村
茂兴镇
后榆树坨子
衍福寺双塔
大酒篓窝棚
张会窝
长白乌高铁
喇嘛山
三胖窝棚
超等蒙古族乡
长
邱家窝棚
崔玉屯
哈友屯
民意乡
大安市
毕家窝棚
徐家围子
姜家
张老窝棚
二道岗子
黄家围子
联合乡
珲
文功屯
学俭屯
腰屯
米家
三家子
邢家窑
水手营子
莽嘎尔图
小太平川
大庙风景区
吐什吐
通
西伯呼赉
茂兴湖
衍福寺双塔
大庙
水产养殖场
羊市地
乌
大庙南山头
马克图
让
四棵树乡
江
松
高
线
302
八郎镇
大库里泡
华侨农场
吉
速
新甸泡
花
大庆市
平凤乡
长山镇
查
干
江
肇源县
湖
伯都乡

肇源县

【地理位置】大庆市辖县。位于本省西南部，南接吉林省。

【人口面积】人口43万，面积4120平方千米。以汉族居多，还有满、蒙古、朝鲜等少数民族。

【地　　形】本县地处松嫩平原东部，地势低平，境内多沼泽、草原。松花江和嫩江流经南境和西南，沿江一带多沼泽和牛轭湖。

【交　　通】通让铁路、大广高速公路、203、232国道过境。

【经　　济】草原面积占全县总面积的1/3，属半农半牧县。农业主产玉米、大豆、水稻、高粱、小麦，产甜菜、葵花子等经济作物。西部和北部为牧区，饲养牛、羊、马，是全国商品牛基地县之一。渔业资源也很丰富，鳊鱼、鲤鱼驰名省内。水产养殖以珍珠闻名。工业有制糖、乳品、罐头、酿酒、电机、农机、皮革、机械等厂。

【风景名胜】古迹有白金宝青铜器时代遗址和清代衍福寺双塔等。有敖木台抗联烈士纪念地。

【地方特产】鳊鱼、鲤鱼等。

1∶430 000　0　4.3　8.6千米

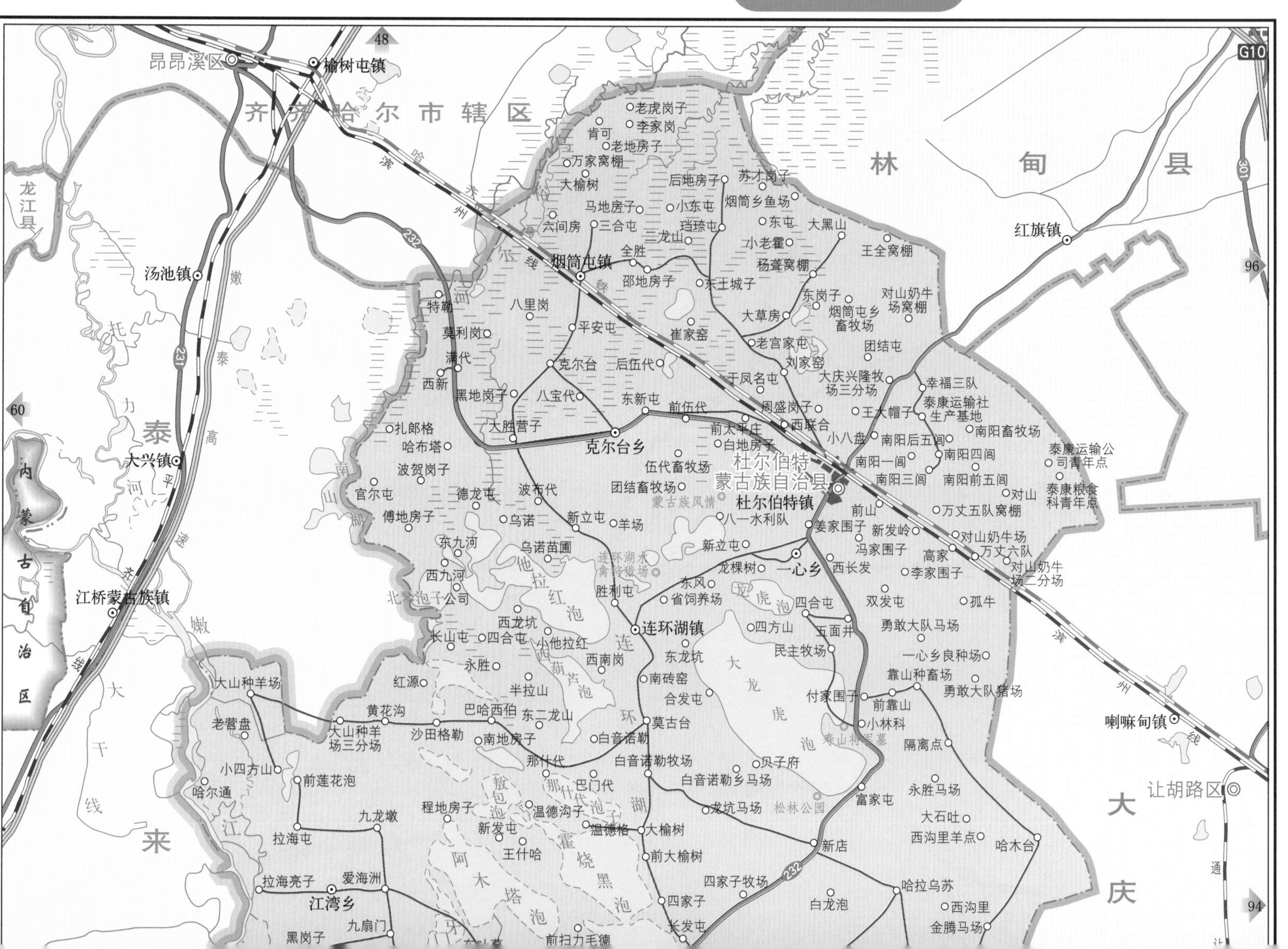
杜尔伯特
蒙古族自治县
杜尔伯特镇
昂昂溪区
榆树屯镇
齐齐哈尔市辖区
林
甸
县
红旗镇
龙江县
汤池镇
泰
来
大兴镇
江桥蒙古族镇
内蒙古自治区
大
庆
喇嘛甸镇
让胡路区
烟筒屯镇
克尔台乡
连环湖镇
一心乡
江湾乡
老虎岗子
肯可
李家岗
老地房子
万家窝棚
大榆树
后地房子
苏木岗子
烟筒乡鱼场
小东屯
马地房子
六间房
三合屯
三龙山
瑶琮屯
东屯
大黑山
小老霍
王全窝棚
杨粪窝棚
全胜
邵地房子
东王城子
东岗子
对山奶牛场窝棚
烟筒屯乡畜牧场
特勒
八里岗
大草房
平安屯
崔家窑
老宫家屯
团结屯
莫利岗
刘家窑
满代
克尔台
后伍代
于凤名屯
大庆兴隆牧场三分场
幸福三队
西新
黑地岗子
八宝代
东新屯
周盛岗子
王大帽子
泰康运输社生产基地
前伍代
前太平庄
西联合
扎郎格
大胜营子
白地房子
小八盘
南阳后五间
南阳畜牧场
哈布塔
南阳一间
南阳四间
泰康运输公司青年点
波贺岗子
伍代畜牧场
南阳三间
南阳前五间
官尔屯
德龙屯
波布代
团结畜牧场
蒙古族风情
对山
泰康粮食科青年点
傅地房子
乌诺
新立屯
羊场
八一水利队
前山
万丈五队窝棚
姜家围子
新发岭
东九河
乌诺苗圃
新立屯
对山奶牛场
冯家围子
高家
万丈六队
西九河
连环湖水禽狩猎场
龙棵树
西长发
李家围子
对山奶牛场二分场
北瓦泡子公司
胜利屯
东风
省饲养场
四合屯
双发屯
孤牛
西龙坑
他拉红泡
小龙虎泡
五面井
勇敢大队马场
长山屯
四合屯
小他拉红
四方山
民主牧场
一心乡良种场
永胜
西南岗
东龙坑
靠山种畜场
红源
半拉山
葫芦泡
南砖窑
大龙虎泡
合发屯
付家围子
前靠山
勇敢大队猪场
大山种羊场
黄花沟
巴哈西伯
东二龙山
连环湖
莫古台
小林科
老营盘
大山种羊场三分场
沙田格勒
南地房子
白音诺勒
泰山将军墓
隔离点
那什代
白音诺勒牧场
贝子府
小四方山
前莲花泡
巴门代
白音诺勒乡马场
永胜马场
哈尔通
敖包泡
那什代泡子
让胡路区
程地房子
温德沟子
龙坑马场
松林公园
富家屯
九龙墩
新发屯
温德格
大榆树
大石吐
拉海屯
王什哈
霍烧黑泡
前大榆树
新店
西沟里羊点
哈木合
阿木塔泡
四家子牧场
拉海亮子
爱海洲
哈拉乌苏
四家子
白龙泡
西沟里
九扇门
黑岗子
长发屯
金腾马场
前扫力毛德
滨洲线
嫩
托
力
河
平
齐
高
速
大
干
线
江
G10
301
232
231
48
96
60
94

杜尔伯特蒙古族自治县

【地理位置】大庆市辖县。位于本省西部，嫩江中游东岸。是黑龙江省唯一的少数民族县。

【人口面积】人口24万，是黑龙江省唯一的少数民族自治县。面积6176平方千米。

【地　　形】地处松嫩平原中部，多盐碱地、湖沼和沙丘。地势低洼，草原广阔，县北部乌裕尔河在境内扩散形成星罗棋布的湖沼，是全省水域最大的县之一。

【交　　通】滨洲铁路、哈齐高铁穿境，有省道公路通齐齐哈尔、大庆、林甸、肇源等地。

【经　　济】经济以牧业为主，是黑龙江省重点的牧业县，也是全国商品牛基地县之一。主要粮食作物有玉米、小麦、谷子、高粱、大豆、绿豆和红豆；经济作物有向日葵、花生等，是黑龙江省主要花生产地。盛产草鱼、鲤鱼、鲢鱼等淡水鱼。芦苇产量居全省之冠。产甘草、龙胆草等多种中药材，防风最为著名。县北部星罗棋布的沼泽和芦苇丛，是丹顶鹤聚集地。工业主要有毛纺、皮革、乳品、造纸、机械等厂。

【风景名胜】境内建有中国首家连环湖水禽、寿山将军墓、狩猎场。杜尔伯特蒙古族自治县那达慕大会是本地区的传统节日。

【地方特产】苇秸画民间工艺画等。

七台河市

【地理位置】位于黑龙江省中部偏东，东南与鸡西市相连，西南与牡丹江市相通，西与哈尔滨接壤，北邻佳木斯市，东北部接双鸭山市。

【行政区划】3市辖区1县：桃山区、新兴区、茄子河区，勃利县。

【人口面积】人口75万，有汉、满、回、朝鲜等民族。面积6221平方千米。

【地　　形】地势东南高，西北低，由东南向西北逐渐倾斜。东南边境山地丘陵属完达山系那丹哈达岭。东南西三面环山，中部为丘陵，西北为平原。

【最高山脉】市东边境的完达山那丹哈达岭。

【最高山峰】东大顶子，海拔796米。

【河流湖泊】倭肯河、挠力河，桃山水库是境内大型水库，还有互助水库等。

【气　　候】属中温带湿润区大陆性季风气候。年平均气温3.9℃，无霜期130天。年降水量500毫米。

【交　　通】图佳、勃七两铁路接轨于本市勃利。鹤大、依七两高速公路在七台河相会，201和229国道纵横交叉，组成了四通八达公路交通网。

【资源经济】七台河市矿产资源得天独厚，煤田是国家保护性开采的三大稀有煤田之一，有焦煤、肥煤、气煤、无烟煤，其中焦煤储量居东北三省总储量的四分之一。地下还蕴藏石墨、沸石、澎润土、大理石、黄金等多种矿产资源。还有闻名全国的勃利通天人工林场，森林覆盖高，树种多样、桦为天然次生林，中药材、山野菜极为丰富。农产小麦、玉米、大豆、甜菜、烟叶等。工业以采煤为主，还有化工、建材、农机等。

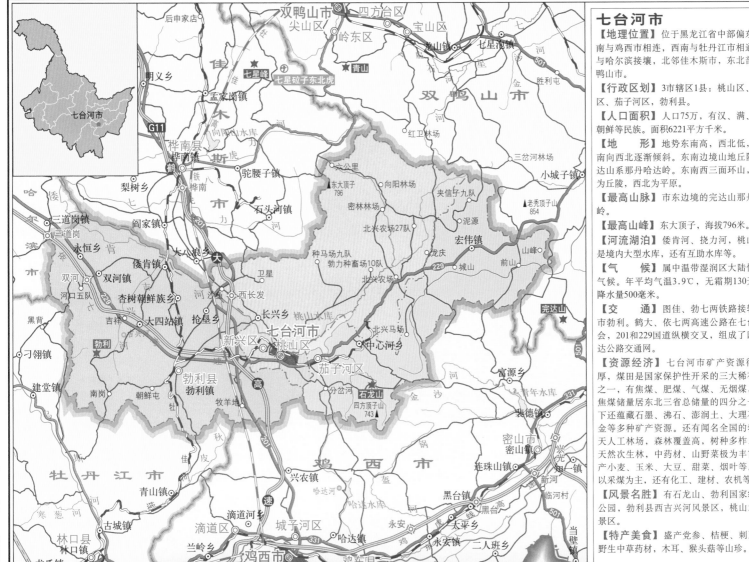

【风景名胜】有石龙山、勃利国家级森林公园，勃利县西吉兴河风景区，桃山水库风景区。

【特产美食】盛产党参、桔梗、刺五加等野生中草药材，木耳、猴头菇等山珍。

1:1 020 000

0　10.2　20.4千米

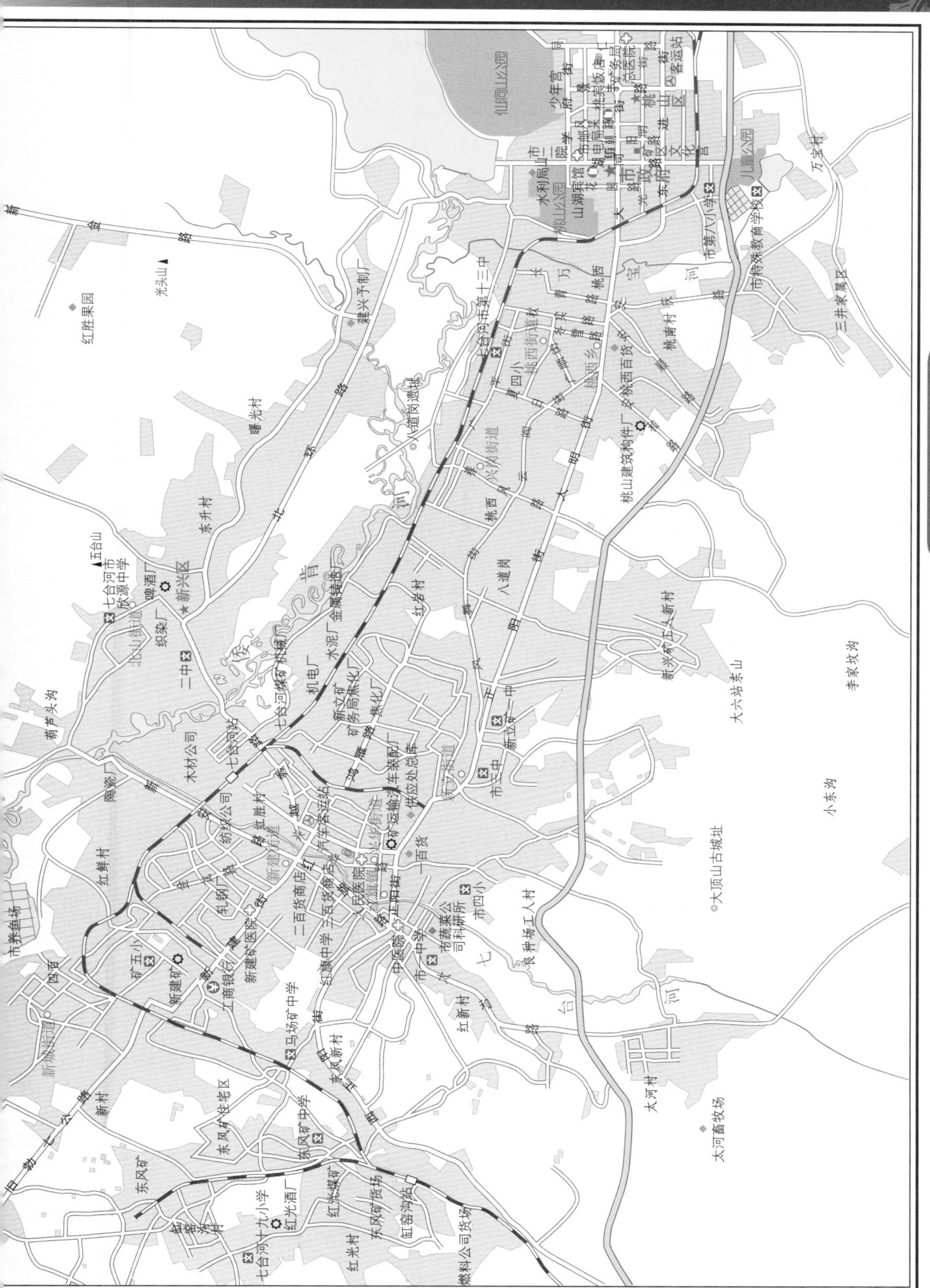
仙洞山公园
桃山公园
儿童公园
水利局
市二院
市中医院
客运站
桃山区
市政府
大同路
万宝村
市第八小学
市特殊教育学校
三井家属区
桃南村
桃西百货
桃西街道
桃西乡
七台河市第十三中
建兴予制厂
光头山
红胜果园
曙光村
小道岗遗址
兴岗街道
桃山建筑构件厂
东升村
五台山
七台河市欣源中学
啤酒厂
新兴区
北山街道
织染厂
二中
红岩村
八道岗
新兴矿工人新村
大六站东山
李家坟沟
水泥厂
金属铸造厂
机电厂
焦化厂
新立矿
矿务局焦化厂
七台河站
木材公司
陶瓷厂
葫芦头沟
市三中
小东沟
大顶山古城址
一百货
汽车客运站
供应处总库
红鲜村
新建矿医院
二百货商店
三百货商店
人民医院
中医院
市一中
红旗中学
新建矿
工商银行
矿五小
市养鱼场
四百
新城街道
马场矿中学
红新村
良种场工人村
市四小
东风新村
东风矿住宅区
新村
东风矿中学
东风矿
红光酒厂
七台河十九小学
红光村
东风矿货场
缸窑沟站
燃料公司货场
太河村
太河畜牧场
七台河

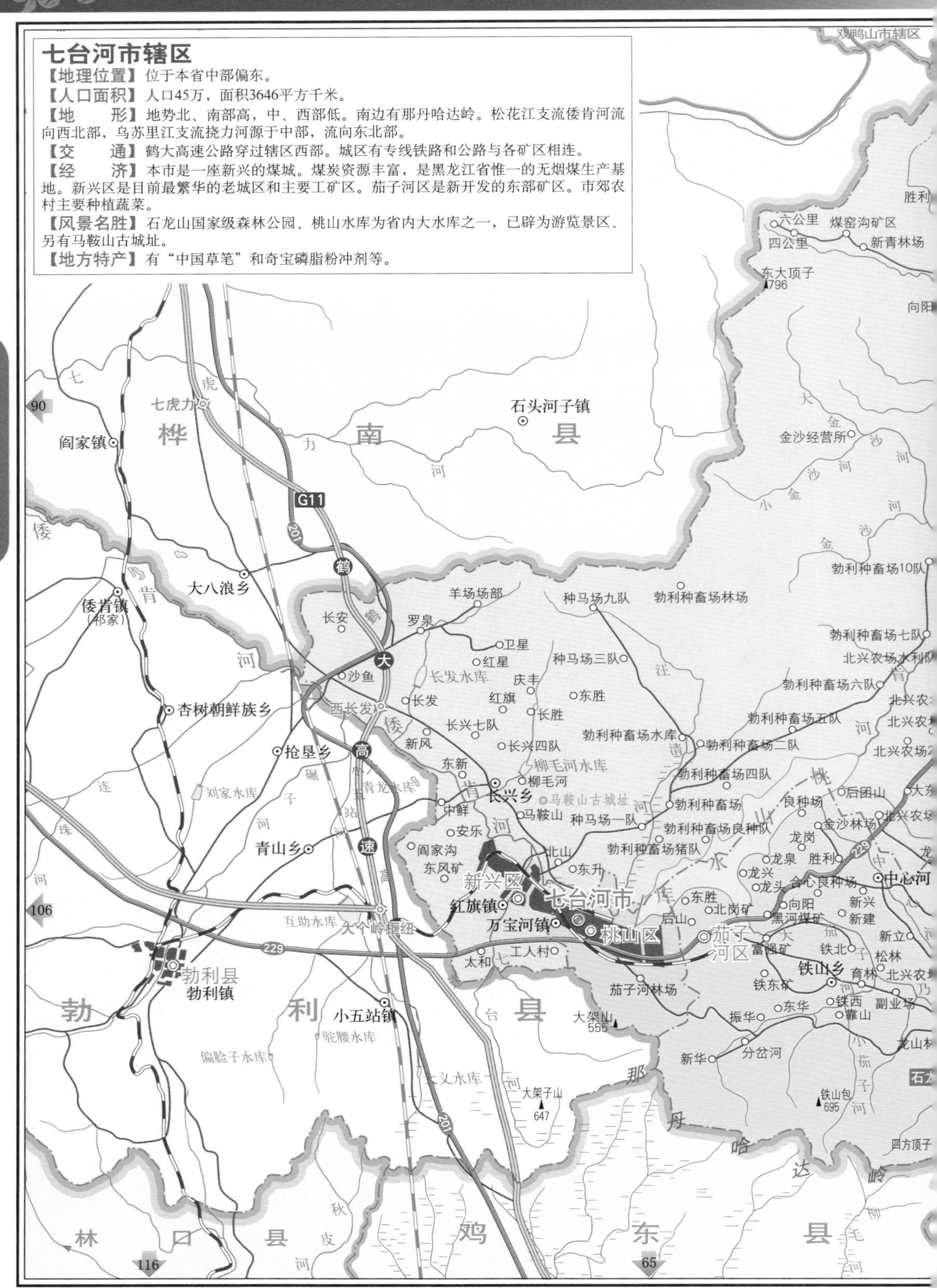

七台河市辖区

【地理位置】位于本省中部偏东。

【人口面积】人口45万，面积3646平方千米。

【地　　形】地势北、南部高，中、西部低。南边有那丹哈达岭。松花江支流倭肯河流向西北部，乌苏里江支流挠力河源于中部，流向东北部。

【交　　通】鹤大高速公路穿过辖区西部。城区有专线铁路和公路与各矿区相连。

【经　　济】本市是一座新兴的煤城。煤炭资源丰富，是黑龙江省惟一的无烟煤生产基地。新兴区是目前最繁华的老城区和主要工矿区。茄子河区是新开发的东部矿区。市郊农村主要种植蔬菜。

【风景名胜】石龙山国家级森林公园、桃山水库为省内大水库之一，已辟为游览景区、另有马鞍山古城址。

【地方特产】有“中国草笔”和奇宝磷脂粉冲剂等。

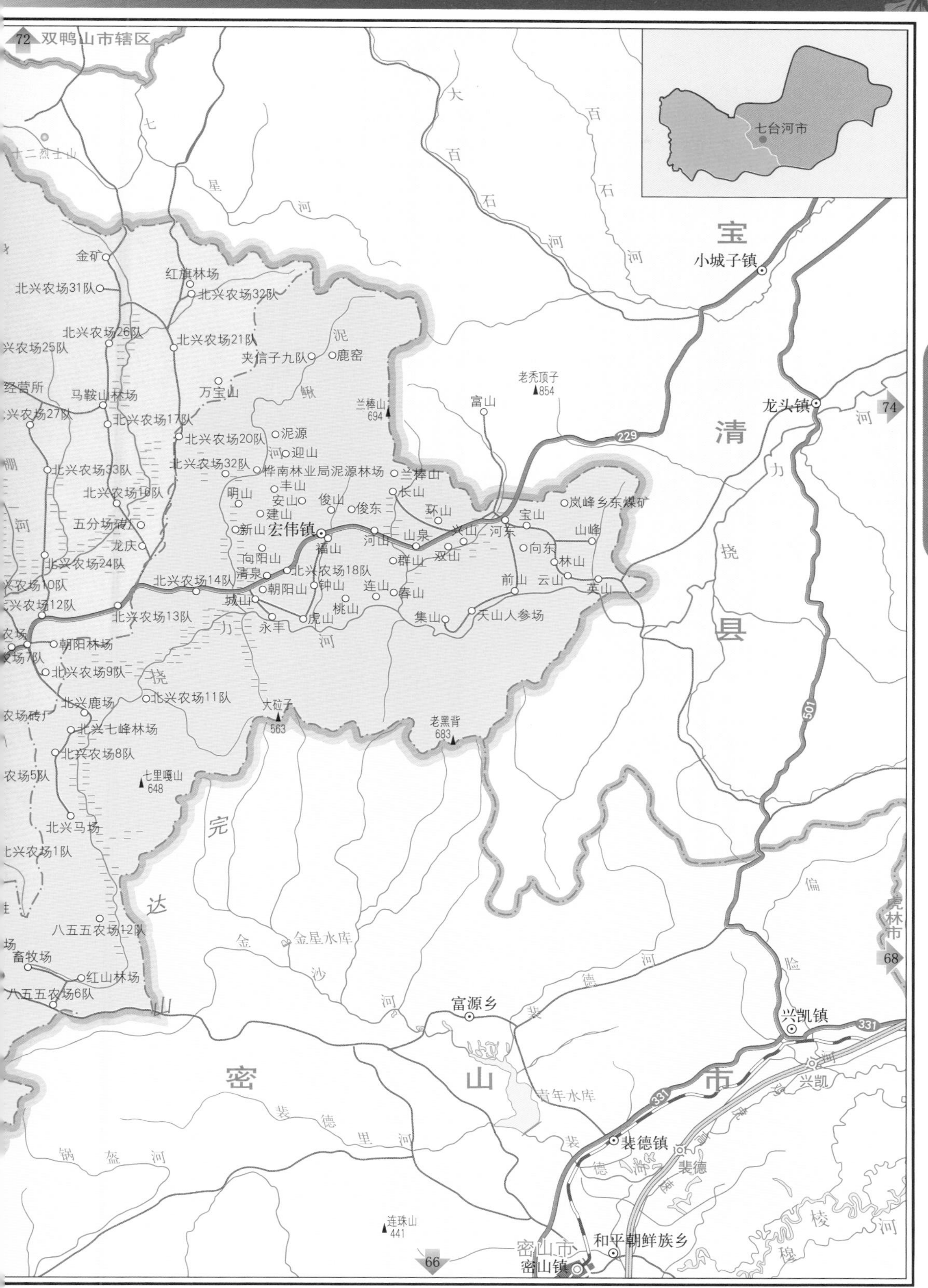

1:430 000

0 4.3 8.6千米

勃利县

【地理位置】七台河市辖县。位于本省中部偏东。

【人口面积】人口30万，有满、回、朝鲜等少数民族。面积2575平方千米。

【地　　形】地处老爷岭、张广才岭和完达山交会地带，北部为倭肯河河谷盆地，南部为低山丘陵。倭肯河源于东北境。

【交　　通】牡佳、勃七铁路于此接轨，依七高速、鹤大高速公路纵贯境内。

【经　　济】矿产有金、大理石等。煤储量丰富，质地优良，主产焦煤和气煤，是全省主要产煤县之一。森林覆盖率达28%，主要分布在南部低山丘陵区，有落叶松、红松、云杉等林木。倭肯河盆地盛产玉米、小麦、大豆、亚麻、甜菜、黄烟。工业有化肥、炼铁、水泥、亚麻加工、拖拉机制造等厂。

【风景名胜】勃利国家级森椿公园，吉兴河风景区等。

【地方特产】蓝靛果酒和勃利黑陶等。

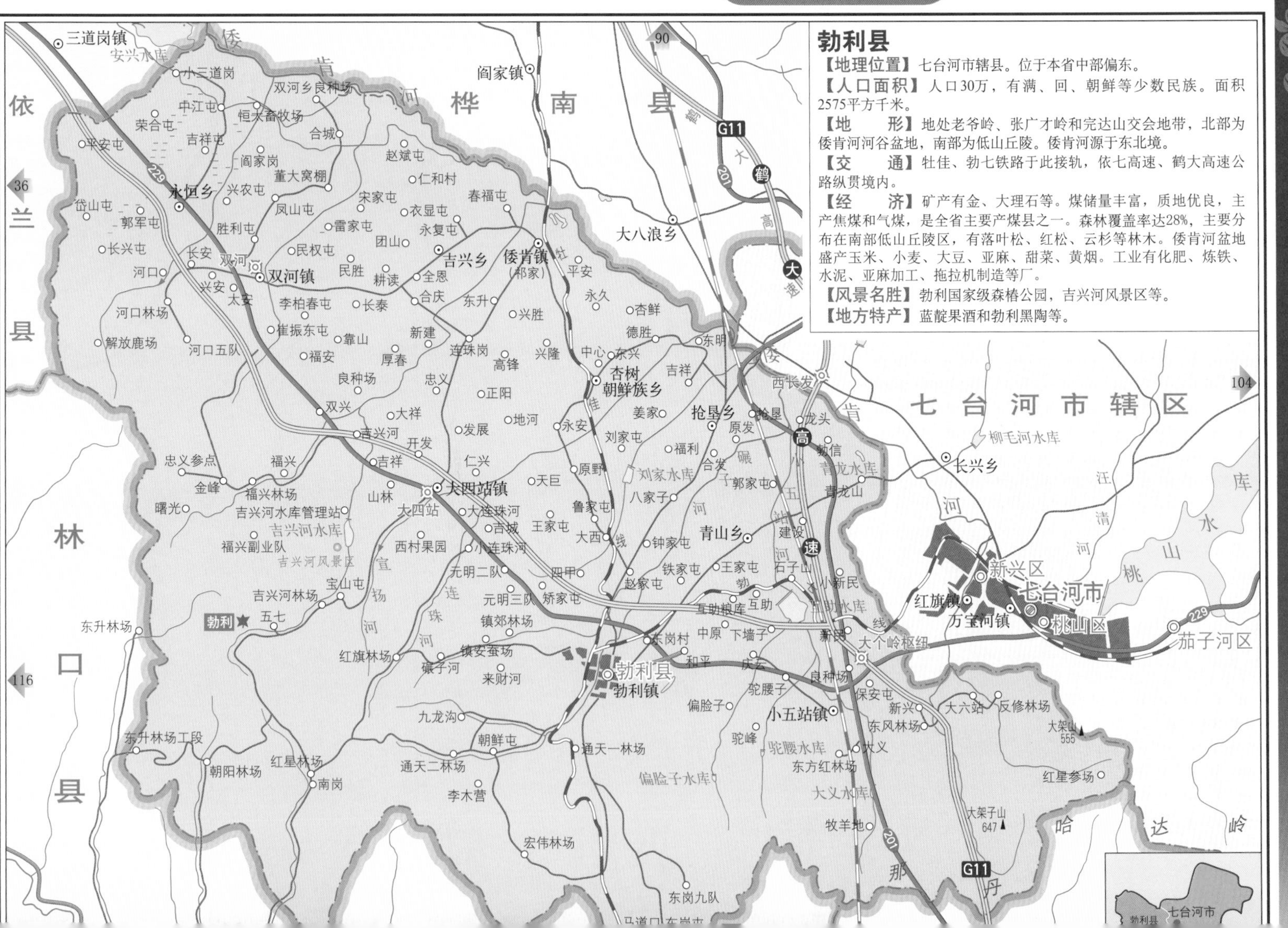

1:390 000

0 3.9 7.8

牡丹江市

【地理位置】位于黑龙江省东南部，东与俄罗斯接壤，南与吉林省相连，西与哈尔滨市相接，东北部与鸡西市、七台河市为邻。

【行政区划】4市辖区5县级市1县：东安区、阳明区、爱民区、西安区，绥芬河市、海林市、宁安市、穆棱市，东宁市、林口县。

【人口面积】人口244万，有汉、朝鲜、满等民族。面积38827平方千米。

【地　　形】位于张广才岭和老爷岭、太平岭山地丘陵之间，地处盆地，四面环山，东部、西北部较高，中部、南部较低。

【最高山峰】大得岗子山，海拔1352米。

【河流湖泊】有牡丹江、穆棱河、绥芬河等。有镜泊湖，莲花水库、桦树川水库等。

【气　　候】属中温带湿润区大陆性季风气候。四季分明，年平均气温2.5–4.9℃。全年降雪期184天，降雪量145毫米，年降水量550毫米。

【交　　通】境内有鹤大、绥满高速纵横相交。滨绥、图佳铁路在本市通过，绥芬河铁路口岸是全省25个口岸中唯一的铁路口岸，东宁口岸是全省公路口岸中过货量最大的口岸，牡丹江海浪机场是全省第二大航空港。

【资源经济】矿产资源丰富，有煤、黄金、大理石、铁矿石、石油、天然气等。森林资源丰富，有红松、落叶松、樟子松、云杉、冷杉、水曲柳等。农业盛产水稻、小麦、大豆、烤烟和西瓜。有名贵的山参、田鸡、鹿茸、麝香、熊胆等10余种药材，山野果有红松籽、榛子、山核桃、山葡萄等。农业以小麦、水稻、高粱、大豆、烟草为主。畜牧业以猪、牛、羊为主，养鹿已成新宠产业。工业有装备制造、造纸、化工、能源、木业、食品加工六大主导产业。

【风景名胜】牡丹江市周围风景名胜众多，主要有宁安渤海国上京龙泉府遗址，镜泊湖国家级风景名胜区，牡丹江牡丹峰、海林威虎山、绥芬河等国家森林公园。

【特产美食】人参、木耳和蜂蜜、鹿茸等著称。有猴头菇、红尾鱼、冻蘑、晒烟，宁安市西瓜、响水大米为名产。

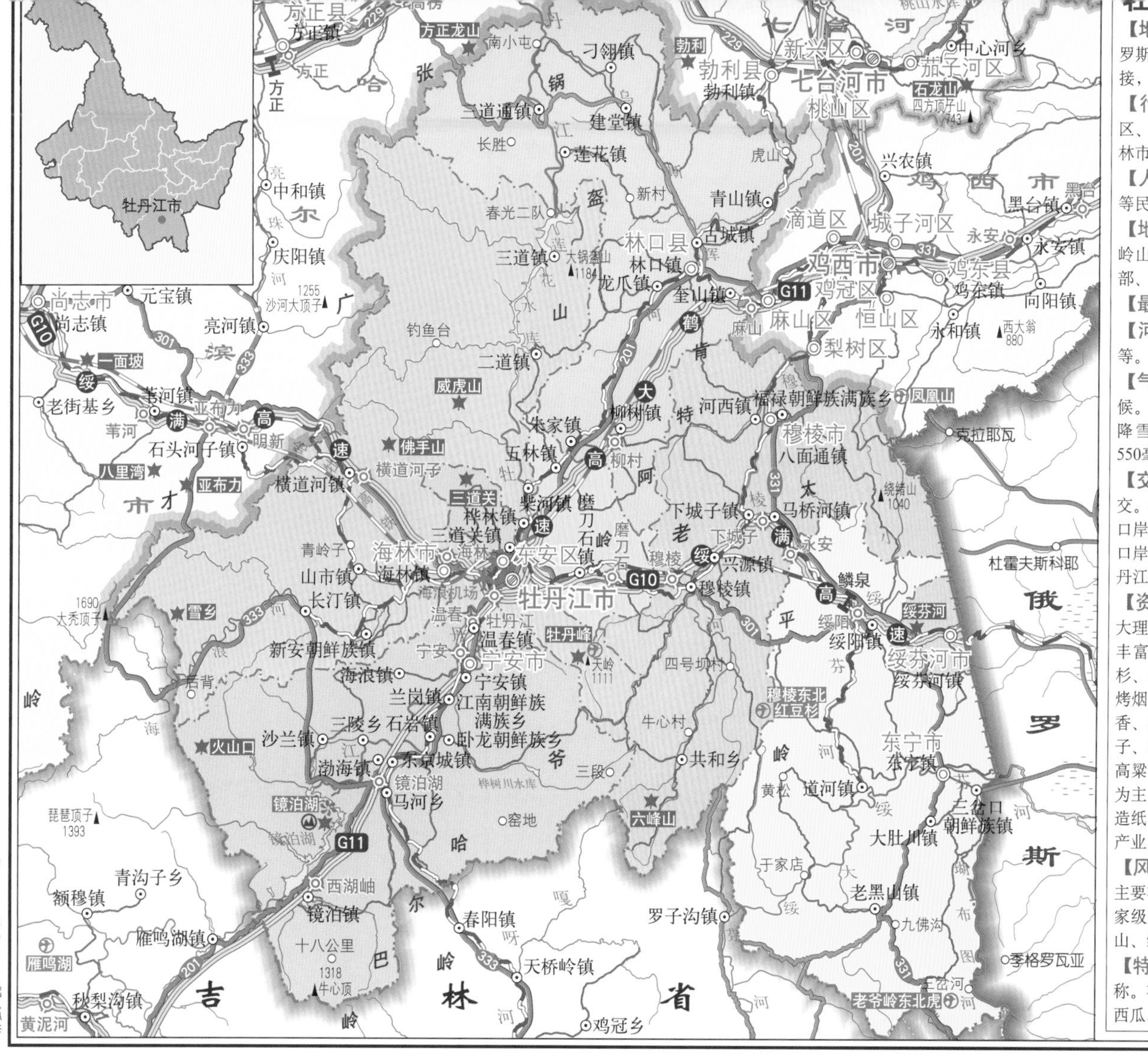

北
G11
201
莲花泡
牡丹江电冰箱厂
文化宫
阳明区邮电局
食品总公司
牡丹江床单色织厂
铁岭镇
华星企业总公司
铁岭河邮电支局
工人疗养院
东大湾
绿岛宾馆
阳明区
机动车辆检测中心站
红光文化宫
富江镇站
石油化工设计研究所
林区广播电视大学
市肿瘤医院
龙江开发总公司
体育馆
第六中学
麻花沟屯
东方宾馆
牡丹江饭店
民航售票处
东安区
牡丹江站
丽江饭店
北山公园
北山体育场
林业局
电视台
师范学院
七中
爱民区
儿童医院
儿童公园
火车头体育场
铁路文化宫
朝鲜族大饭店
西安区
中医院
青少年宫
市人民银行
江滨公园
八女投江纪念碑
市政府
人民法院
南湖公园
江滨大厦
牡丹江大桥
市委党校
朝鲜屯
朱家屯
副食品公司
商业储运公司
心血管病医院
林业师范学校
牡丹江大学
牡丹江医学院
红旗医院
牡丹江市交通局职工中等专业学校

丹江市辖区

理位置】位于本省东南部，牡丹江西岸。因牡丹江得名。

口面积】人口85万，有汉、朝鲜、满等民族。面积2360平方千米。

形】市区四周环山，东部、西北部较高，南部、中部较低。牡丹
南向北纵贯全境。

通】本市是内地通往边疆的重要交通枢纽，滨绥、牡图、牡佳铁
会于此。绥满、鹤大高速也在境内纵横穿过。

济】近郊以种植蔬菜为主，远郊以种植小麦、水稻、高粱、大豆
食作物为主；畜牧业以养猪、牛、羊为主，养鹿已渐成产业。工业主要
在城区，分布在滨绥铁路南侧，其北为工业区，有纺织、橡胶、木工机
冶金、电视机、钟表、毛毯、制药、啤酒等厂。

景名胜】有牡丹峰自然保护区、国家森林公园和三道关国家森林公

产美食】有木耳、蘑菇、人参、黄花菜、黑加伦酒等。

东安区	☎ 0453	✉ 157000	阳明区	☎ 0453	✉ 157013
爱民区	☎ 0453	✉ 157009	西安区	☎ 0453	✉ 157000

1∶390 000　0　3.9　7.8千米

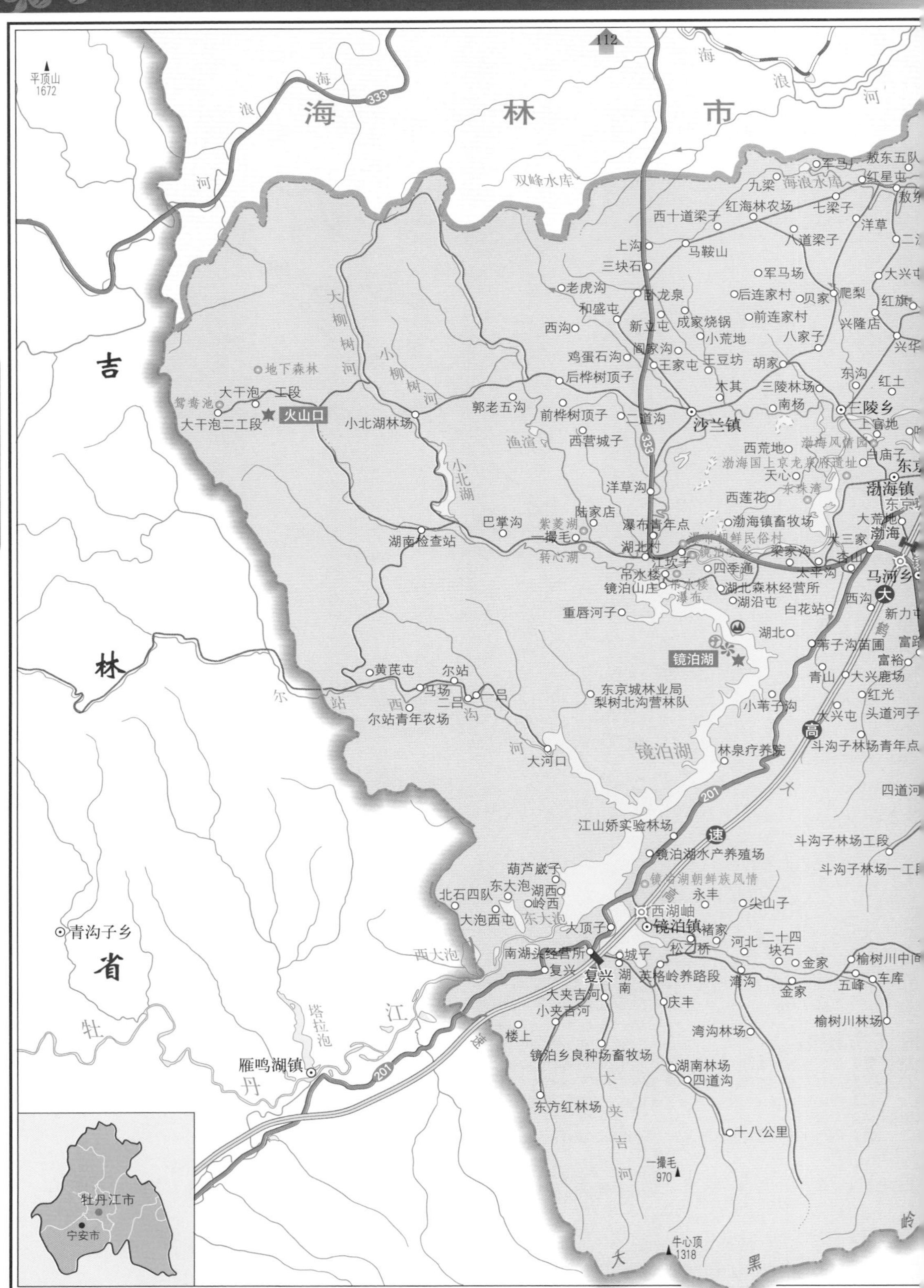

海林市
吉林省
牡丹江市
宁安市
镜泊湖
火山口
沙兰镇
三陵乡
渤海镇
马河乡
镜泊镇
复兴
雁鸣湖镇
青沟子乡
双峰水库
海浪水库
小北湖
东大泡
西大泡
塔拉泡
牡丹江
平顶山 1672
一撮毛 970
牛心顶 1318
333
201
112

牡丹江市

宁安市

【地理位置】牡丹江市辖县级市。位于本省东南部。

【人口面积】人口40万，有汉、满等民族。面积7227平方千米。

【地　　形】地貌为“七山一水二分田”，地势中部较低，有牡丹江向北流；东、西两面地势较高，分别有老爷岭和张广才岭。镜泊湖是火山熔岩流堰塞湖。

【交　　通】牡图铁路、鹤大高速、201和333国道过境，县乡道连接成网。

【资源经济】有玄武岩、火山灰、大理石、水泥团粘土、铁、磷、褐煤及泥碳等矿藏。森林覆盖率63.1%。物产丰富，有红松、云杉、白桦等珍贵林木资源，农业资源优势明显，已形成了烟、畜、米、菜、糖五大产业链，盛产清代贡米——响水大米，又是上海烟草集团的原料生产基地和对俄、日、韩等国的农产品出口基地。新兴工业正在崛起，新型材料、医药化工、环保能源、绿色食品等主导产业初具规模。处于珲春与绥芬河两个国家级开放口岸的中心地带，是东北亚经济技术交流合作、物资集散和信息传递的重要通道。

【风景名胜】自然和人文景观丰富，境内有保存完好的中世纪渤海国上京龙泉府遗址，始建于后金的宁安大石桥；有自然形成的世界第二大高山堰塞湖——镜泊湖，举世罕见的火山口国家森林公园等，同时又是满族发祥地之一，全国首批文化先进市之一。独特的自然风光和文物古迹，使其成为旅游胜地。

【地方特产】木耳、蘑菇、松茸等。

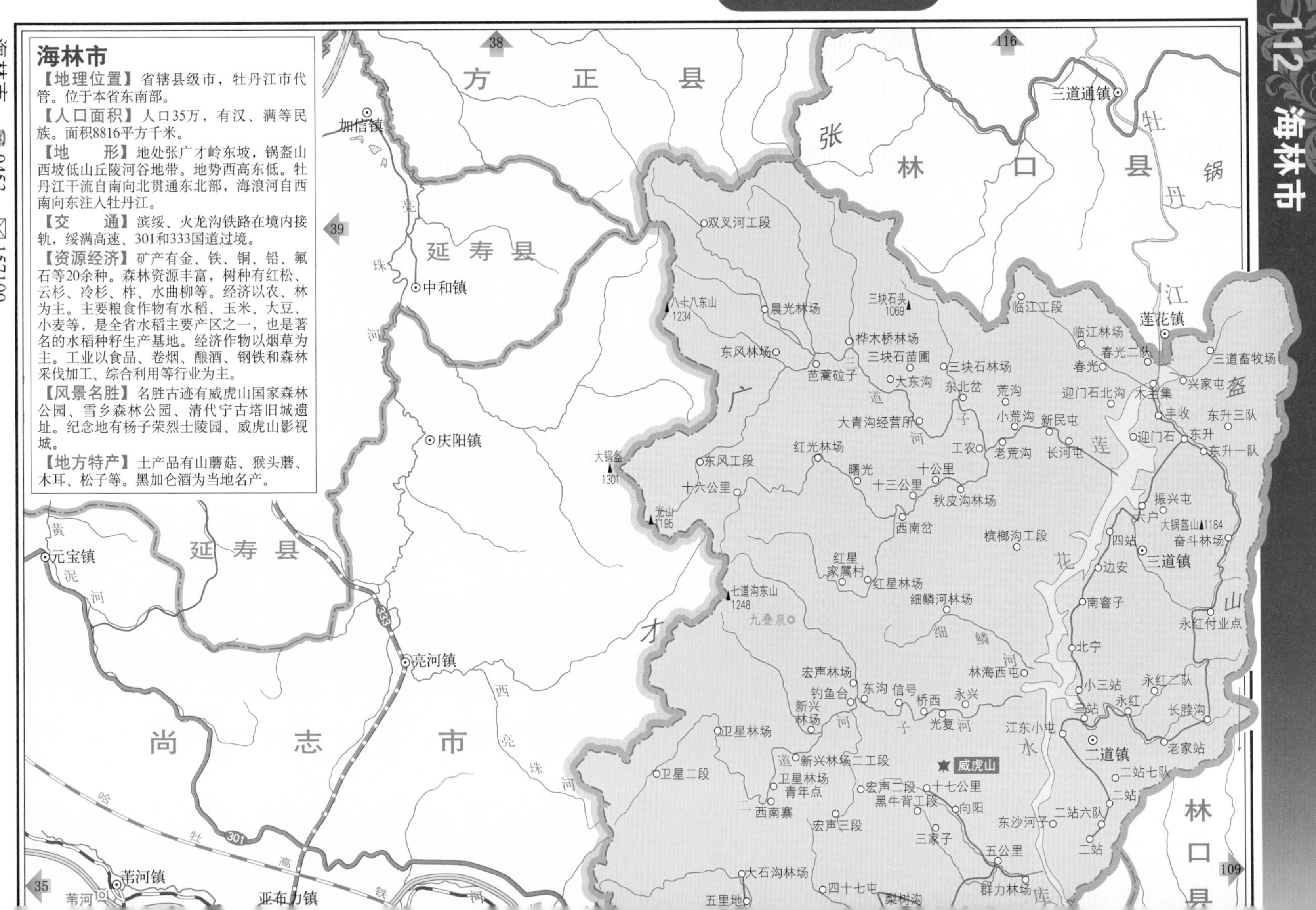

海林市

【地理位置】省辖县级市，牡丹江市代管。位于本省东南部。

【人口面积】人口35万，有汉、满等民族。面积8816平方千米。

【地　　形】地处张广才岭东坡，锅盔山西坡低山丘陵河谷地带。地势西高东低。牡丹江干流自南向北贯通东北部，海浪河自西南向东注入牡丹江。

【交　　通】滨绥、火龙沟铁路在境内接轨，绥满高速、301和333国道过境。

【资源经济】矿产有金、铁、铜、铅、氟石等20余种。森林资源丰富，树种有红松、云杉、冷杉、柞、水曲柳等。经济以农、林为主。主要粮食作物有水稻、玉米、大豆、小麦等，是全省水稻主要产区之一，也是著名的水稻种籽生产基地。经济作物以烟草为主。工业以食品、卷烟、酿酒、钢铁和森林采伐加工、综合利用等行业为主。

【风景名胜】名胜古迹有威虎山国家森林公园、雪乡森林公园、清代宁古塔旧城遗址。纪念地有杨子荣烈士陵园、威虎山影视城。

【地方特产】土产品有山蘑菇、猴头蘑、木耳、松子等。黑加仑酒为当地名产。

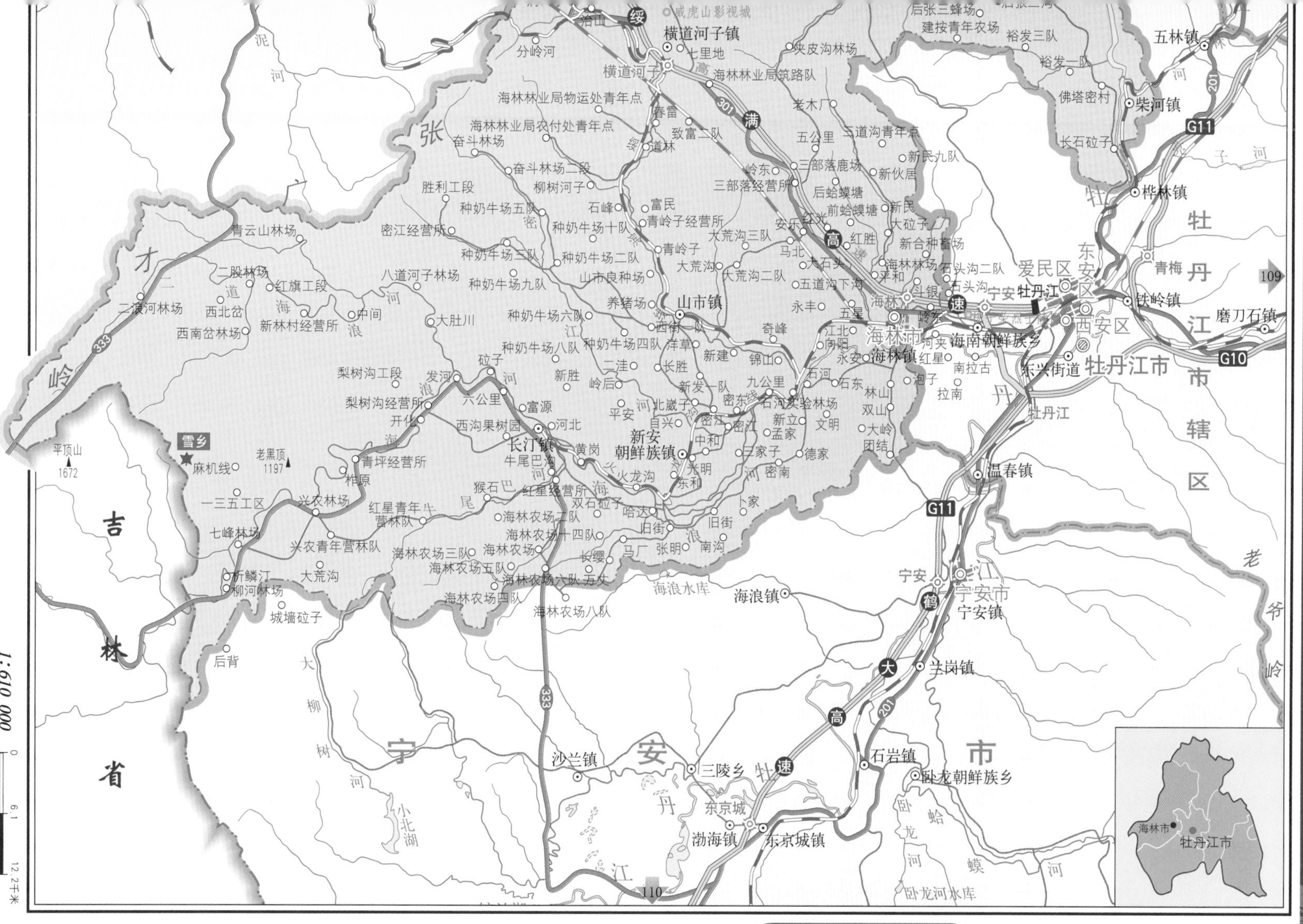

牡丹江市

1:610 000

0 6.1 12.2千米

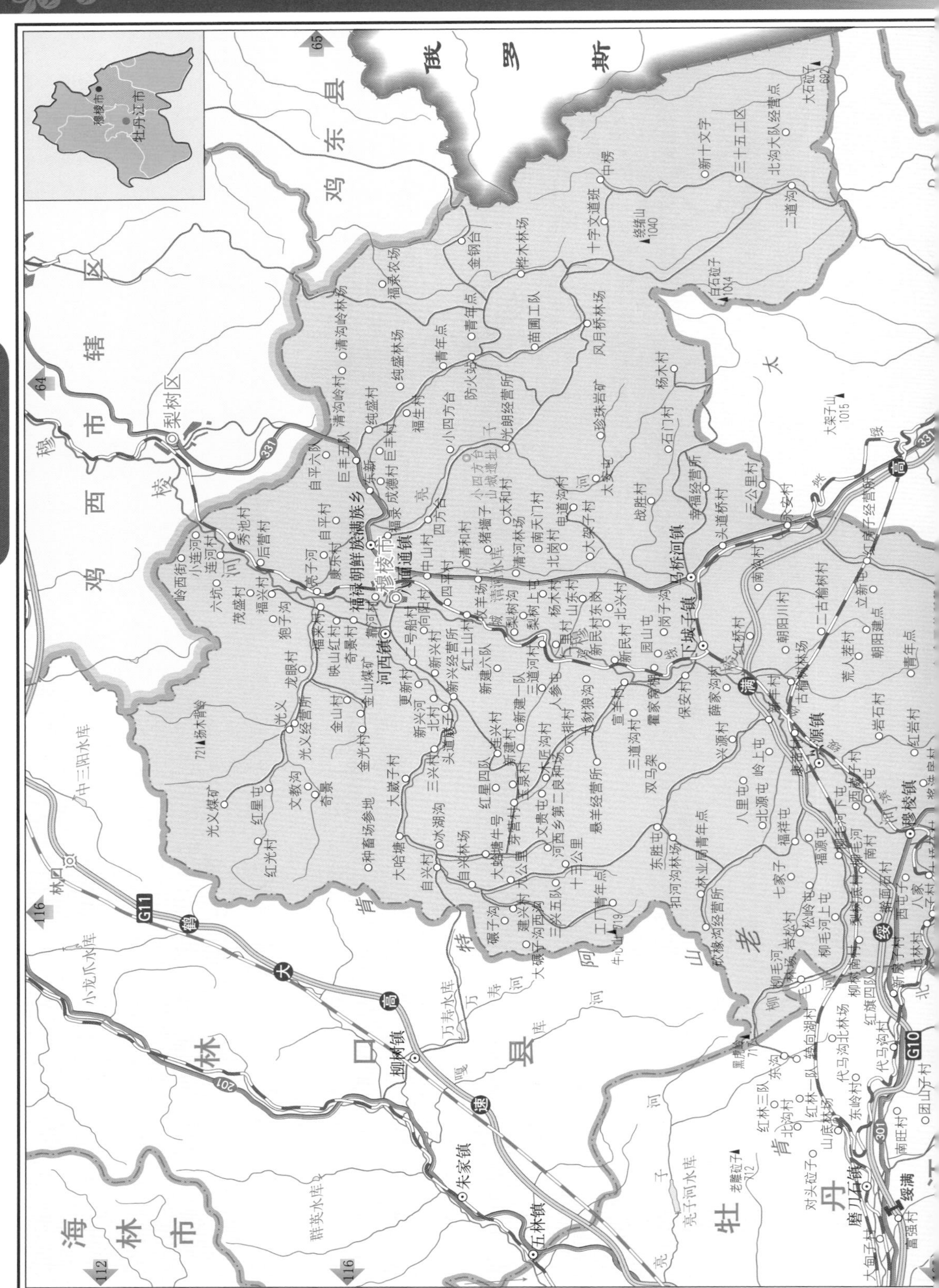

穆棱市 ☎ 0453 ✉ 157500

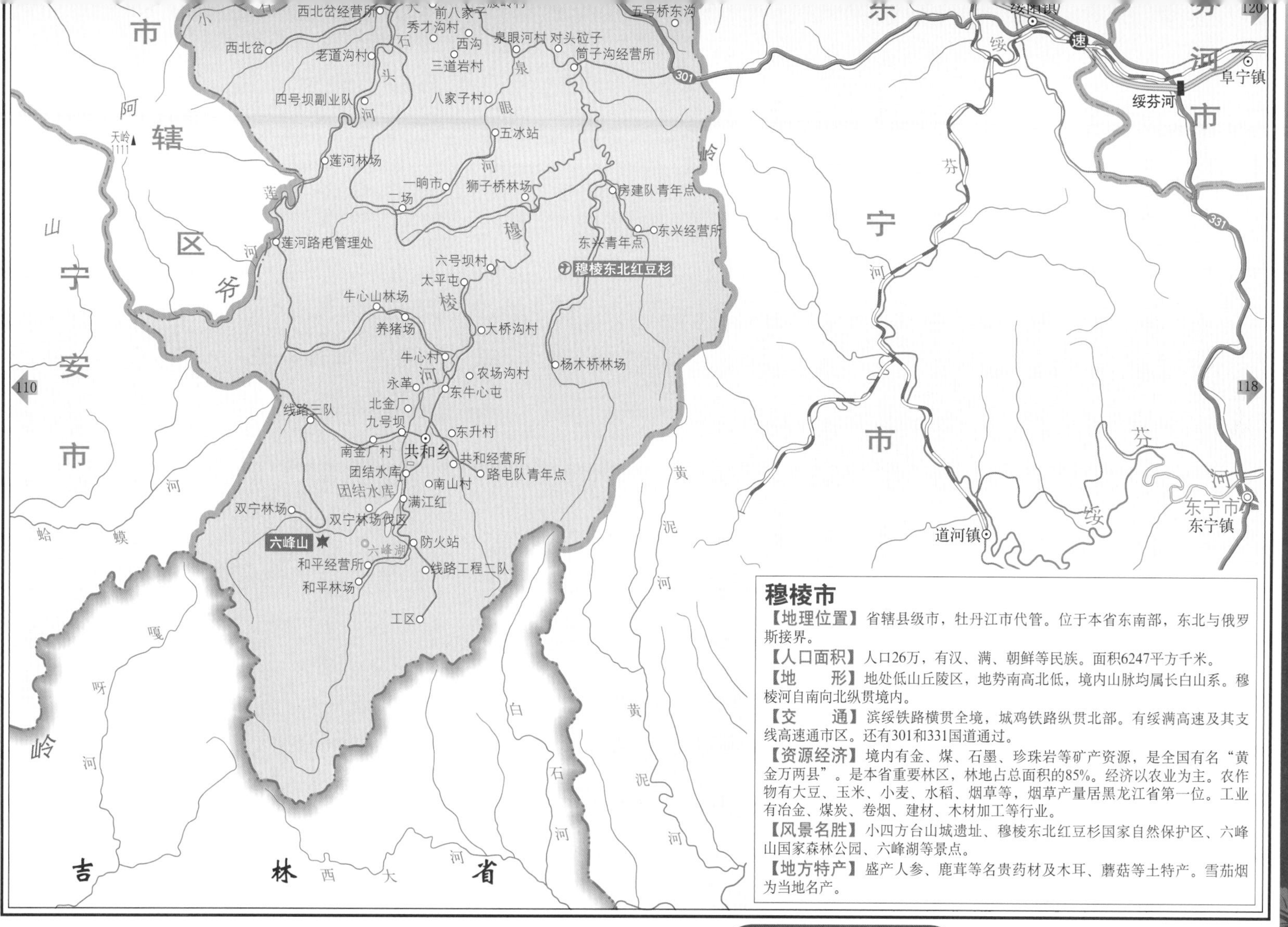

穆棱市

【地理位置】省辖县级市，牡丹江市代管。位于本省东南部，东北与俄罗斯接界。

【人口面积】人口26万，有汉、满、朝鲜等民族。面积6247平方千米。

【地　　形】地处低山丘陵区，地势南高北低，境内山脉均属长白山系。穆棱河自南向北纵贯境内。

【交　　通】滨绥铁路横贯全境，城鸡铁路纵贯北部。有绥满高速及其支线高速通市区。还有301和331国道通过。

【资源经济】境内有金、煤、石墨、珍珠岩等矿产资源，是全国有名“黄金万两县”。是本省重要林区，林地占总面积的85%。经济以农业为主。农作物有大豆、玉米、小麦、水稻、烟草等，烟草产量居黑龙江省第一位。工业有冶金、煤炭、卷烟、建材、木材加工等行业。

【风景名胜】小四方台山城遗址、穆棱东北红豆杉国家自然保护区、六峰山国家森林公园、六峰湖等景点。

【地方特产】盛产人参、鹿茸等名贵药材及木耳、蘑菇等土特产。雪茄烟为当地名产。

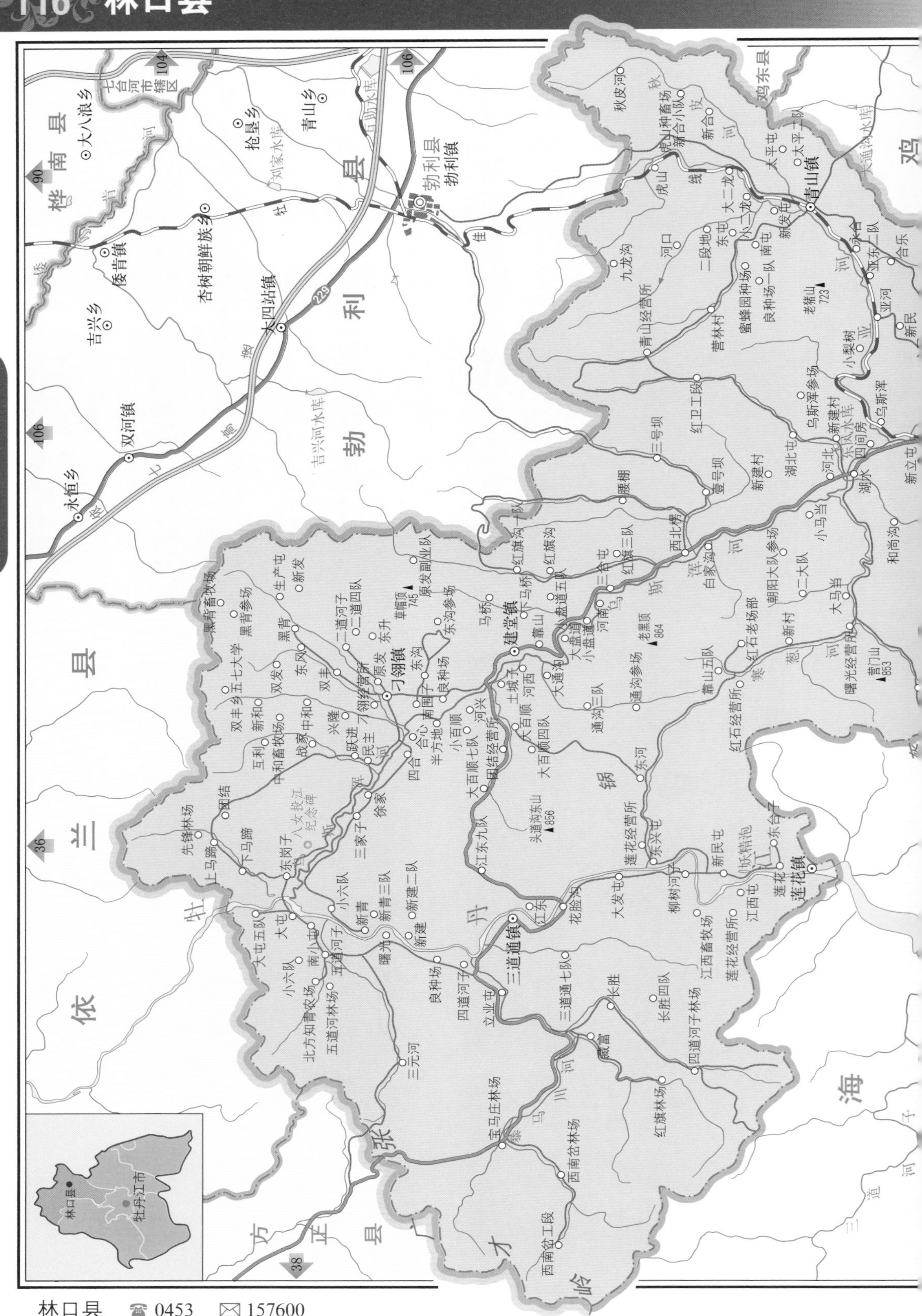
桦南县
勃利县
依兰县
方正县
鸡东县
鸡
海
刁翎镇
建堂镇
三道通镇
莲花镇
青山镇
古城镇
奎山镇
勃利镇
双河镇
大四站镇
倭肯镇
杏树朝鲜族乡
永恒乡
吉兴乡
抢垦乡
青山乡
大八浪乡
林口县
牡丹江市
七台河市辖区
八女投江纪念碑
吉兴河水库
牡
丹
江
张
广
才
岭
锅
盔
山
乌
斯
浑
河
亚
河
寒
葱
河
马
川
河
老猪山 723
草帽顶 745
老黑顶 864
头道沟东山 856
营门山 853
106
104
90
36
38
229

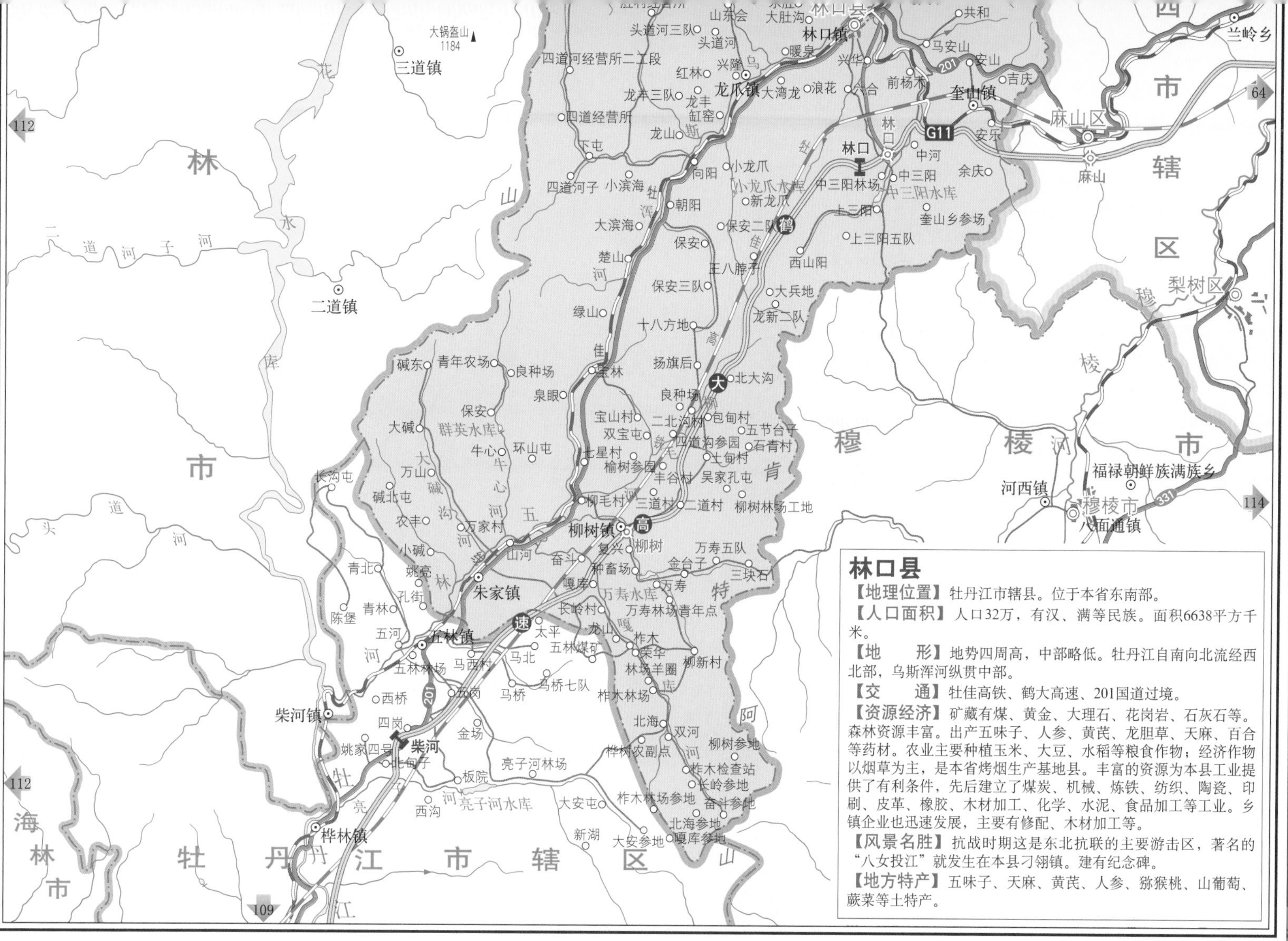

林口县

【地理位置】牡丹江市辖县。位于本省东南部。

【人口面积】人口32万，有汉、满等民族。面积6638平方千米。

【地　　形】地势四周高，中部略低。牡丹江自南向北流经西北部，乌斯浑河纵贯中部。

【交　　通】牡佳高铁、鹤大高速、201国道过境。

【资源经济】矿藏有煤、黄金、大理石、花岗岩、石灰石等。森林资源丰富。出产五味子、人参、黄芪、龙胆草、天麻、百合等药材。农业主要种植玉米、大豆、水稻等粮食作物；经济作物以烟草为主，是本省烤烟生产基地县。丰富的资源为本县工业提供了有利条件，先后建立了煤炭、机械、炼铁、纺织、陶瓷、印刷、皮革、橡胶、木材加工、化学、水泥、食品加工等工业。乡镇企业也迅速发展，主要有修配、木材加工等。

【风景名胜】抗战时期这是东北抗联的主要游击区，著名的“八女投江”就发生在本县刁翎镇。建有纪念碑。

【地方特产】五味子、天麻、黄芪、人参、猕猴桃、山葡萄、蕨菜等土特产。

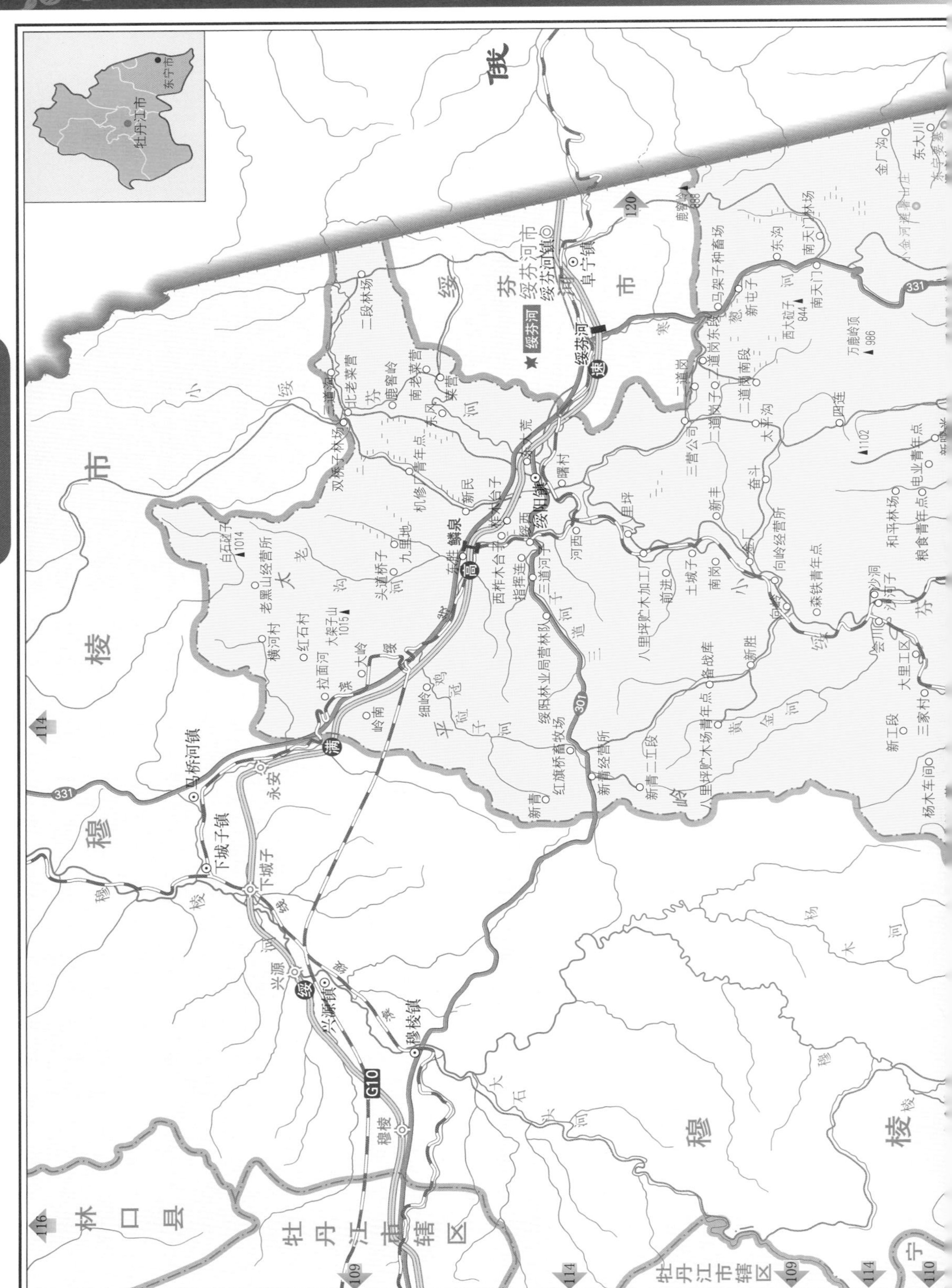
东宁市
牡丹江市
俄
绥芬河市
绥芬河镇
阜宁镇
绥芬河
绥阳镇
马桥河镇
下城子镇
兴源镇
穆棱镇
永安
下城子
兴源
穆棱
林口县
牡丹江市辖区
331
301
G10
120
114
116
109
110

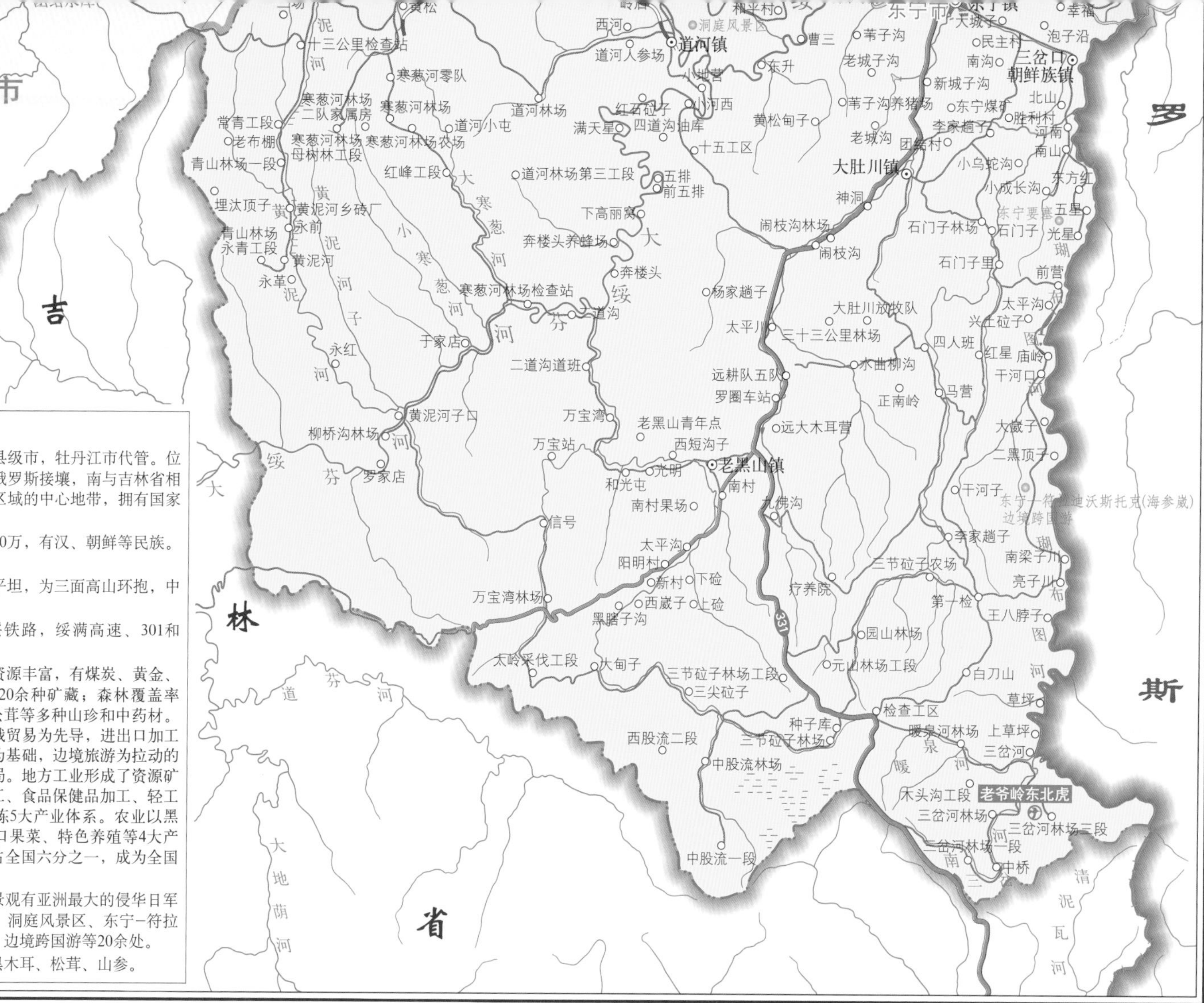

东宁市

【地理位置】省辖县级市，牡丹江市代管。位于本省东南部，东与俄罗斯接壤，南与吉林省相邻，位居中、俄、朝区域的中心地带，拥有国家批准的一类陆路口岸。

【人口面积】人口20万，有汉、朝鲜等民族。面积7117平方千米。

【地　　形】地势平坦，为三面高山环抱，中间低的马蹄形地势。

【交　　通】滨绥铁路，绥满高速、301和331国道境内通过。

【经　　济】自然资源丰富，有煤炭、黄金、铁、硅石、石灰石等20余种矿藏；森林覆盖率88%，盛产黑木耳、松茸等多种山珍和中药材。市域经济形成了以对俄贸易为先导，进出口加工业为支撑，特色农业为基础，边境旅游为拉动的鲜明口岸经济发展格局。地方工业形成了资源矿产开发、木材建材加工、食品保健品加工、轻工产品加工和高耗能冶炼5大产业体系。农业以黑木耳、优质烤烟、出口果菜、特色养殖等4大产业为主，黑木耳产量占全国六分之一，成为全国最大的集散地。

【风景名胜】旅游景观有亚洲最大的侵华日军要塞群和渤海国古迹、洞庭风景区、东宁–符拉迪沃斯托克（海参崴）边境跨国游等20余处。

【地方特产】盛产黑木耳、松茸、山参。

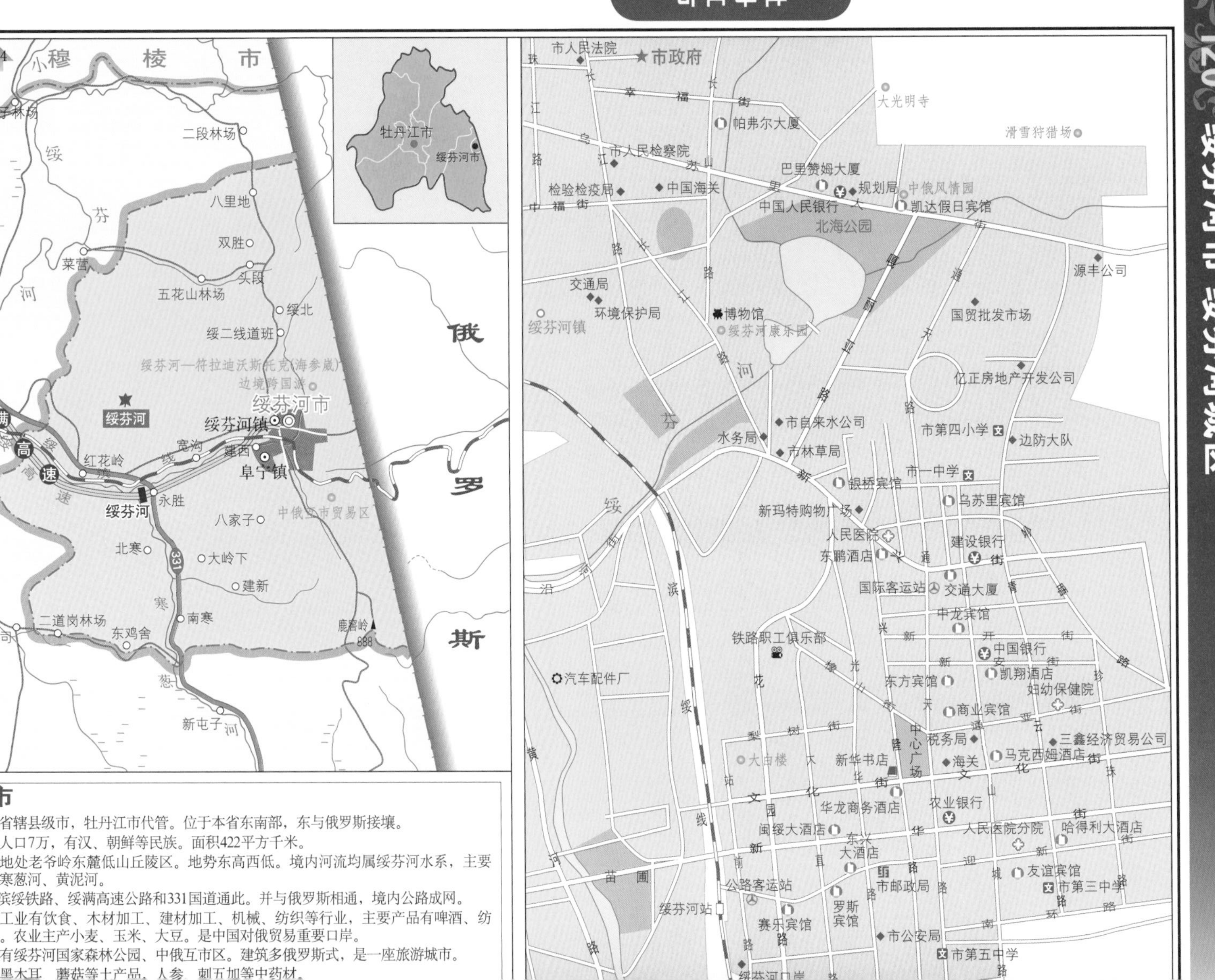

绥芬河市

【地理位置】省辖县级市，牡丹江市代管。位于本省东南部，东与俄罗斯接壤。
【人口面积】人口7万，有汉、朝鲜等民族。面积422平方千米。
【地　　形】地处老爷岭东麓低山丘陵区。地势东高西低。境内河流均属绥芬河水系，主要有大、小绥芬及寒葱河、黄泥河。
【交　　通】滨绥铁路、绥满高速公路和331国道通此。并与俄罗斯相通，境内公路成网。
【经　　济】工业有饮食、木材加工、建材加工、机械、纺织等行业，主要产品有啤酒、纺织品、木制品等。农业主产小麦、玉米、大豆。是中国对俄贸易重要口岸。
【风景名胜】有绥芬河国家森林公园、中俄互市区。建筑多俄罗斯式，是一座旅游城市。
【地方特产】黑木耳、蘑菇等土产品，人参、刺五加等中药材。

鹤岗市

【地理位置】位于本省东北部，松花江、黑龙江汇合处。东、南与佳木斯市为邻，西接伊春市，北部以黑龙江主航道为界与俄罗斯隔江相望。

【行政区划】6市辖区2县：向阳区、工农区、南山区、兴安区、东山区、兴山区，萝北县、绥滨县。

【人口面积】人口96万，有汉、满、回、朝鲜等民族。面积14665平方千米。

【地　　形】地处小兴安岭山地东南向三江平原过渡地段。地势由西北向东南倾斜，西北部为山区，东南部为三江平原的边缘地带，平坦开阔，地貌类型有低山丘陵、漫岗、平原、河谷及漫滩。

【最高山峰】小白山，海拔1022米。

【河流湖泊】有松花江支流梧桐河、都鲁河、嘉荫河等，较大的人工湖只有5号水库。

【气　　候】属中温带湿润区大陆性季风气候，为小兴安岭南余脉与三江平原交界处的温凉湿润地区。春季少雨多风，夏季雨热同季，秋季凉爽霜早，冬季寒冷干燥。南部高于北部，平原高于山区。年平均气温1.0—4.6℃。年无霜期为125天。年降水量608.5毫米。

【交　　通】交通有通佳、林口的单线铁路。鹤大高速、鹤岗—名山的高速及331和332国道在鹤岗交会，还有省道公路四通八达。

【资源经济】矿产资源比较丰富，有煤炭、煤层气、铀、岩金、砂金、铁、铜、铍、铅、镍、石棉、蛇纹岩、石墨、白云母、白云岩、黄玉、菱镁矿、大理岩、玄武岩、花岗岩、陶黏土岩、建筑用砂、矿泉水等。农林牧渔业发达，东部绥滨萝北建有国营农场多处，是重要产粮区，粮食作物有大豆、玉米、小麦、水稻等，经济作物有甜菜、烟、麻类等。小兴安岭林区树种有红松、桦、杨柞木等。沿江大马哈鱼、鳇鱼、鱼子量大，远销国内外。工业主要有煤炭、石墨、金矿开采、机械、建材、木材、食品等工业部门。

【风景名胜】有鹤岗、龙江三峡等森林公园，鹤岗将军石风景区，全国重点文物保护单位金代奥里米故城，鹤岗东山万人坑遗址，萝北松花江滨苇场野生水禽栖息地等。

【特产美食】特产人参、黄芪、灵芝、刺五加、蜂蜜、松茸、蕨菜等。

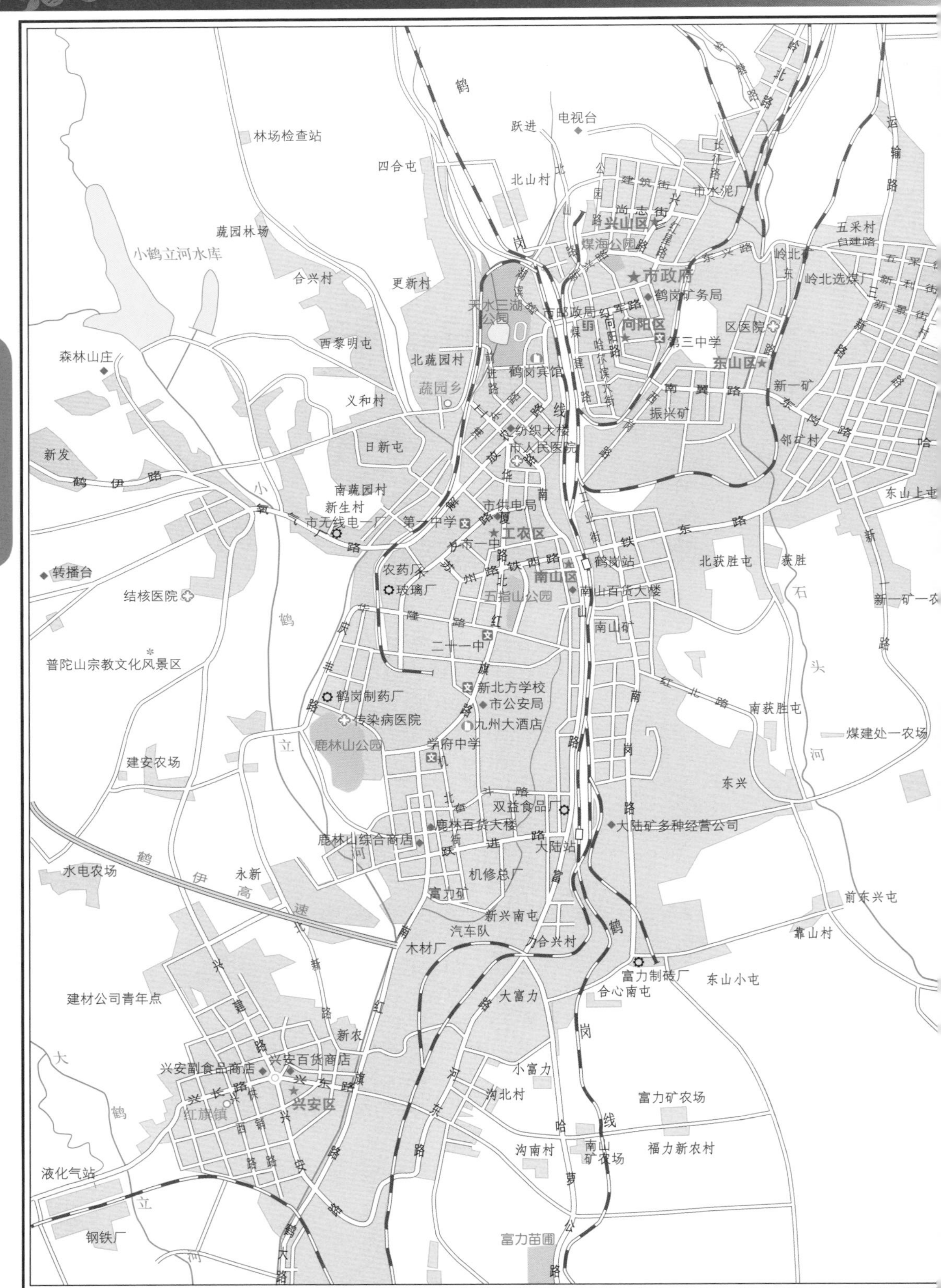
林场检查站
四合屯
跃进
电视台
北山村
蔬园林场
小鹤立河水库
合兴村
更新村
西黎明屯
北蔬园村
森林山庄
蔬园乡
义和村
日新屯
新发
鹤伊路
南蔬园村
新生村
市无线电一厂
转播台
结核医院
普陀山宗教文化风景区
建安农场
水电农场
永新
建材公司青年点
新农
兴安副食品商店
兴安百货商店
兴安区
红旗镇
液化气站
钢铁厂
鹤大路
天水三湖公园
湖滨路
鹤岗宾馆
前进路
纺织大楼
市人民医院
市供电局
第一中学
工农区
市一中
农药厂
玻璃厂
五指山公园
南山区
鹤岗站
南山百货大楼
南山矿
二十一中
新北方学校
市公安局
九州大酒店
学府中学
鹤岗制药厂
传染病医院
鹿林山公园
双益食品厂
鹿林百货大楼
鹿林山综合商店
大陆站
机修总厂
富力矿
新兴南屯
汽车队
木材厂
力合兴村
大富力
小富力
沟北村
沟南村
南山矿农场
富力苗圃
富力制砖厂
合心南屯
东山小屯
富力矿农场
福力新农村
靠山村
前东兴屯
东兴
大陆矿多种经营公司
南获胜屯
煤建处一农场
北获胜屯
获胜
东山上屯
新一矿一农
兴山区
尚志街
煤海公园
建筑街
市水泥厂
市政府
鹤岗矿务局
市邮政局
红军路
向阳区
第三中学
区医院
东山区
南翼路
振兴矿
新一矿
邻矿村
岭北村
岭北选煤厂
五采村
运输路
东兴路
东山路
铁西路
红旗路
南岗路
北斗路
跃进街
鹤伊高速
兴建路
哈萝公路
哈萝线
河东路
石头河

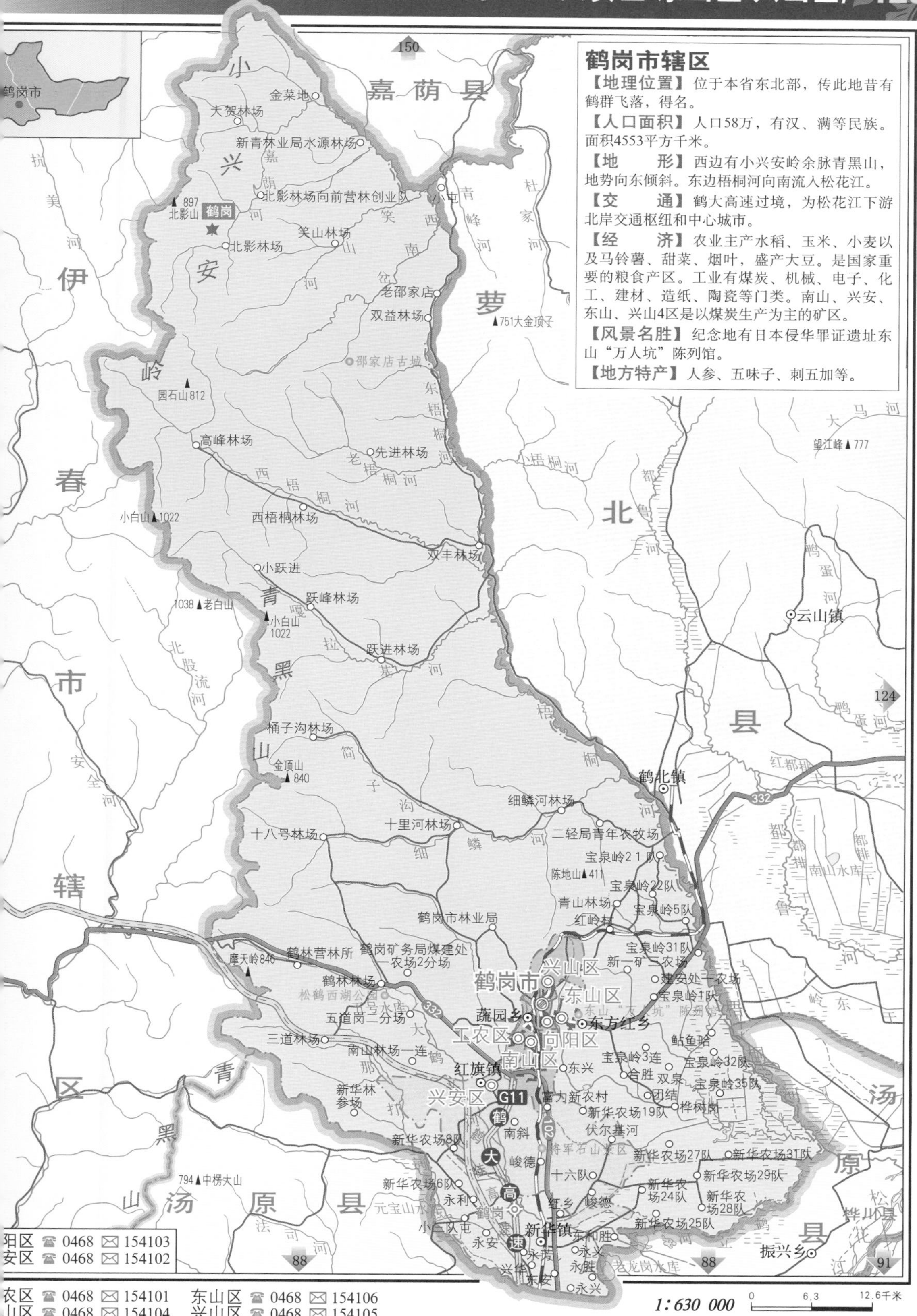

鹤岗市辖区

【地理位置】位于本省东北部，传此地昔有鹤群飞落，得名。

【人口面积】人口58万，有汉、满等民族。面积4553平方千米。

【地　　形】西边有小兴安岭余脉青黑山，地势向东倾斜。东边梧桐河向南流入松花江。

【交　　通】鹤大高速过境，为松花江下游北岸交通枢纽和中心城市。

【经　　济】农业主产水稻、玉米、小麦以及马铃薯、甜菜、烟叶，盛产大豆。是国家重要的粮食产区。工业有煤炭、机械、电子、化工、建材、造纸、陶瓷等门类。南山、兴安、东山、兴山4区是以煤炭生产为主的矿区。

【风景名胜】纪念地有日本侵华罪证遗址东山“万人坑”陈列馆。

【地方特产】人参、五味子、刺五加等。

阳区 ☎ 0468 ✉ 154103
安区 ☎ 0468 ✉ 154102
农区 ☎ 0468 ✉ 154101　东山区 ☎ 0468 ✉ 154106
山区 ☎ 0468 ✉ 154104　兴山区 ☎ 0468 ✉ 154105

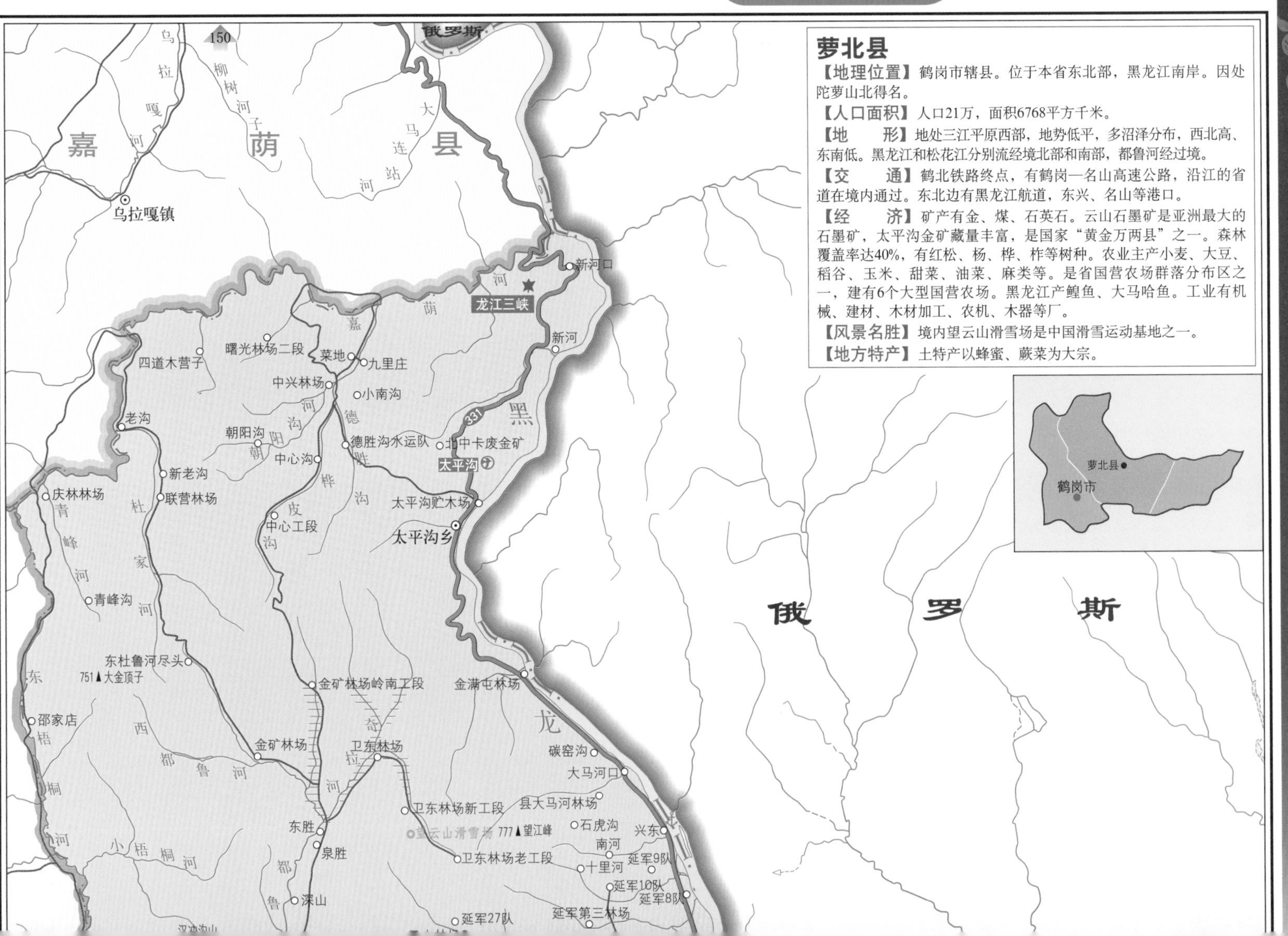

萝北县

【地理位置】鹤岗市辖县。位于本省东北部，黑龙江南岸。因处陀萝山北得名。

【人口面积】人口21万，面积6768平方千米。

【地　　形】地处三江平原西部，地势低平，多沼泽分布，西北高、东南低。黑龙江和松花江分别流经境北部和南部，都鲁河经过境。

【交　　通】鹤北铁路终点，有鹤岗—名山高速公路，沿江的省道在境内通过。东北边有黑龙江航道，东兴、名山等港口。

【经　　济】矿产有金、煤、石英石。云山石墨矿是亚洲最大的石墨矿，太平沟金矿藏量丰富，是国家“黄金万两县”之一。森林覆盖率达40%，有红松、杨、桦、柞等树种。农业主产小麦、大豆、稻谷、玉米、甜菜、油菜、麻类等。是省国营农场群落分布区之一，建有6个大型国营农场。黑龙江产鳇鱼、大马哈鱼。工业有机械、建材、木材加工、农机、木器等厂。

【风景名胜】境内望云山滑雪场是中国滑雪运动基地之一。

【地方特产】土特产以蜂蜜、蕨菜为大宗。

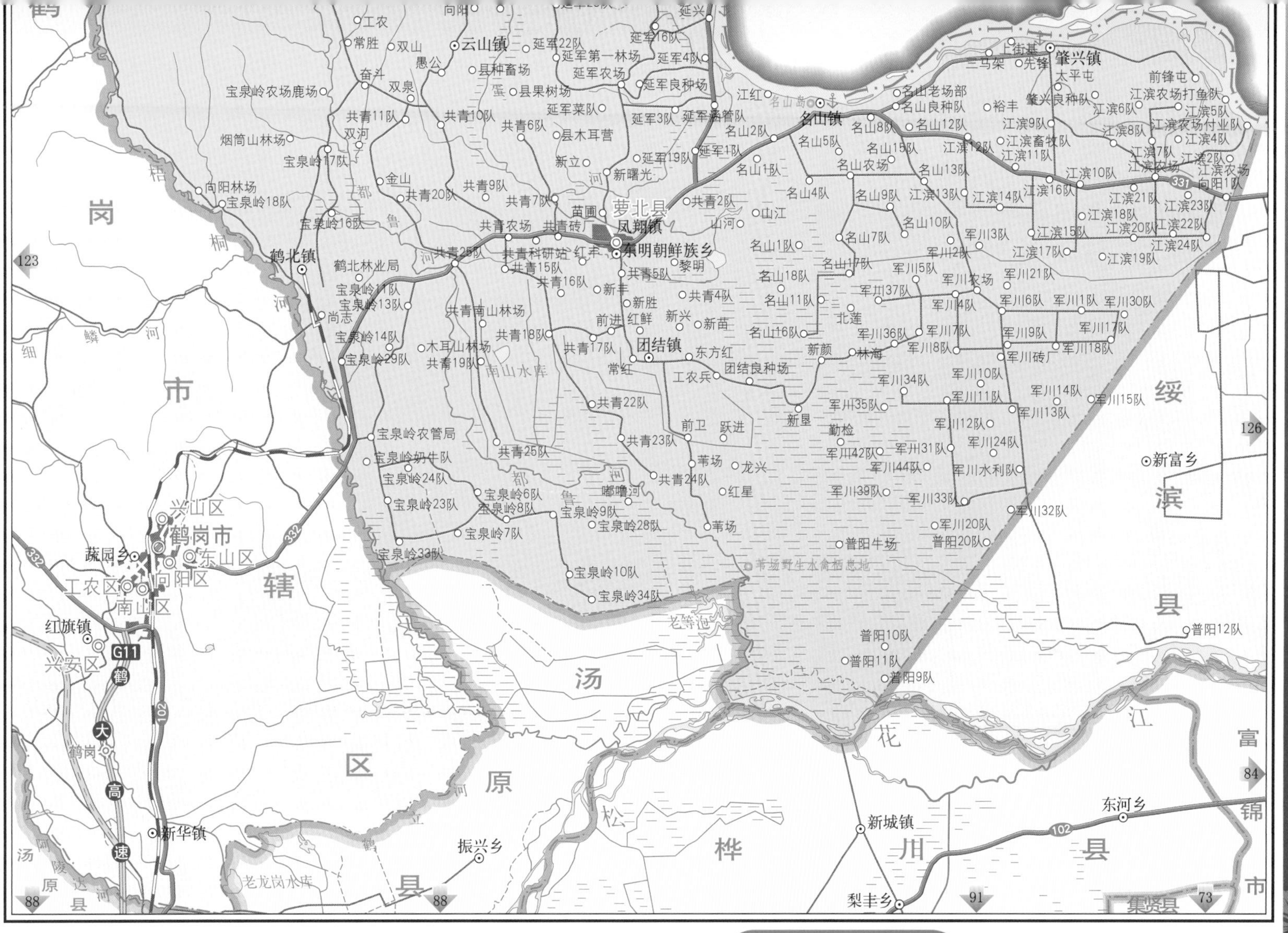

1:520 000

0 5.2 10.4千米

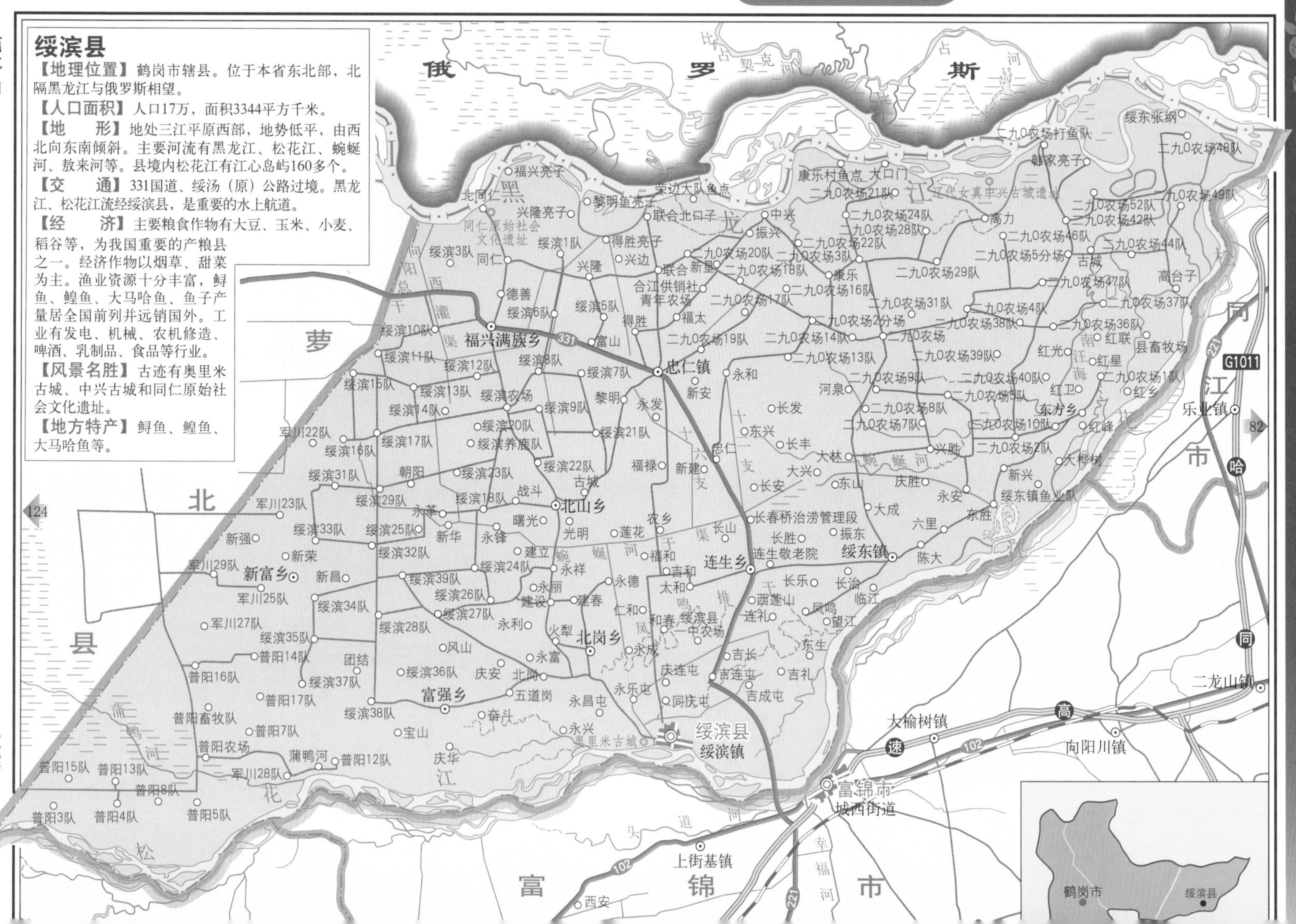

绥滨县

【地理位置】鹤岗市辖县。位于本省东北部，北隔黑龙江与俄罗斯相望。

【人口面积】人口17万，面积3344平方千米。

【地　　形】地处三江平原西部，地势低平，由西北向东南倾斜。主要河流有黑龙江、松花江、蜿蜒河、敖来河等。县境内松花江有江心岛屿160多个。

【交　　通】331国道、绥汤（原）公路过境。黑龙江、松花江流经绥滨县，是重要的水上航道。

【经　　济】主要粮食作物有大豆、玉米、小麦、稻谷等，为我国重要的产粮县之一。经济作物以烟草、甜菜为主。渔业资源十分丰富，鲟鱼、鳇鱼、大马哈鱼、鱼子产量居全国前列并远销国外。工业有发电、机械、农机修造、啤酒、乳制品、食品等行业。

【风景名胜】古迹有奥里米古城、中兴古城和同仁原始社会文化遗址。

【地方特产】鲟鱼、鳇鱼、大马哈鱼等。

绥滨县　☎ 0468　✉ 156200

1:480 000　0　4.8　9.6千米

绥化市

【地理位置】位于本省中部。东与伊春市相连，南倚哈尔滨市，西接大庆市，北望黑河市及齐齐哈尔市。

【行政区划】1市辖区3县级市6县：北林区，安达市、肇东市、海伦市，望奎县、兰西县、青冈县、庆安县、明水县、绥棱县。

【人口面积】人口513万，面积35211平方千米。

【地　　形】地势东北高、西南低，北部为小兴安岭西坡山前冲积洪积台地，南部为松嫩平原。

【最高山峰】庆安县的尖山，海拔805米。

【河流湖泊】松花江、呼兰河、努敏河、通肯河、引嫩总干渠，湖泡主要有青肯泡、王花泡等。

【气　　候】属于中温带半湿润区大陆性季风气候，四季分明。年平均气温1.3–4.0℃。年无霜期120–140天。年降水量400–550毫米。

【交　　通】境内有绥北、鹤哈、绥满高速公路通往省会，还有202、203、222、333多条国道公路及高等级公路形成四通八达的公路交通网络。哈佳、滨北两条铁路贯穿交会，滨北铁路与滨州铁路在此接轨。

【资源经济】主要矿产有金、铜、褐煤、铁等，水资源丰富，有大片湿地保护区，多种野生水禽和国家二级保护鸟类灰鹤。全市耕地土质肥沃，土地资源丰富。绥化素有“塞北江南”的美誉，是全国重要的商品粮基地，鱼、优质烤烟和瘦肉型生猪生产基地以及农牧产品基地和绿色食品基地。盛产优质大豆、水稻、玉米、烤烟、马铃薯等作物。工业已经形成食品、卷烟、医药、化工、纺织、机电、建材、服装八大主导产业。

【风景名胜】主要有四方台金代遗址、明水、双河自然保护区、望龙山国家森林公园等。

【特产美食】特色养殖北极狐、梅花鹿、松北大豆王、红星奶粉、庆安高粱酒、亚麻制品、草编工艺品、绥棱黑陶等。

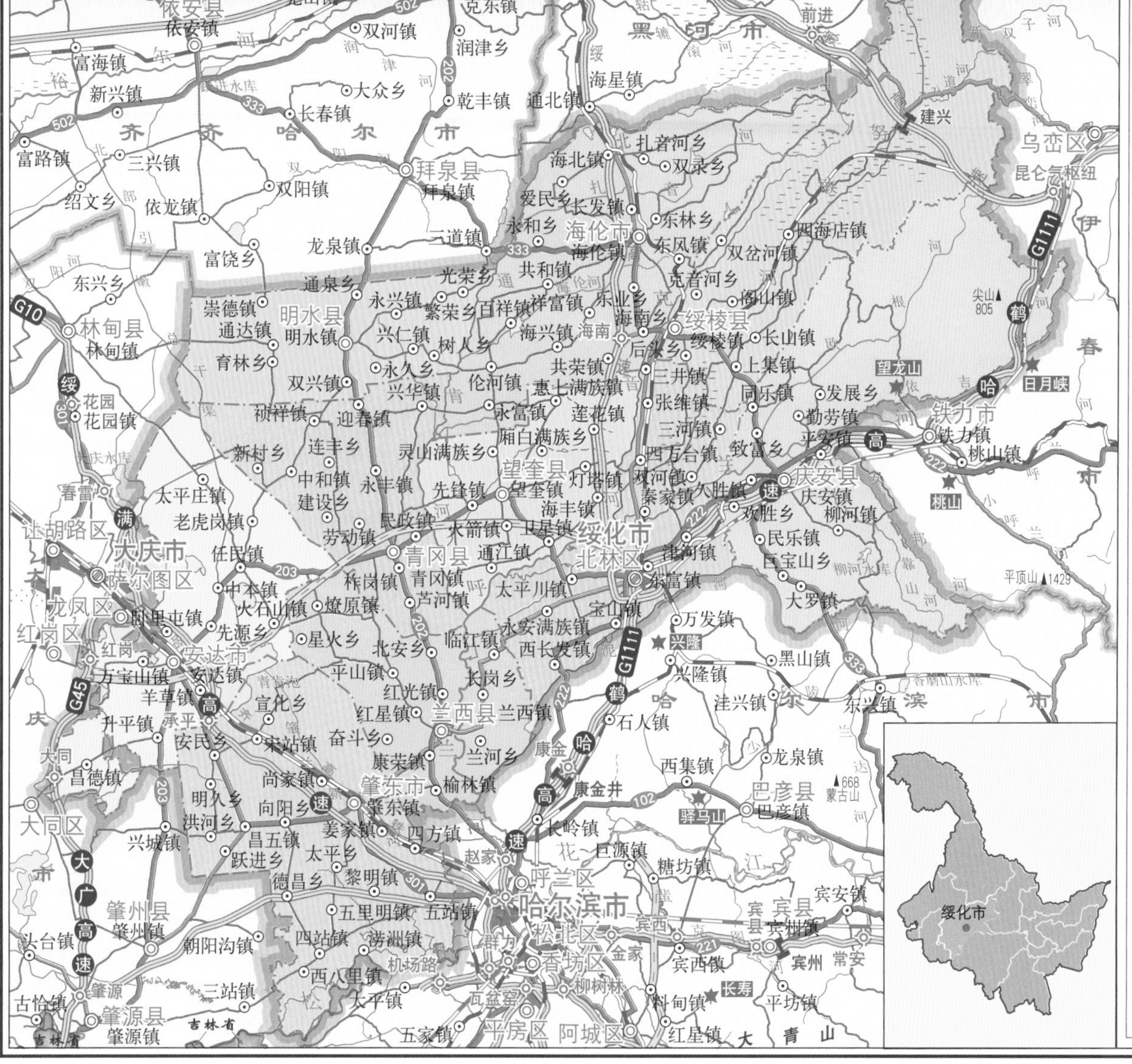

1:1 900 000　0　19.0　38千米

市公安局
小拖厂
烟厂
水泥厂
市体校
育才学校
市亚麻厂
于家店
市政府
陶瓷厂
桦林橡胶分厂
供销学校
市法院
汽修厂
北辰街道
农贸市场
市四中
广电大厦
铁路一中
市国税局
市交通运输局
市七中
水利机械厂
自来水公司
四平街
康庄街道
市内客运站
市交警支队
市一院
市中医院
市宾馆
邮电局
北林区
客运总站
啤酒厂
粮食医院
东方红影院
联谊宾馆
农垦宾馆
市宾馆
水利局
农机修造厂
东城街道
明珠大酒店
市二院
西大坑
市检察院
市地税局
朝地街道
鲜参厂
电视台
绥化市行政学院
市三医院
雷锋小学
市党校
市五中
市环保局
兴春雷街道
市电机厂
电业大坑
清真寺
市白酒厂
市六中
朝鲜中学
绥化师范专科学校
第九中学
市九中
绥北线
铁路机务段
新兴屯
新兴村
肉食加工厂
烟叶复烤厂
砖厂
建设村
刘家窝棚
绥化站
铁路文化宫
市二中
铁路医院
供电局
铁路材料厂
铁路砖厂
铁路水泥厂
哈佳线
铁路二中
林机厂
小学
林业大修厂
木材砖厂
木材加工厂
西万发屯
小腰屯
苗圃
222

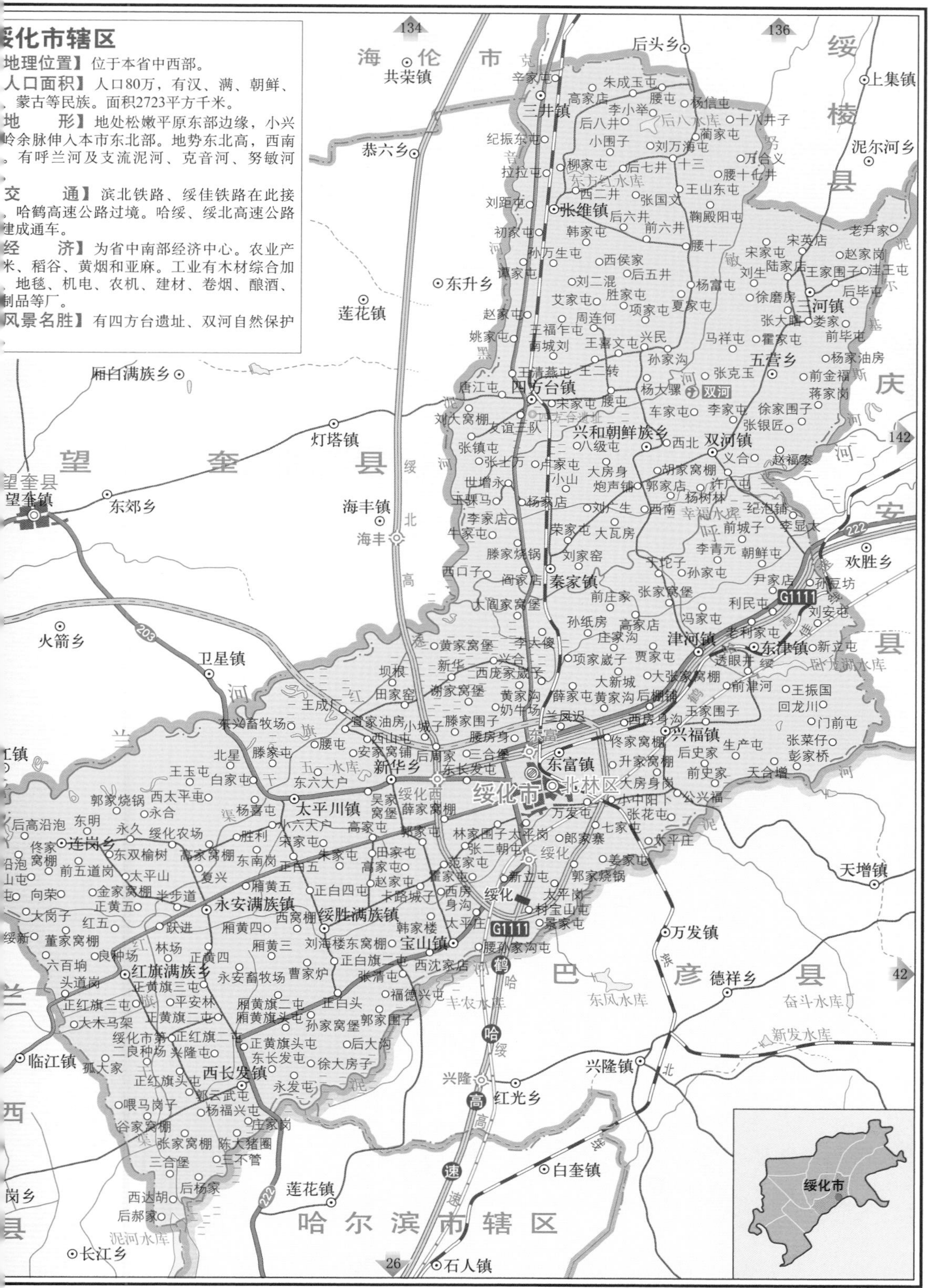
绥化市辖区
【地理位置】位于本省中西部。
【人口面积】人口80万，有汉、满、朝鲜、、蒙古等民族。面积2723平方千米。
【地　　形】地处松嫩平原东部边缘，小兴岭余脉伸入本市东北部。地势东北高，西南。有呼兰河及支流泥河、克音河、努敏河
【交　　通】滨北铁路、绥佳铁路在此接，哈鹤高速公路过境。哈绥、绥北高速公路建成通车。
【经　　济】为省中南部经济中心。农业产米、稻谷、黄烟和亚麻。工业有木材综合加、地毯、机电、农机、建材、卷烟、酿酒、制品等厂。
【风景名胜】有四方台遗址、双河自然保护
134
136
142
42
26
海伦市
共荣镇
后头乡
绥棱县
上集镇
恭六乡
泥尔河乡
三井镇
张维镇
四方台镇
兴和朝鲜族乡
双河镇
五营乡
三河镇
东升乡
莲花镇
厢白满族乡
灯塔镇
望奎县
望奎镇
东郊乡
海丰镇
海丰
火箭乡
卫星镇
秦家镇
津河镇
东津镇
欢胜乡
庆安县
兴福镇
东富镇
绥化市
北林区
新华乡
太平川镇
连岗乡
永安满族镇
绥胜满族镇
宝山镇
红旗满族乡
西长发镇
临江镇
万发镇
天增镇
德祥乡
巴彦县
兴隆镇
兴隆
红光乡
白奎镇
莲花镇
石人镇
长江乡
哈尔滨市辖区
东方红水库
后八水库
幸福水库
卧龙湖水库
东风水库
丰农水库
奋斗水库
新发水库
泥河水库
双河
四方台遗址
G1111
203
222
绥化市

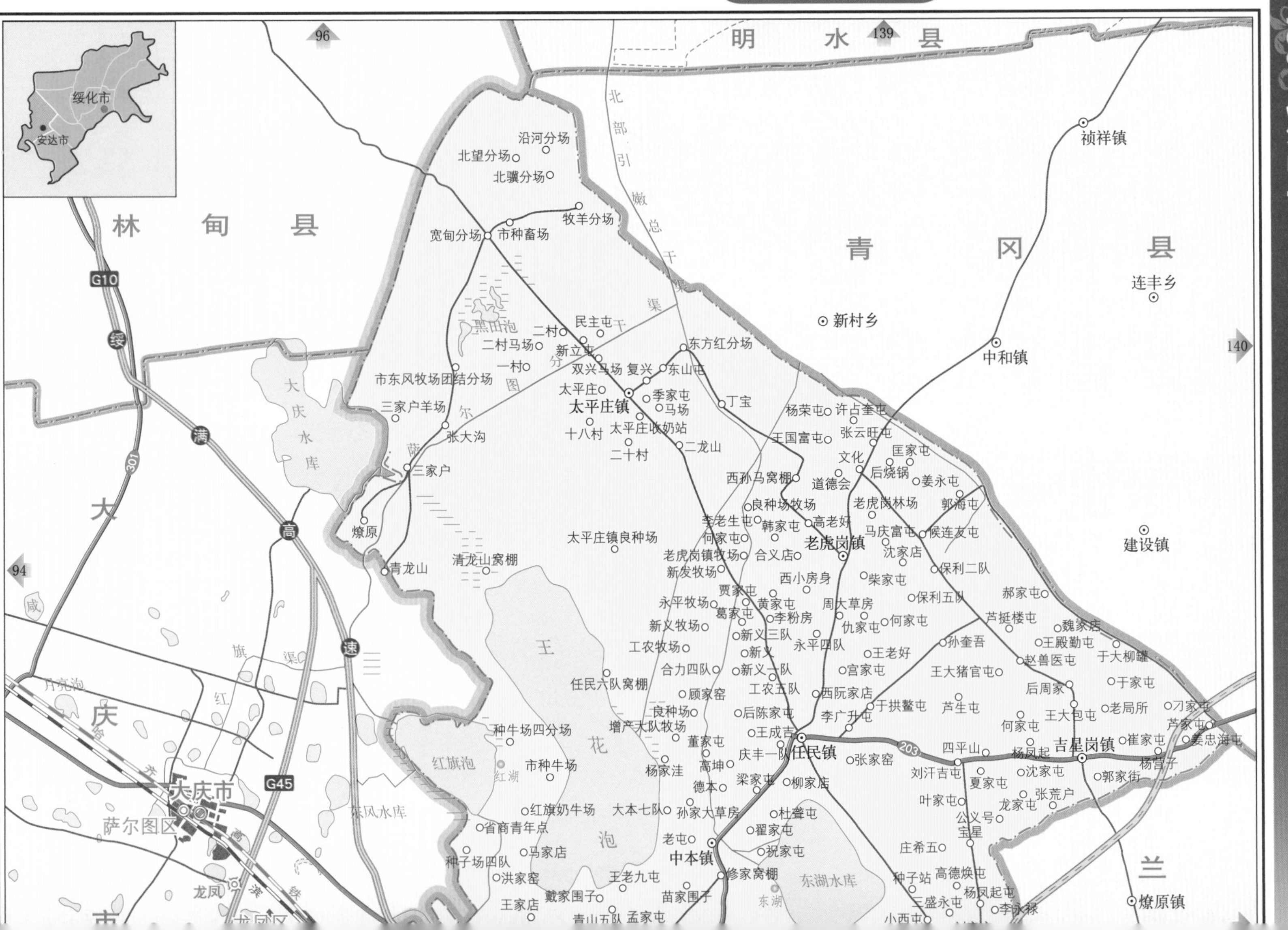
明水县
青冈县
林甸县
大庆市
萨尔图区
龙凤
兰
祯祥镇
连丰乡
新村乡
中和镇
建设镇
燎原镇
太平庄镇
老虎岗镇
任民镇
吉星岗镇
中本镇
北部引嫩总干渠
大庆水库
东风水库
东湖水库
红旗泡
王花泡
黑田泡
沿河分场
北望分场
北骥分场
牧羊分场
市种畜场
宽甸分场
民主屯
二村
新立屯
二村马场
一村
市东风牧场团结分场
三家户羊场
张大沟
三家户
燎原
青龙山
清龙山窝棚
东方红分场
双兴马场
复兴
东山屯
太平庄
季家屯
马场
丁宝
十八村
太平庄收奶站
二龙山
二十村
太平庄镇良种场
杨荣屯
许占奎屯
王国富屯
张云旺屯
匡家屯
文化
后烧锅
姜永屯
道德会
西孙马窝棚
良种场牧场
老虎岗林场
郭海屯
李老生屯
韩家屯
高老好
马庆富屯
侯连友屯
何家屯
沈家店
老虎岗镇牧场
合义店
保利二队
新发牧场
西小房身
柴家屯
贾家屯
黄家屯
周大草房
保利五队
郝家屯
永平牧场
葛家屯
李粉房
何家屯
仇家屯
芦挺楼屯
魏家店
新义牧场
新义三队
永平四队
孙奎吾
王殿勤屯
工农牧场
新义
王老好
赵善医屯
于大柳罐
合力四队
新义一队
宫家屯
王大猪官屯
任民六队窝棚
工农五队
西阮家店
后周家
于家屯
顾家窑
良种场
后陈家屯
于拱鳌屯
芦生屯
王大包屯
老局所
刁家屯
李广升屯
何家屯
芦家屯
增产大队牧场
王成吉
种牛场四分场
董家屯
庆丰一队
张家窑
四平山
杨凤起
崔家屯
姜忠海屯
市种牛场
高坤
刘汗吉屯
沈家屯
郭家街
杨营子
杨家洼
梁家屯
柳家店
夏家屯
德本
张荒户
红旗奶牛场
大本七队
孙家大草房
杜耆屯
叶家屯
龙家屯
公义号
省商青年点
翟家屯
宝星
老屯
庄希五
马家店
祝家屯
种子场四队
洪家窑
王老九屯
修家窝棚
种子站
高德焕屯
杨凤起屯
戴家围子
苗家围子
三盛永屯
李永禄
王家店
青山五队
孟家屯
小西屯
月亮泡
旗
红
渠
G10
G45
301
203
绥
满
高
速
96
139
140
94
绥化市
安达市

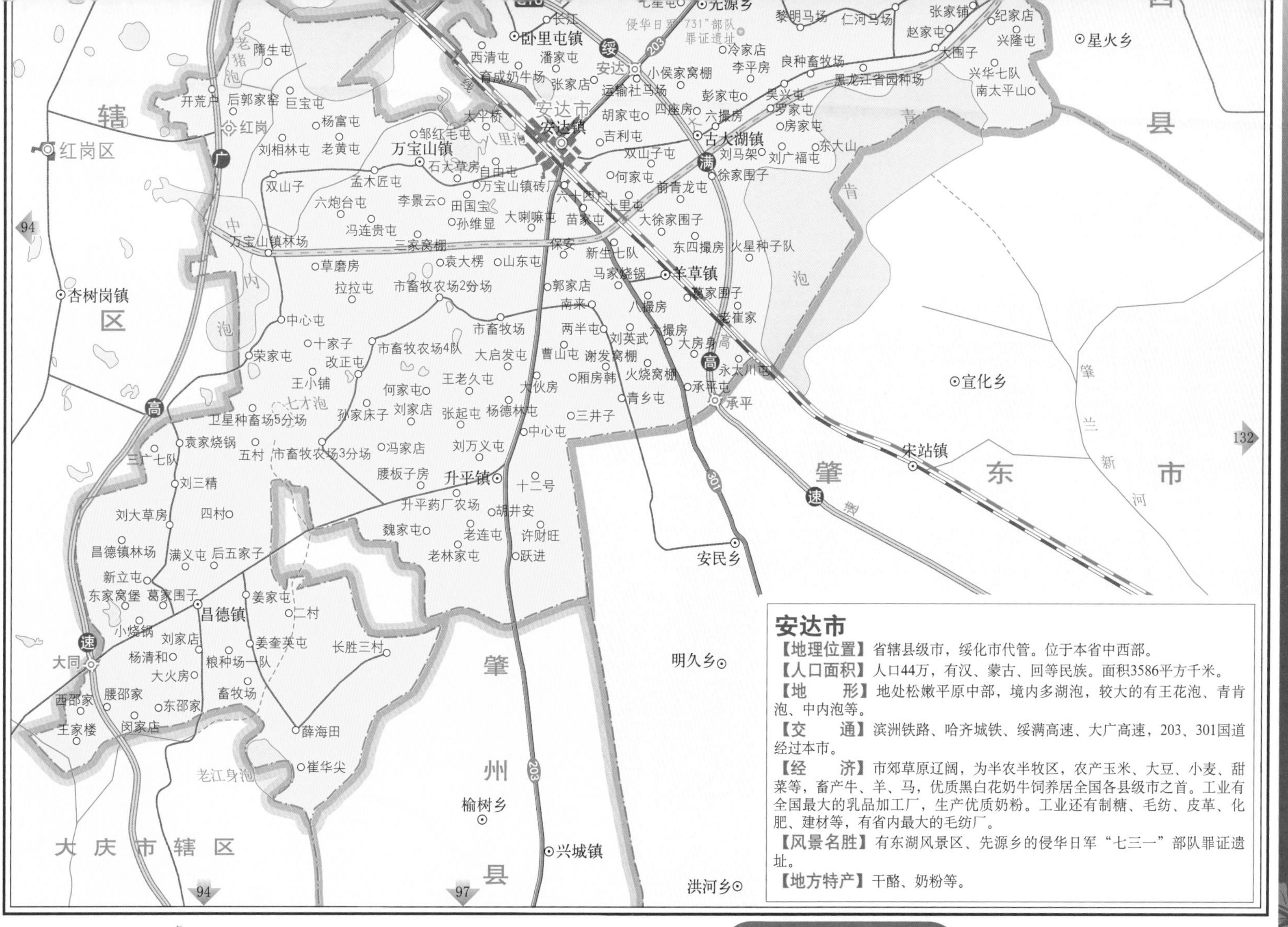

安达市

【地理位置】省辖县级市，绥化市代管。位于本省中西部。

【人口面积】人口44万，有汉、蒙古、回等民族。面积3586平方千米。

【地　　形】地处松嫩平原中部，境内多湖泡，较大的有王花泡、青肯泡、中内泡等。

【交　　通】滨洲铁路、哈齐城铁、绥满高速、大广高速，203、301国道经过本市。

【经　　济】市郊草原辽阔，为半农半牧区，农产玉米、大豆、小麦、甜菜等，畜产牛、羊、马，优质黑白花奶牛饲养居全国各县级市之首。工业有全国最大的乳品加工厂，生产优质奶粉。工业还有制糖、毛纺、皮革、化肥、建材等，有省内最大的毛纺厂。

【风景名胜】有东湖风景区、先源乡的侵华日军“七三一”部队罪证遗址。

【地方特产】干酪、奶粉等。

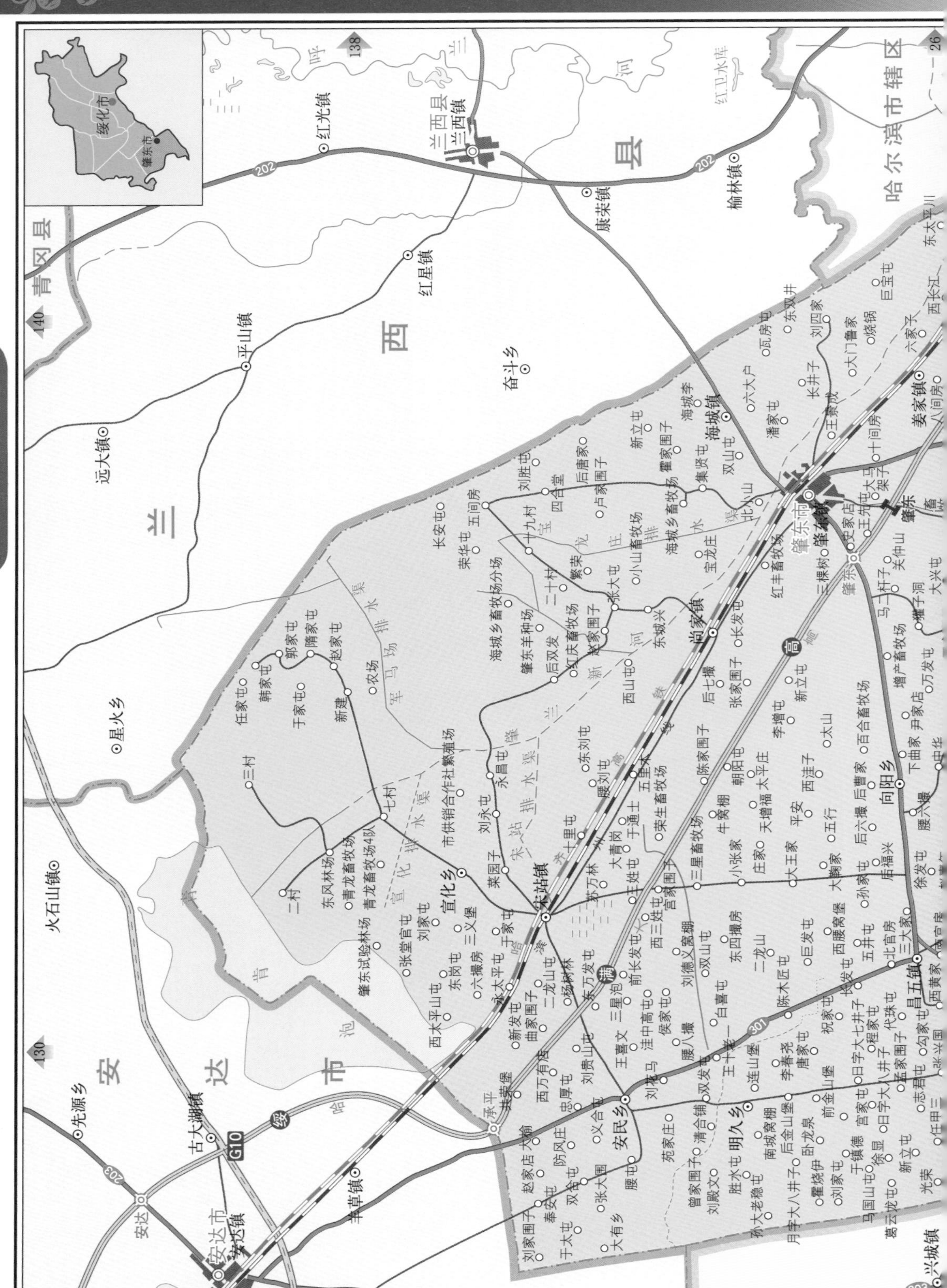
绥化市
肇东市
兰西县
兰西镇
西
县
兰
哈尔滨市辖区
青冈县
安达市
安
达
市
红光镇
红星镇
平山镇
远大镇
康荣镇
榆林镇
奋斗乡
星火乡
火石山镇
先源乡
古大湖镇
安达镇
羊草镇
海城镇
尚家镇
宋站镇
宣化乡
向阳乡
昌五镇
姜家镇
五站镇
安民乡
明久乡
兴城镇
202
203
301
G10
138
140
130
26

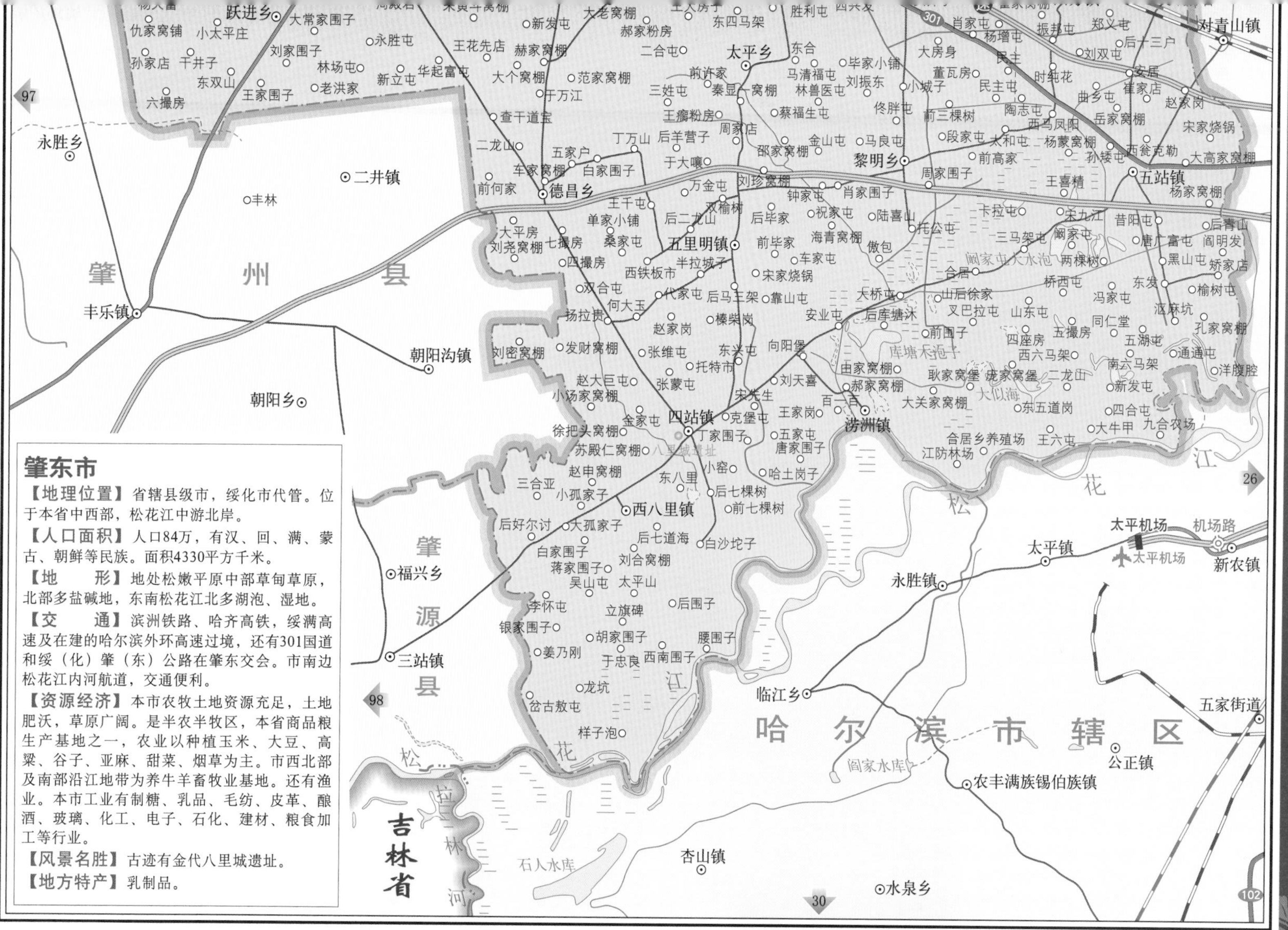

肇东市

【地理位置】省辖县级市，绥化市代管。位于本省中西部，松花江中游北岸。

【人口面积】人口84万，有汉、回、满、蒙古、朝鲜等民族。面积4330平方千米。

【地　　形】地处松嫩平原中部草甸草原，北部多盐碱地，东南松花江北多湖泡、湿地。

【交　　通】滨洲铁路、哈齐高铁，绥满高速及在建的哈尔滨外环高速过境，还有301国道和绥（化）肇（东）公路在肇东交会。市南边松花江内河航道，交通便利。

【资源经济】本市农牧土地资源充足，土地肥沃，草原广阔。是半农半牧区，本省商品粮生产基地之一，农业以种植玉米、大豆、高粱、谷子、亚麻、甜菜、烟草为主。市西北部及南部沿江地带为养牛羊畜牧业基地。还有渔业。本市工业有制糖、乳品、毛纺、皮革、酿酒、玻璃、化工、电子、石化、建材、粮食加工等行业。

【风景名胜】古迹有金代八里城遗址。

【地方特产】乳制品。

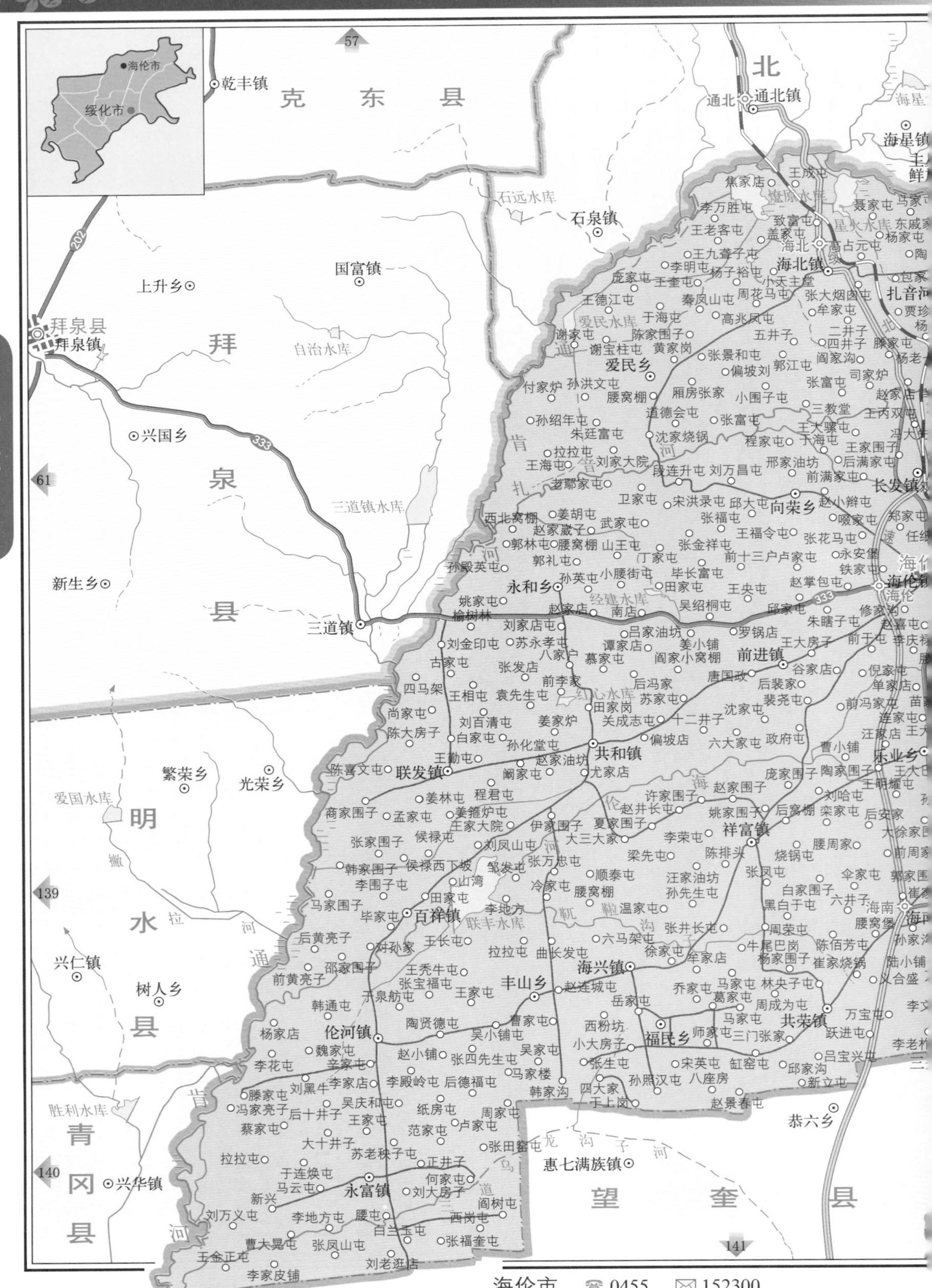

海伦市 ☎0455 ✉152300

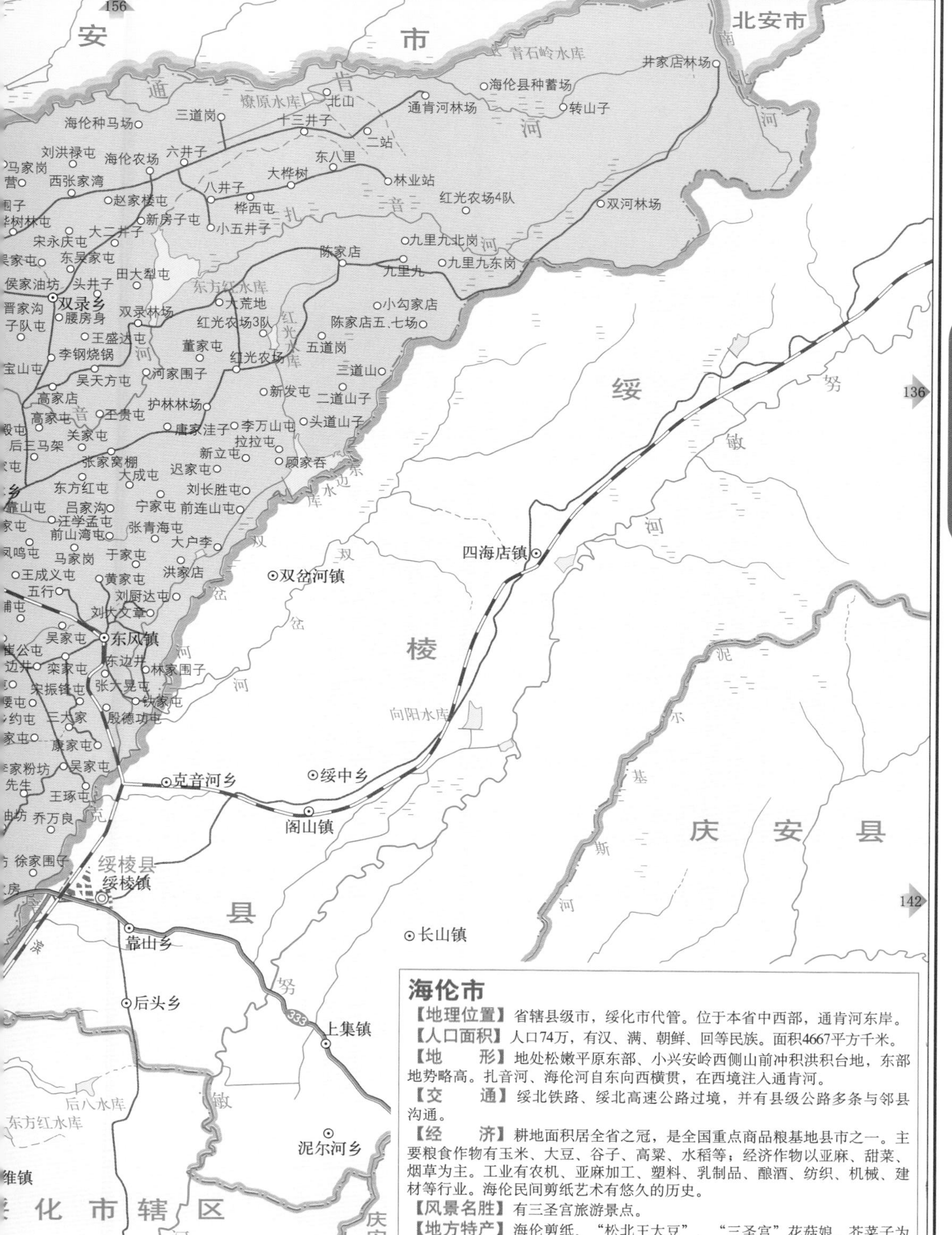

海伦市

【地理位置】 省辖县级市，绥化市代管。位于本省中西部，通肯河东岸。

【人口面积】 人口74万，有汉、满、朝鲜、回等民族。面积4667平方千米。

【地　　形】 地处松嫩平原东部、小兴安岭西侧山前冲积洪积台地，东部地势略高。扎音河、海伦河自东向西横贯，在西境注入通肯河。

【交　　通】 绥北铁路、绥北高速公路过境，并有县级公路多条与邻县沟通。

【经　　济】 耕地面积居全省之冠，是全国重点商品粮基地县市之一。主要粮食作物有玉米、大豆、谷子、高粱、水稻等；经济作物以亚麻、甜菜、烟草为主。工业有农机、亚麻加工、塑料、乳制品、酿酒、纺织、机械、建材等行业。海伦民间剪纸艺术有悠久的历史。

【风景名胜】 有三圣宫旅游景点。

【地方特产】 海伦剪纸、“松北王大豆”、“三圣宫”花菇娘、芥菜子为著名土特产，远销国内外。

1∶430 000　0　4.3　8.6千米

绥棱县

【地理位置】绥化市辖县，位于本省中西部。

【人口面积】人口28万，以汉族为多，还有朝鲜族等。面积4506平方千米。

【地　　形】地处松嫩平原东部，小兴安岭西麓，地势东北高，西南低，东北部有丘陵漫岗，西南部冲积平原是本县农业区。主要河流有努敏河、泥尔基斯河、克音河。水力资源丰富。

【交　　通】有绥北（安）铁路过境，有轻便铁路通东北部林区，交通以公路为主。县北部有前嫩高速公路。

【资源经济】本县平原与漫岗交错，属半山区。矿藏白云石和玄武石储量丰富。东北部为省重点林区之一，产红松、云杉、冷杉、水曲柳、黄菠萝等木材。农作物有水稻、玉米、大豆、小麦、谷子等，是黑龙江省主要大豆产地之一。经济作物产甜菜和黄烟。工业以建材、机电、纺织、陶瓷、皮革、木材加工和食品为重点，绥棱黑陶颇负盛名。

【风景名胜】有大青观森林、白马石、诺敏河漂流等风景名胜区。

【地方特产】土产品有人参、刺五加、松子、猴头、木耳、蕨菜等。

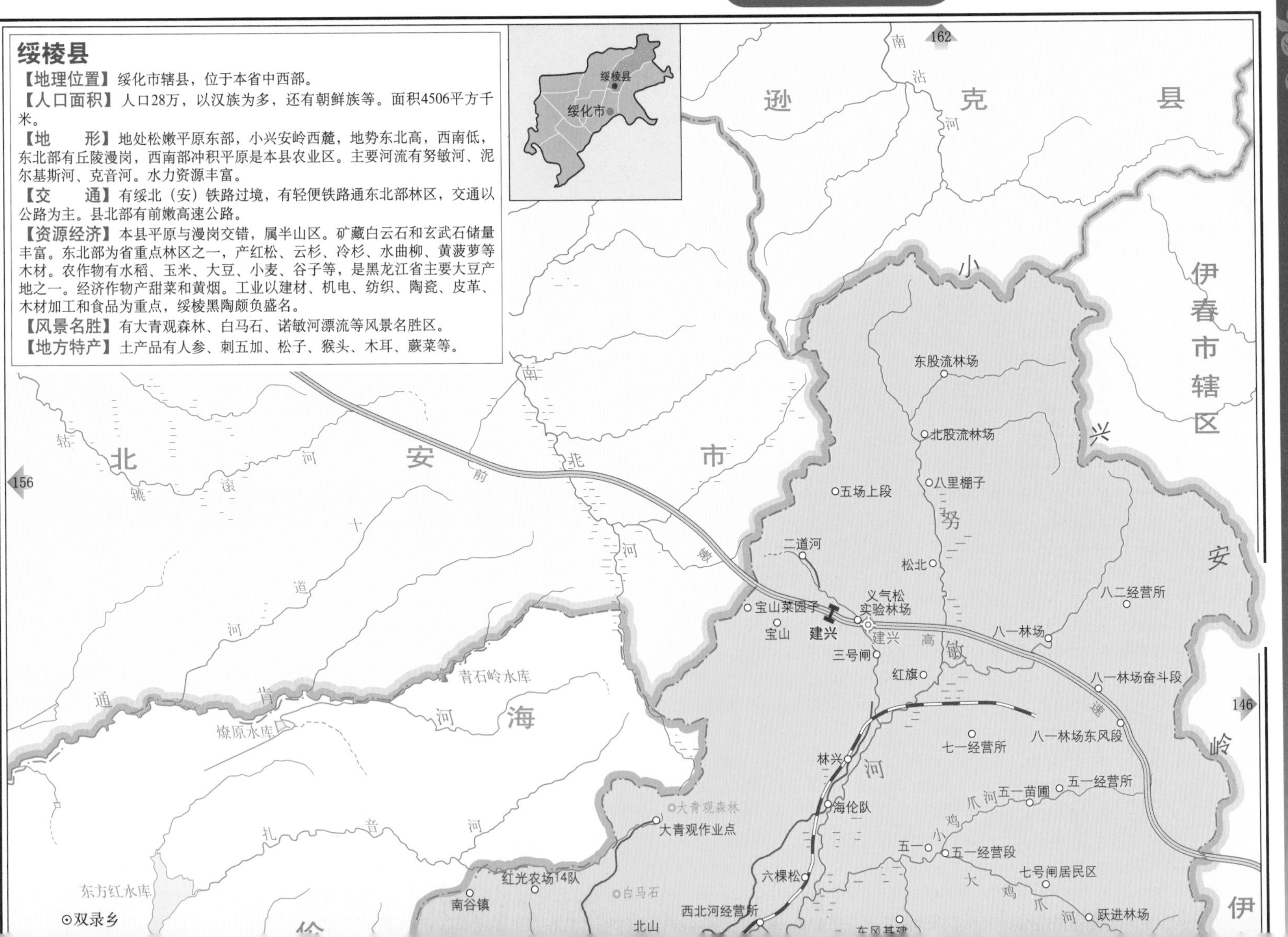

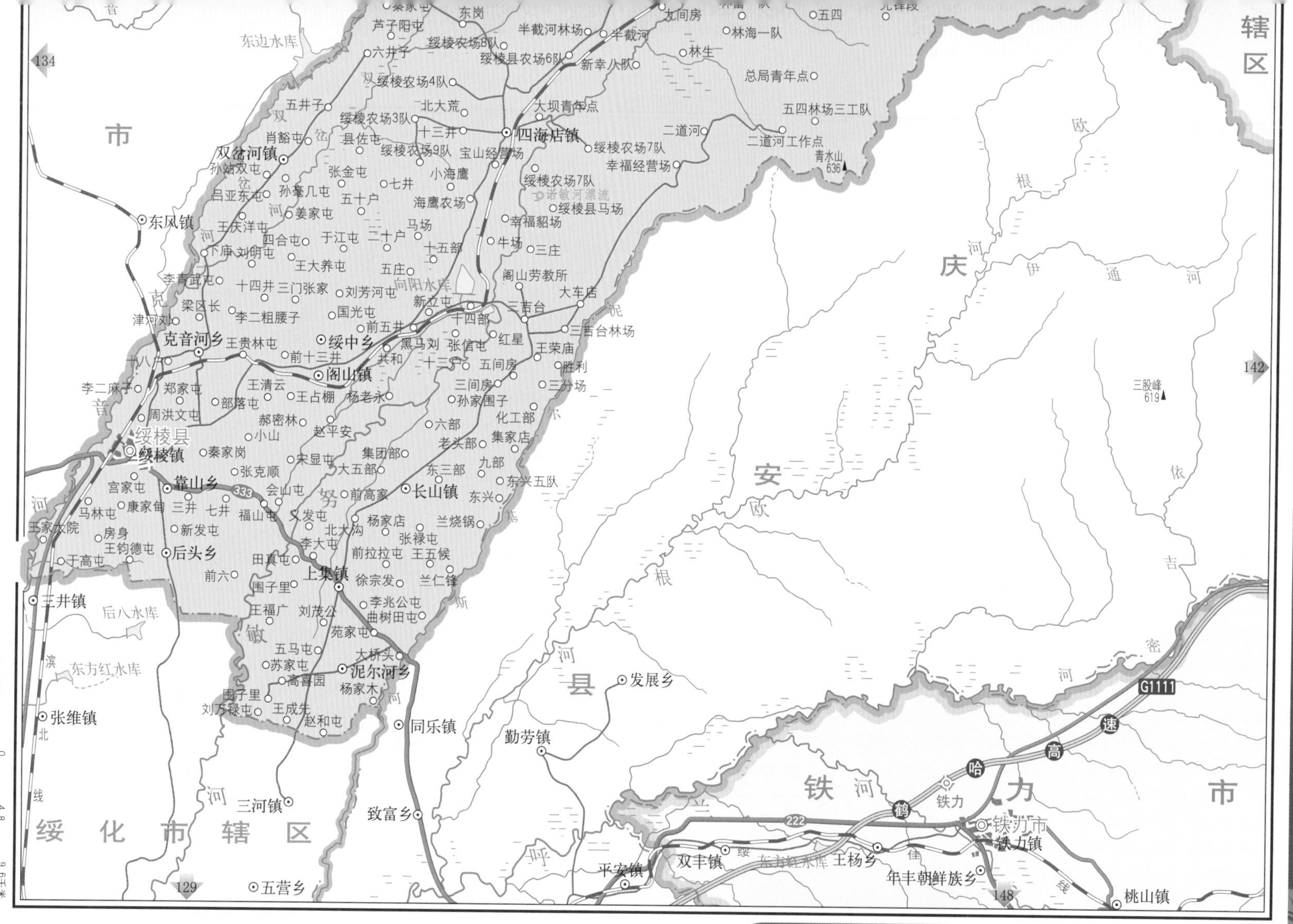
辖区
庆安县
铁力市
绥棱县
绥化市辖区
四海店镇
绥棱镇
长山镇
阁山镇
上集镇
泥尔河乡
克音河乡
靠山乡
后头乡
绥中乡
双岔河镇
东风镇
张维镇
三井镇
发展乡
勤劳镇
同乐镇
致富乡
三河镇
五营乡
桃山镇
双丰镇
平安镇
铁力镇
王杨乡
年丰朝鲜族乡
三股峰 619
青水山 636
G111
222
333
142
148
129
134
1∶480 000
0 4.8 9.6千米

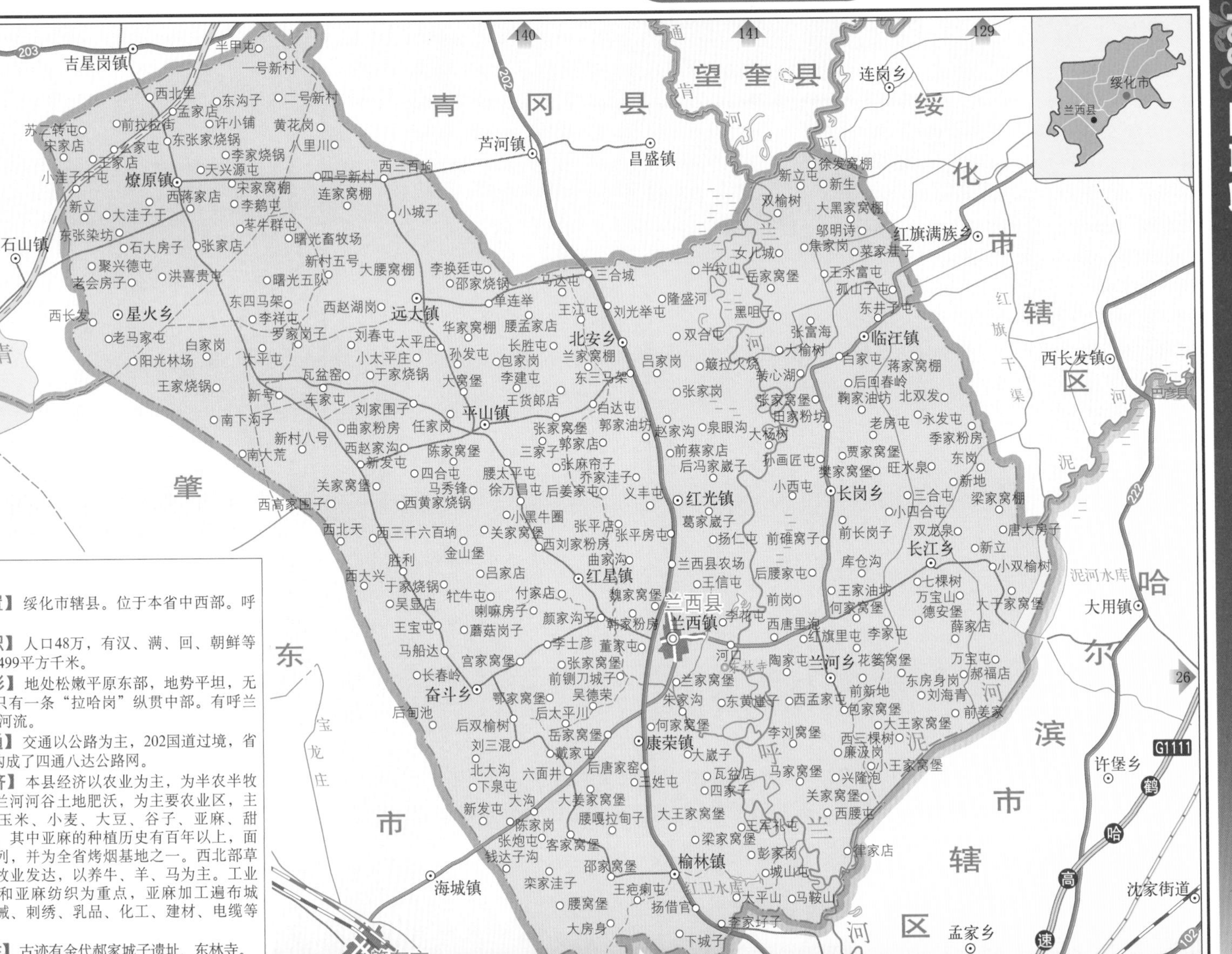

兰西县

【地理位置】绥化市辖县。位于本省中西部。呼兰河下游。

【人口面积】人口48万，有汉、满、回、朝鲜等民族。面积2499平方千米。

【地　　形】地处松嫩平原东部，地势平坦，无高山丘陵，只有一条“拉哈岗”纵贯中部。有呼兰河和泥河2条河流。

【交　　通】交通以公路为主，202国道过境，省道和县乡道构成了四通八达公路网。

【经　　济】本县经济以农业为主，为半农半牧县。东部呼兰河河谷土地肥沃，为主要农业区，主要农作物有玉米、小麦、大豆、谷子、亚麻、甜菜、烟叶等。其中亚麻的种植历史有百年以上，面积居全省前列，并为全省烤烟基地之一。西北部草原辽阔，畜牧业发达，以养牛、羊、马为主。工业以亚麻加工和亚麻纺织为重点，亚麻加工遍布城乡。还有机械、刺绣、乳品、化工、建材、电缆等厂。

【风景名胜】古迹有金代郝家城子遗址、东林寺。

1:430 000　0　4.3　8.6千米

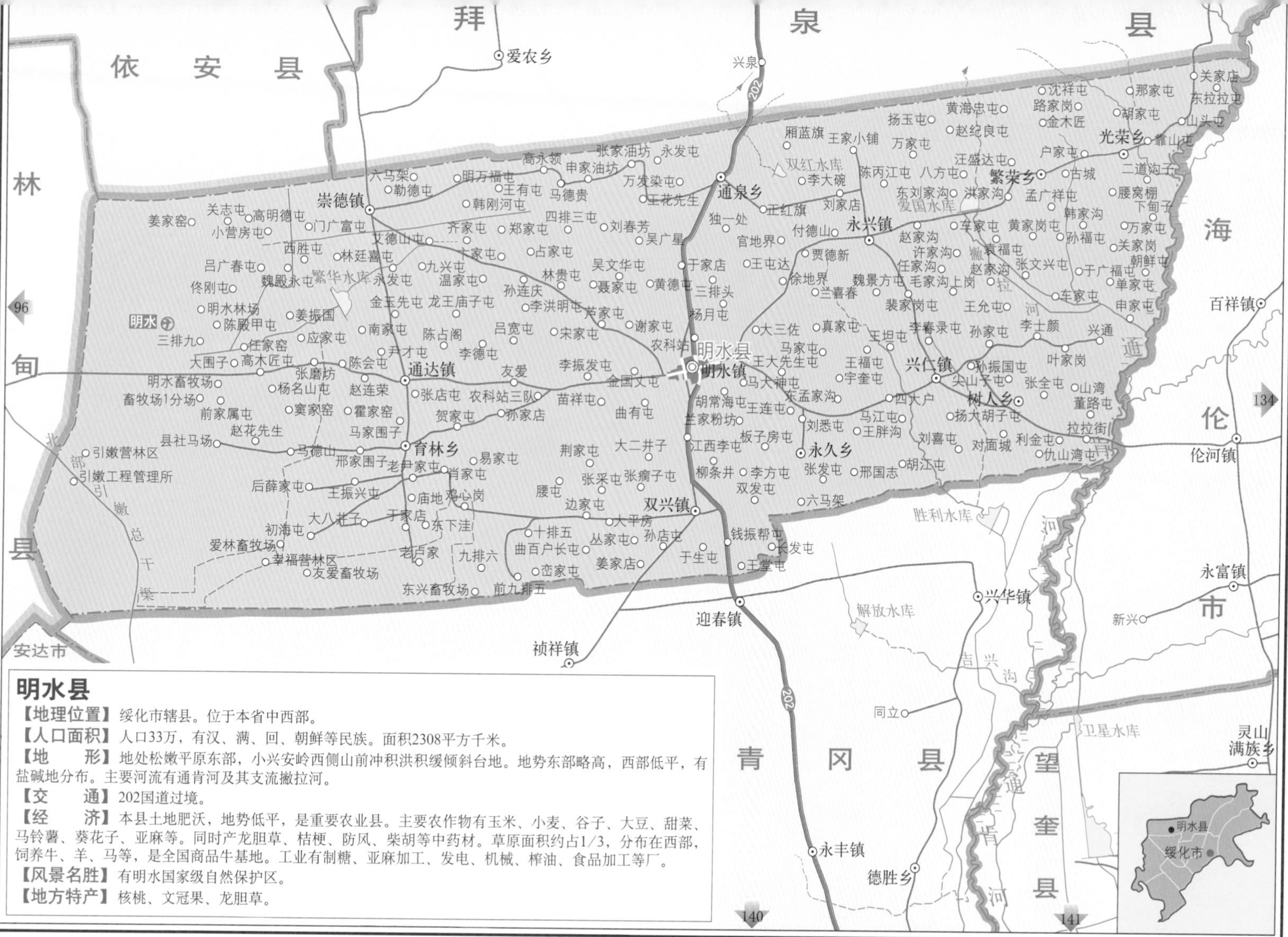

明水县

【地理位置】绥化市辖县。位于本省中西部。

【人口面积】人口33万，有汉、满、回、朝鲜等民族。面积2308平方千米。

【地　　形】地处松嫩平原东部，小兴安岭西侧山前冲积洪积缓倾斜台地。地势东部略高，西部低平，有盐碱地分布。主要河流有通肯河及其支流撇拉河。

【交　　通】202国道过境。

【经　　济】本县土地肥沃，地势低平，是重要农业县。主要农作物有玉米、小麦、谷子、大豆、甜菜、马铃薯、葵花子、亚麻等。同时产龙胆草、桔梗、防风、柴胡等中药材。草原面积约占1/3，分布在西部，饲养牛、羊、马等，是全国商品牛基地。工业有制糖、亚麻加工、发电、机械、榨油、食品加工等厂。

【风景名胜】有明水国家级自然保护区。

【地方特产】核桃、文冠果、龙胆草。

1∶430 000　0　4.3　8.6千米

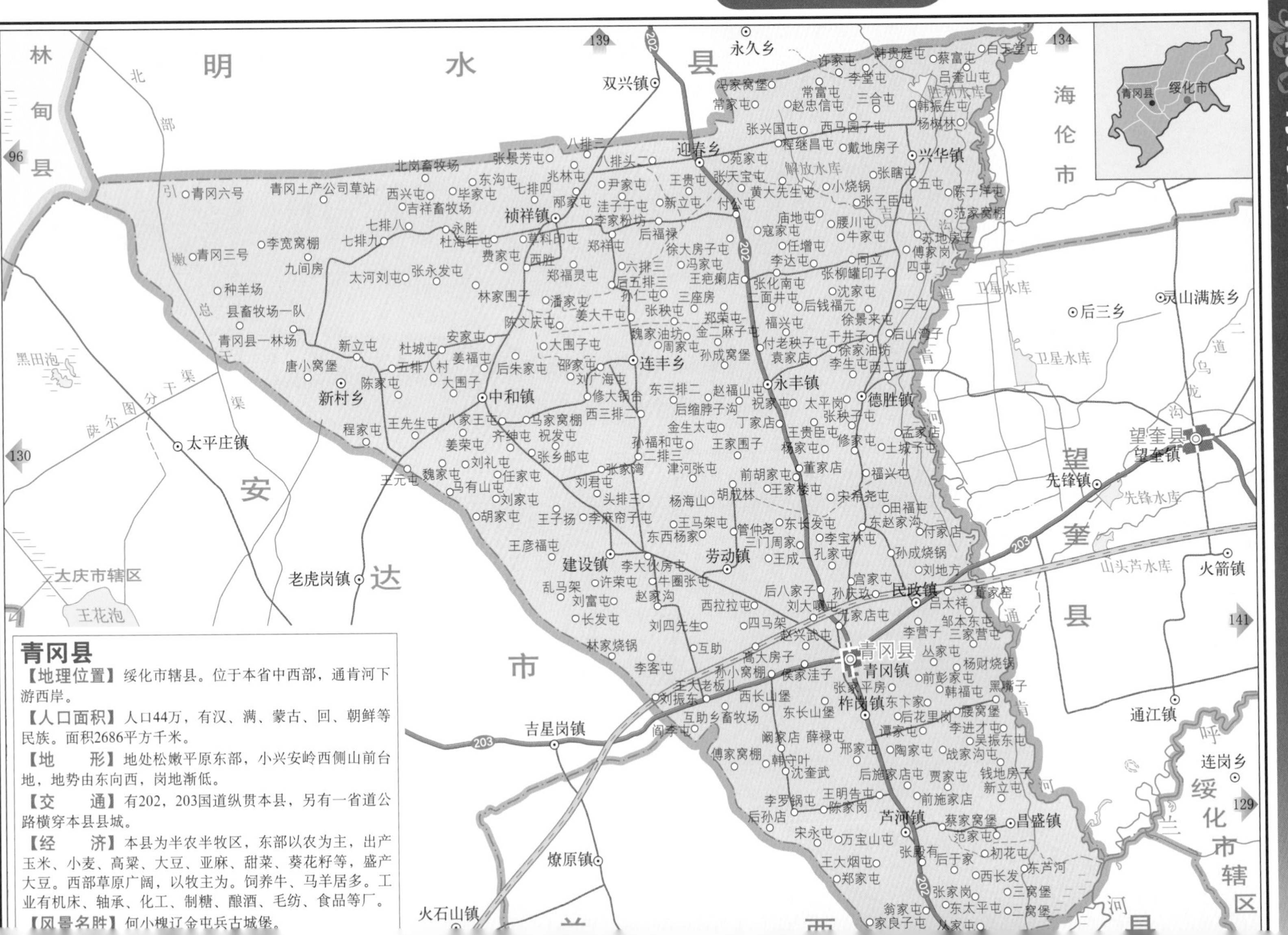

青冈县

【地理位置】绥化市辖县。位于本省中西部，通肯河下游西岸。

【人口面积】人口44万，有汉、满、蒙古、回、朝鲜等民族。面积2686平方千米。

【地　　形】地处松嫩平原东部，小兴安岭西侧山前台地，地势由东向西，岗地渐低。

【交　　通】有202，203国道纵贯本县，另有一省道公路横穿本县县城。

【经　　济】本县为半农半牧区，东部以农为主，出产玉米、小麦、高粱、大豆、亚麻、甜菜、葵花籽等，盛产大豆。西部草原广阔，以牧主为。饲养牛、马羊居多。工业有机床、轴承、化工、制糖、酿酒、毛纺、食品等厂。

【风景名胜】何小梗辽金屯兵古城堡。

1∶480 000　0　4.8　9.6千米

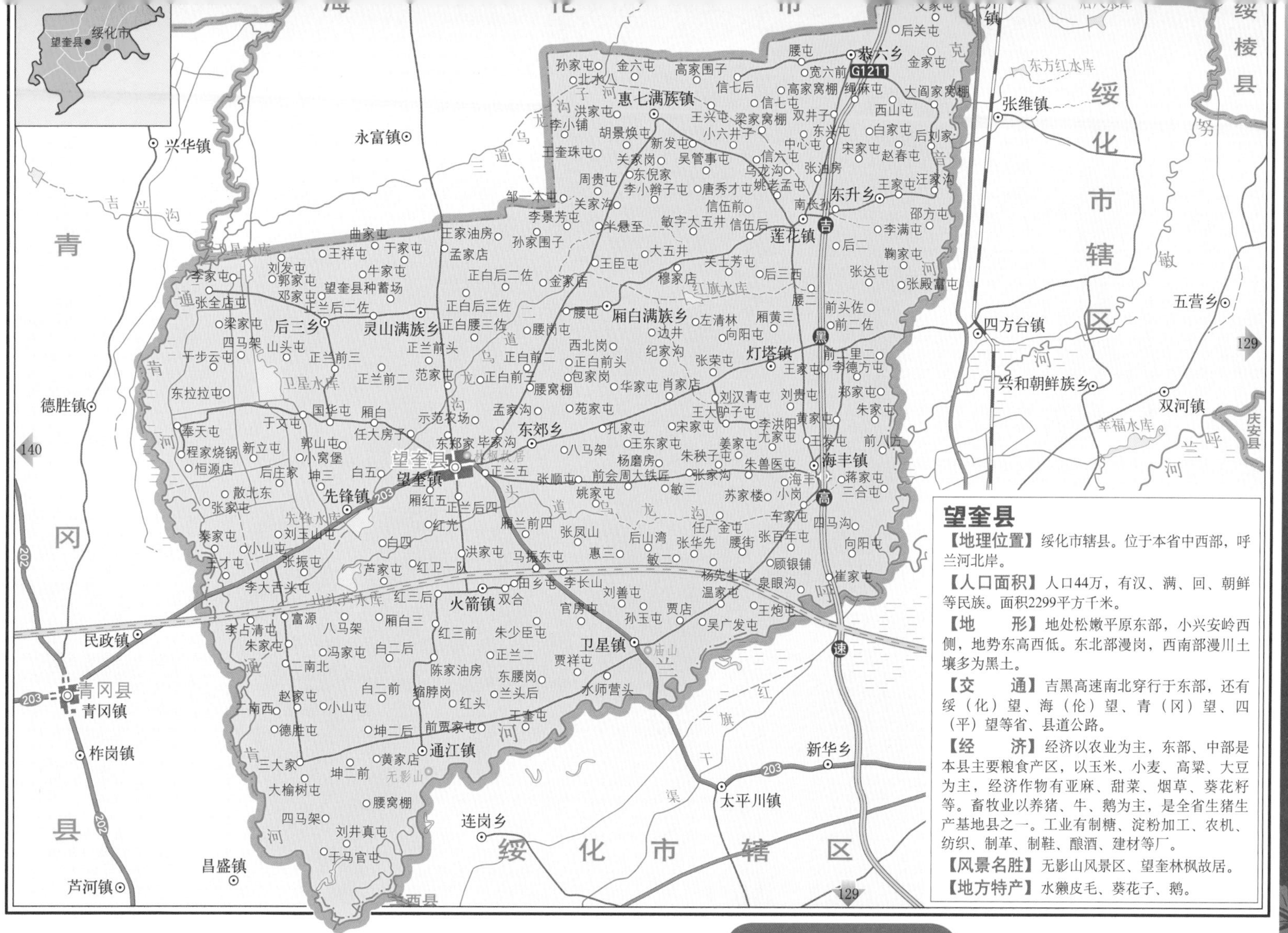

望奎县

【地理位置】绥化市辖县。位于本省中西部，呼兰河北岸。

【人口面积】人口44万，有汉、满、回、朝鲜等民族。面积2299平方千米。

【地　　形】地处松嫩平原东部，小兴安岭西侧，地势东高西低。东北部漫岗，西南部漫川土壤多为黑土。

【交　　通】吉黑高速南北穿行于东部，还有绥（化）望、海（伦）望、青（冈）望、四（平）望等省、县道公路。

【经　　济】经济以农业为主，东部、中部是本县主要粮食产区，以玉米、小麦、高粱、大豆为主，经济作物有亚麻、甜菜、烟草、葵花籽等。畜牧业以养猪、牛、鹅为主，是全省生猪生产基地县之一。工业有制糖、淀粉加工、农机、纺织、制革、制鞋、酿酒、建材等厂。

【风景名胜】无影山风景区、望奎林枫故居。

【地方特产】水獭皮毛、葵花子、鹅。

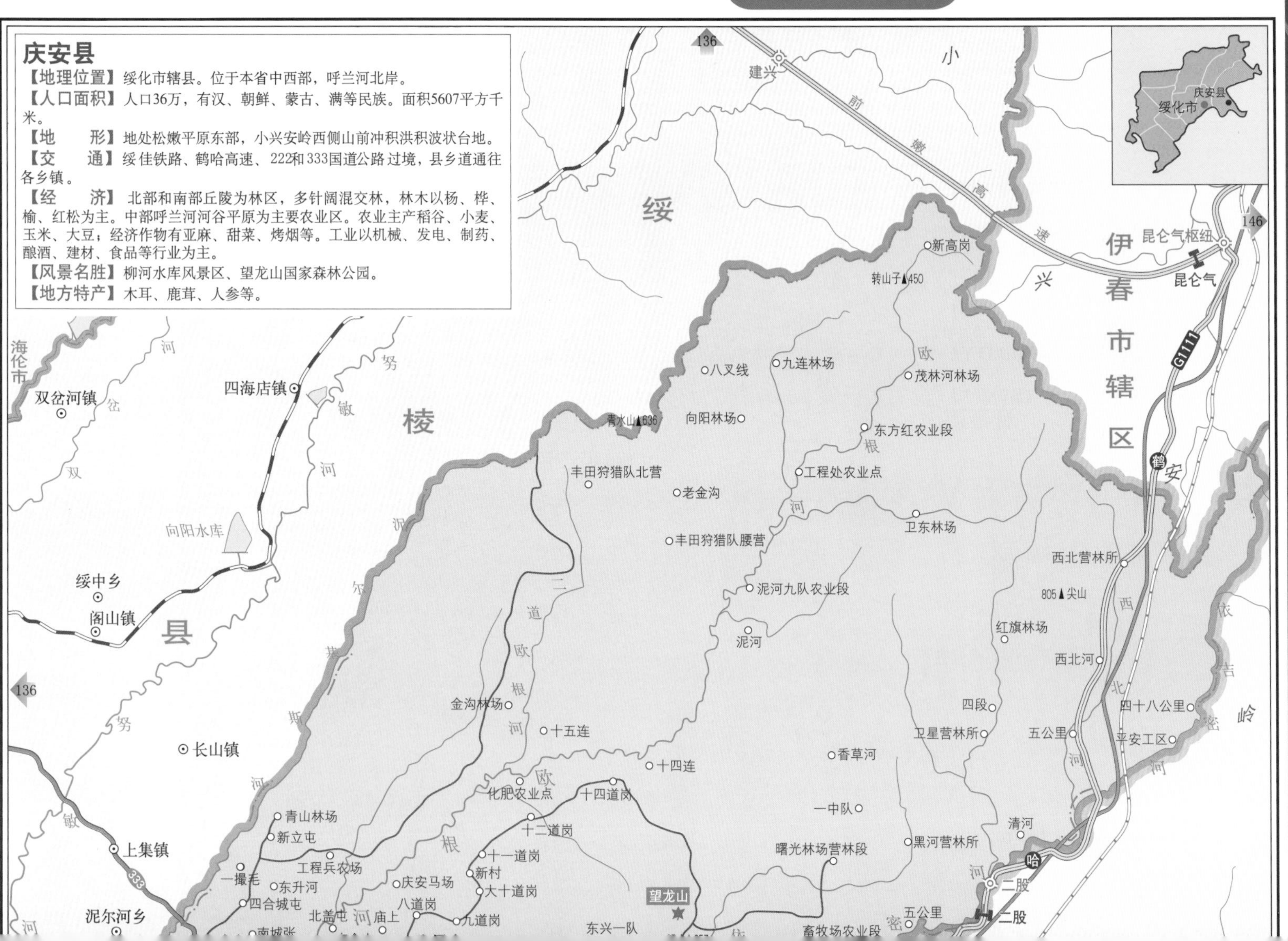

庆安县

【地理位置】绥化市辖县。位于本省中西部，呼兰河北岸。
【人口面积】人口36万，有汉、朝鲜、蒙古、满等民族。面积5607平方千米。
【地　　形】地处松嫩平原东部，小兴安岭西侧山前冲积洪积波状台地。
【交　　通】绥佳铁路、鹤哈高速、222和333国道公路过境，县乡道通往各乡镇。
【经　　济】北部和南部丘陵为林区，多针阔混交林，林木以杨、桦、榆、红松为主。中部呼兰河河谷平原为主要农业区。农业主产稻谷、小麦、玉米、大豆；经济作物有亚麻、甜菜、烤烟等。工业以机械、发电、制药、酿酒、建材、食品等行业为主。
【风景名胜】柳河水库风景区、望龙山国家森林公园。
【地方特产】木耳、鹿茸、人参等。

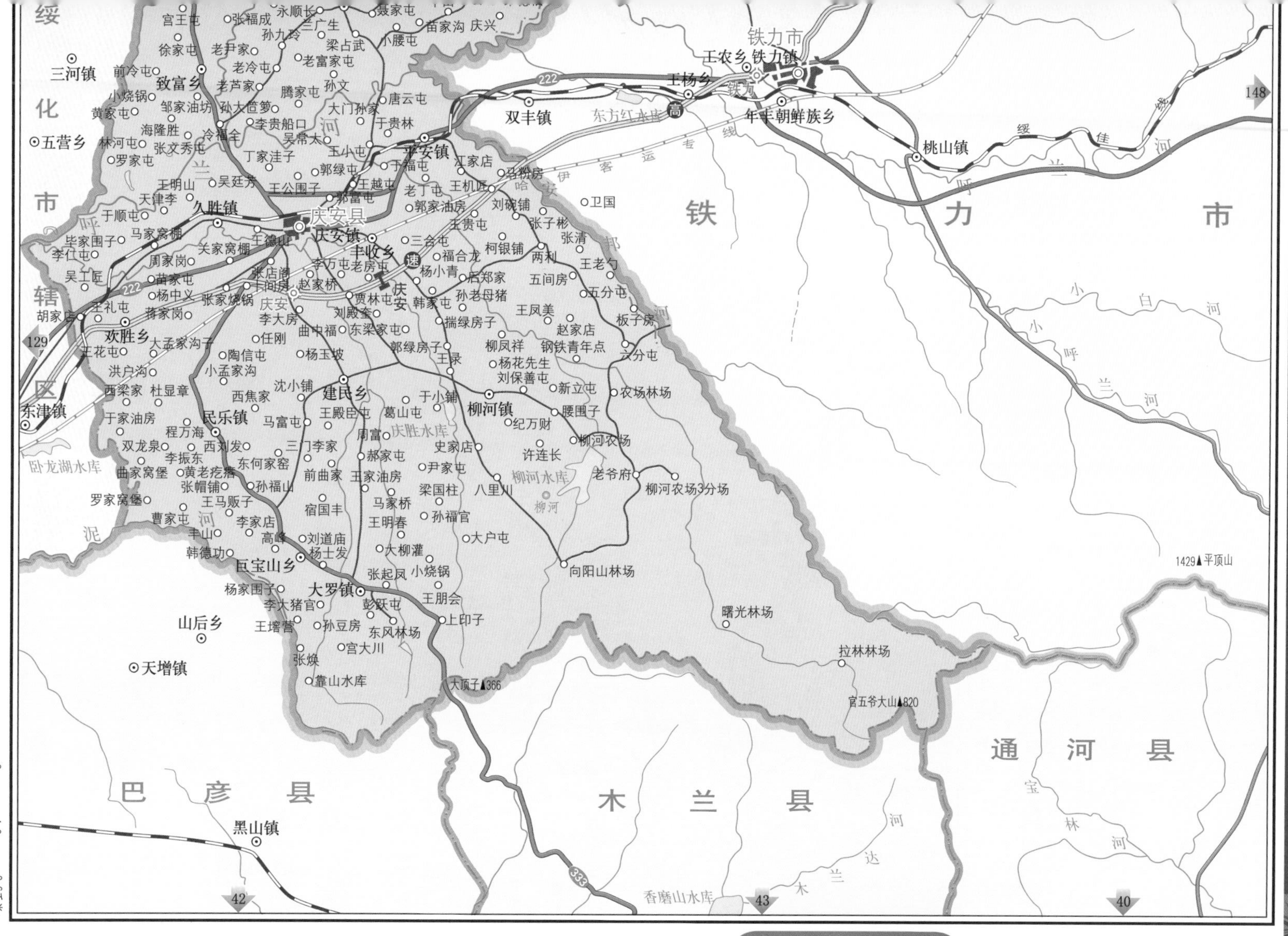

1:480 000

0 4.8 9.6千米

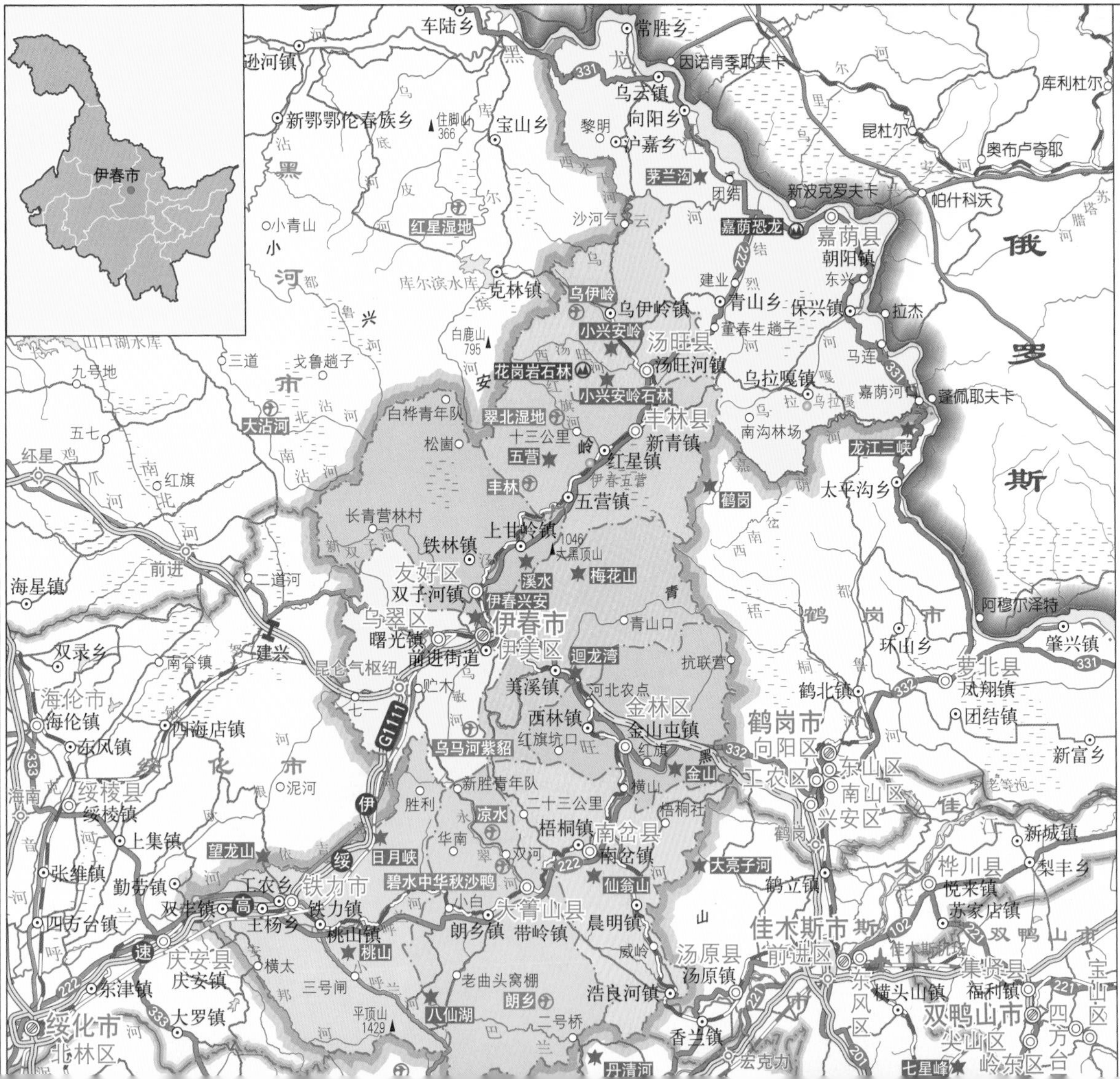

伊春市

【地理位置】位于本省中部偏北，东邻鹤岗市，东北与俄罗斯隔江相望，西接黑河市和绥化市，南邻哈尔滨市。

【行政区划】4市辖区1县级市5县：伊美区、友好区、乌翠区、金林区，铁力市，南岔县、丰林县、汤旺县、大箐山县、嘉荫县。

【人口面积】人口约108万，面积约32860平方千米。

【地　　形】地处小兴安岭腹地低山丘陵区。地势西北高、东南低，西南部呼兰河上游山势较陡，中部汤旺河谷地，东北部黑龙江滨地势较低平。

【最高山峰】平顶山，海拔1429米。

【河流湖泊】有汤旺河及其支流伊春河，黑龙江及其支流嘉荫河，以及松花江支流呼兰河等。

【气　　候】属温带湿润区大陆性季风气候，年平均气温在.5–1.5℃，无霜期110–150天，降水较为丰沛，年降水量650–700毫米。

【交　　通】乌绥（乌伊岭—绥化）铁路，鹤哈、哈伊高速公路，以及222国道、省道纵横境内。黑龙江航道在本市嘉荫设有国家级一类口岸。

【资源经济】矿产资源丰富，有金、银、铁、铅、锌、铜、钼、铝、锡等，黄金储量居黑龙江省首位。非金属矿产资源分布广泛，有石灰石、大理石、玛瑙石、燧石、褐煤等。盛产红松、落叶松、云杉、冷杉等优质木材和丰富的山林特产，山野菜、刺五加、黄芪、五味子等中草药。农作物有玉米、小麦、谷子、水稻等。沿江路渔业发达，盛产鲟鱼、鳇鱼、大马哈鱼等。大力发展森林工业，木材加工，工业部门有胶合板、家具制造，酿酒、食品、纺织等。

【风景名胜】伊春拥有“绿色宝库”之称，有桃山国际狩猎场，桃山日月峡，梅花山、五营、迴龙湾仙翁山等森林公园、红星湿地自然保护区、市东白山抗联遗址等。五营丰林和带岭凉水自然保护区被联合国教科文组织批准纳入世界人与生物圈保护区网络。

【特产美食】木耳、猴头蘑、松子、山果、黄芪、党参、人参等，人参的人工种植居全省之首。

1:2 210 000

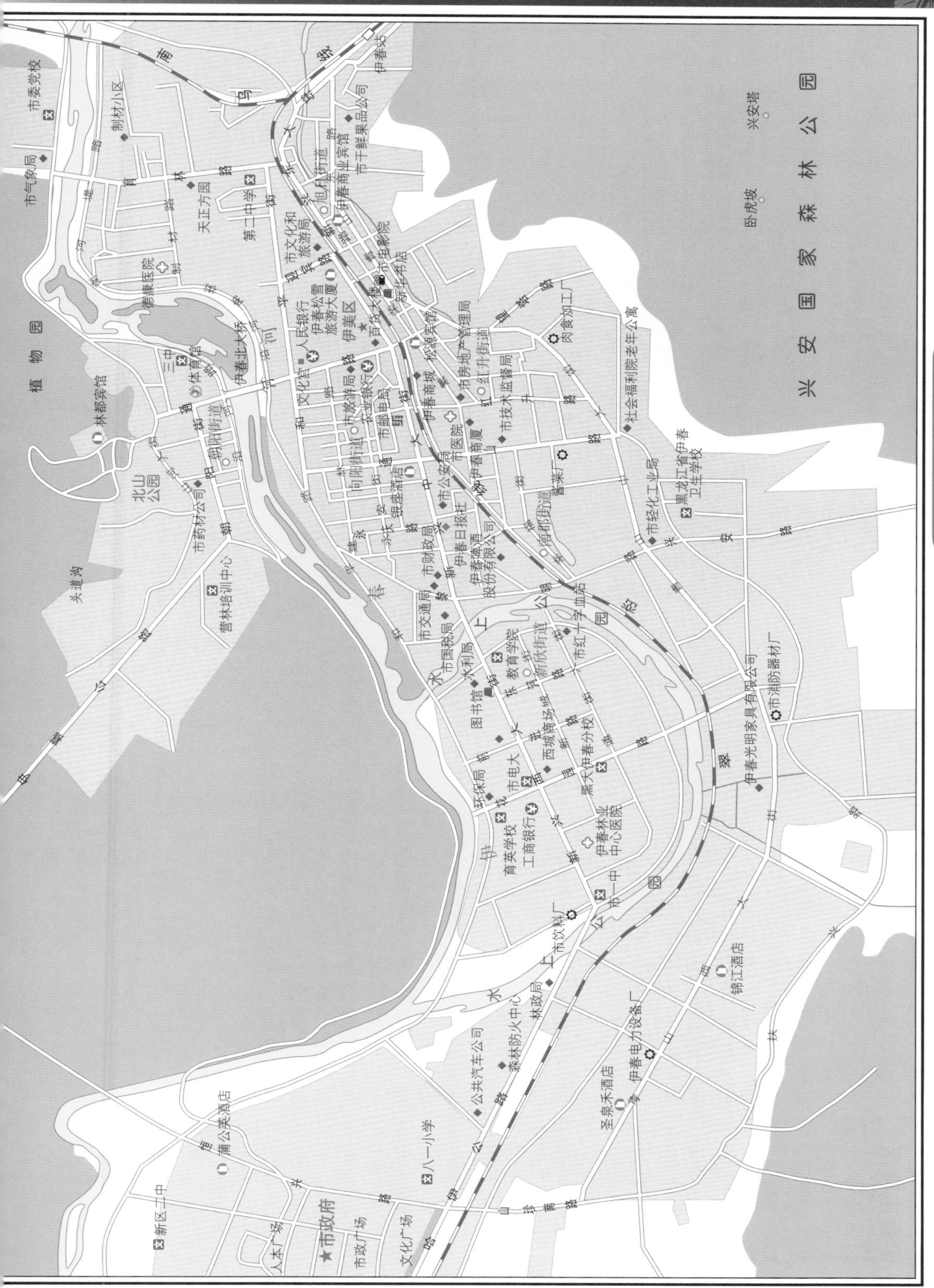
兴安国家森林公园
兴安塔
卧虎坡
植物园
林都宾馆
北山公园
头道沟
营林培训中心
市药材公司
朝阳街道
体育馆
三中
伊春北大桥
德康医院
制材小区
市委党校
市气象局
天正方园
第二中学
市文化和旅游局
伊春松雪旅游大厦
人民银行
文化宫
伊美区
百货大楼
新华书店
市电影院
伊春商业宾馆
旭日街道
市干鲜果品公司
伊春站
市旅游局
农业银行
向阳街道
市邮电局
银座酒店
伊春商城
松源宾馆
市房地产管理局
红升街道
市技术监督局
肉食加工厂
社会福利院老年公寓
市医院
市公安局
伊春商厦
酱菜厂
前进街道
市财政局
伊春日报社
伊春啤酒股份有限公司
市交通局
市国税局
水利局
图书馆
教育学院
新欣街道
市红十字血站
市轻化工业局
黑龙江省伊春卫生学校
伊春光明家具有限公司
市消防器材厂
西城商场
黑大伊春分校
市电大
环保局
育英学校
工商银行
伊春林业中心医院
市一中
市饮料厂
林政局
森林防火中心
公共汽车公司
伊春电力设备厂
锦江酒店
圣泉禾酒店
蒲公英酒店
八一小学
新区二中
市政府
人本广场
市政广场
文化广场
伊春市

伊春市辖区

【地理位置】位于本省中部偏北。

【人口面积】人口约41万，有汉、满、朝鲜、回、蒙古、鄂伦春族等民族。面积约10442平方千米。

【地　　形】地处小兴安岭山区，四面环山，市中伊美区濒临汤旺河和伊春河。

【交　　通】南乌铁路、鹤哈高速、222国道，省道在市内相交。

【经　　济】矿产资源丰富，有金、银、铁、铅、锌、铝、铜等金属矿藏，石灰石、大理石等非金属矿藏。森林资源丰富有红松、落叶松、云杉、冷杉，经济以林业为主，工业有胶合板、家具、酿酒、纺织等。其他还有钢铁、水泥、化工、建材、发电等。

【风景名胜】有梅花山、廻龙湾、金山、溪水等国家级自然保护区。原始森林探险、狩猎以及鄂伦春族的风情都吸引着国内外游客。

【地方特产】松子、榛子、玛瑙等。

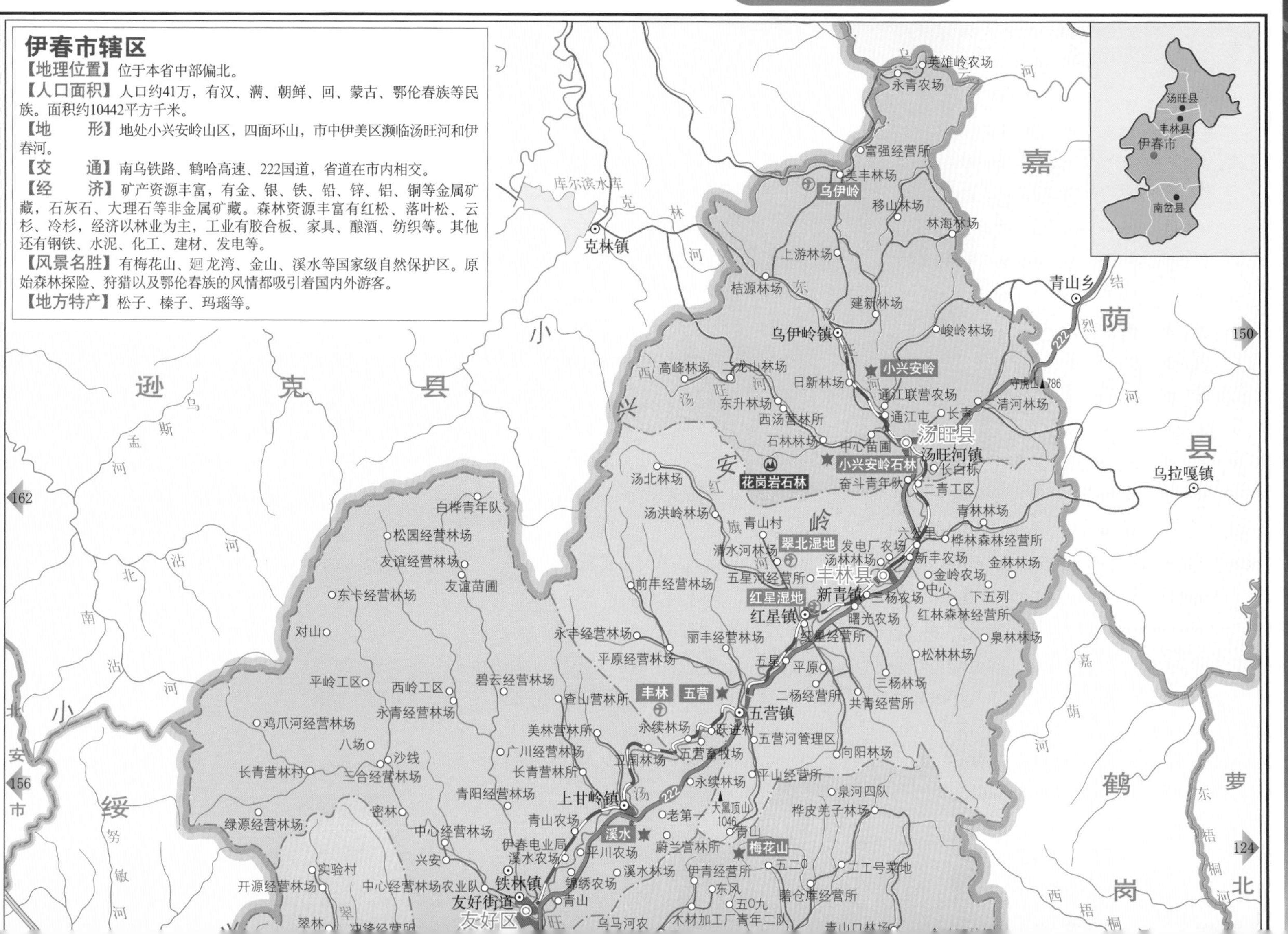

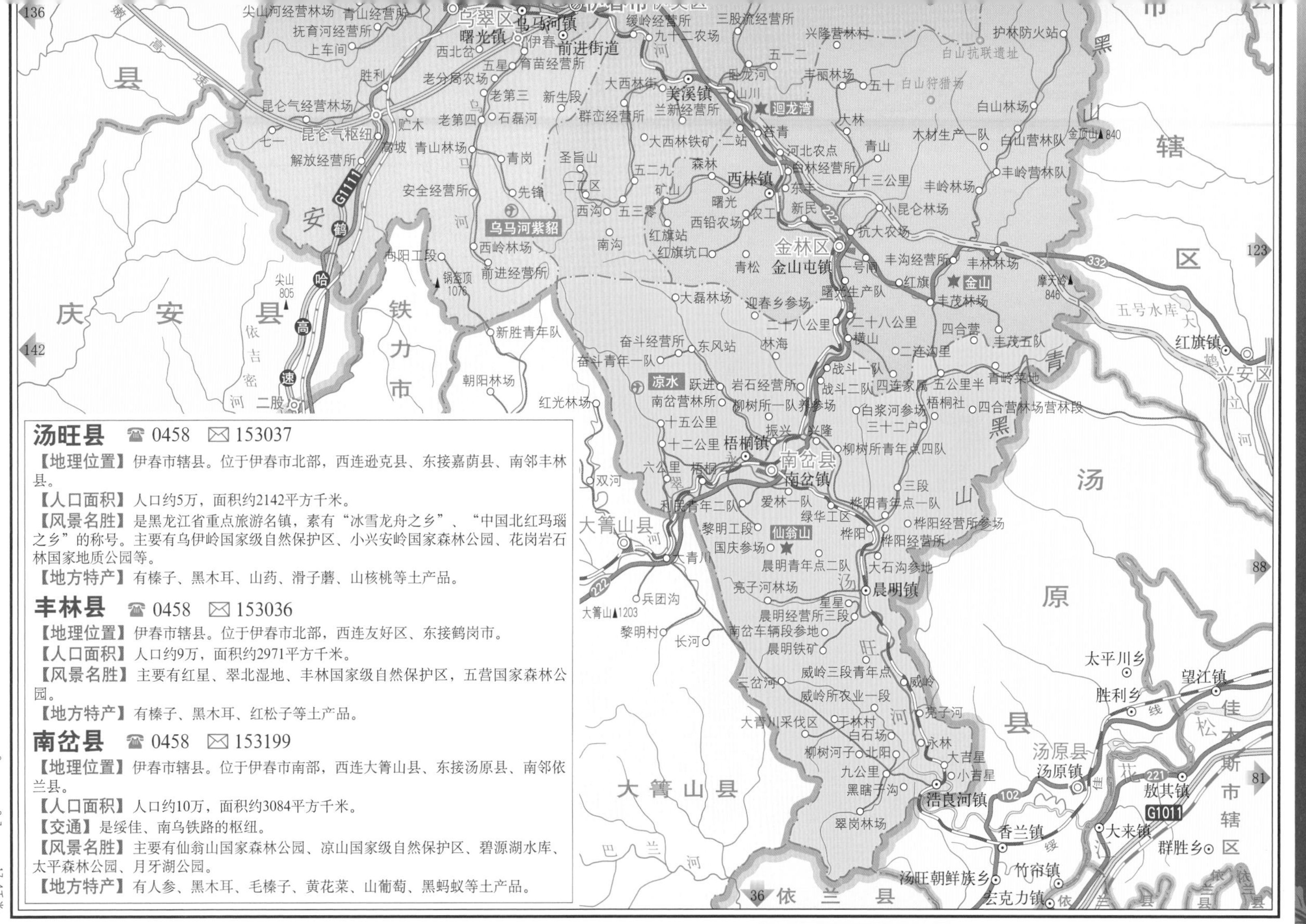

汤旺县

☎ 0458 ✉ 153037

【地理位置】伊春市辖县。位于伊春市北部，西连逊克县、东接嘉荫县、南邻丰林县。

【人口面积】人口约5万，面积约2142平方千米。

【风景名胜】是黑龙江省重点旅游名镇，素有“冰雪龙舟之乡”、“中国北红玛瑙之乡”的称号。主要有乌伊岭国家级自然保护区、小兴安岭国家森林公园、花岗岩石林国家地质公园等。

【地方特产】有榛子、黑木耳、山药、滑子蘑、山核桃等土产品。

丰林县

☎ 0458 ✉ 153036

【地理位置】伊春市辖县。位于伊春市北部，西连友好区、东接鹤岗市。

【人口面积】人口约9万，面积约2971平方千米。

【风景名胜】主要有红星、翠北湿地、丰林国家级自然保护区，五营国家森林公园。

【地方特产】有榛子、黑木耳、红松子等土产品。

南岔县

☎ 0458 ✉ 153199

【地理位置】伊春市辖县。位于伊春市南部，西连大箐山县、东接汤原县、南邻依兰县。

【人口面积】人口约10万，面积约3084平方千米。

【交通】是绥佳、南乌铁路的枢纽。

【风景名胜】主要有仙翁山国家森林公园、凉山国家级自然保护区、碧源湖水库、太平森林公园、月牙湖公园。

【地方特产】有人参、黑木耳、毛榛子、黄花菜、山葡萄、黑蚂蚁等土产品。

铁力市

【地理位置】省辖县级市，伊春市代管。位于本省中部偏北。

【人口面积】人口约28万，有汉、满、蒙古、鄂伦春、朝鲜、回等民族。面积约3776平方千米。

【地　　形】地处小兴安岭南麓低山丘陵地带，地势中北部高，西、南部低。呼兰河源于中部低山区，于西部出境。

【交　　通】绥佳铁路，鹤哈高速、222国道和哈伊公路过境。

【资源经济】自然资源丰富。地下矿藏有金、铜、铅、锌、铁及石墨、玉石等。森林覆盖率达80%，珍贵树种有红松、落叶松、水曲柳等。人参种植居全省前列。农业主产小麦、大豆、稻谷。以森林工业为主，有木材综合加工、木材干馏、火柴等厂。

【风景名胜】日月峡、桃山、八仙湖国家森林公园，桃山狩猎场是我国第一个野生动物饲养狩猎场，场内原始森林茂密，群山连绵，有鹿、狍、獐、雪兔、野鸡、飞龙等野生动物，现已成为黑龙江省著名的旅游景点。

【地方特产】有猴头蘑、木耳、松子及刺五加、五味子、黄芪、椴树蜜等土产品。

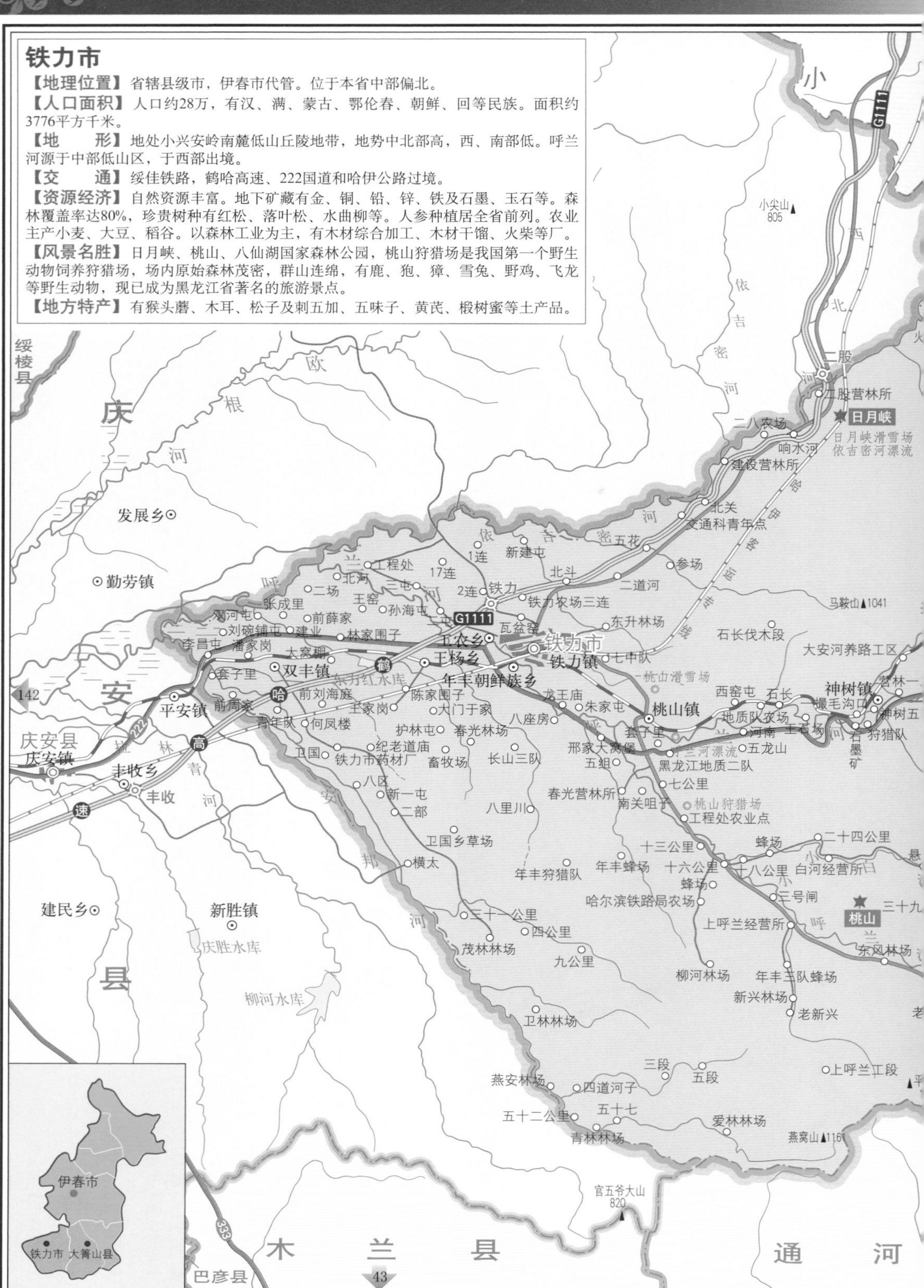

大箐山县

【地理位置】位于黑龙江省北部伊春市南部，西连铁力市、东接南岔县、北邻乌翠区。

【人口面积】人口约8万，面积约3706平方千米。

【交　　通】县内交通方便，222国道和绥佳铁路横穿境内。

【风景名胜】主要有碧水森林公园、大箐山、朗乡国家自然保护区、玉兔仙谭滚兔岭景区、万松岩、朗乡滑雪场、达里石林风景区等旅游资源。

【地方特产】有黑木耳、红松子等土产品。

1:520 000　0　5.2　10.4千米

嘉荫县

【地理位置】伊春市辖县。位于本省中部偏北，北邻俄罗斯。

【人口面积】人口7万，有汉、满等民族，面积6739平方千米。

【地　　形】地处小兴安岭的东北麓，地势西南高、东北低，沟壑纵横，丘陵广布，漫岗、平原相间。主要河流除界河黑龙江以外，还有嘉荫河、结烈河、乌云河、乌拉嘎河、平阳河等50余条。

【交　　通】多条省道贯穿全境。黑龙江可通航，嘉荫口岸为一类口岸。

【经　　济】金矿开采历史悠久，清末时乌拉嘎金矿就闻名遐迩。还有褐煤、硫铁矿等矿藏。森林覆盖率达60%，产桦、杨、云杉、红松等木材。农业开发较晚，粮食作物以大豆、小麦为主，兼种玉米、谷子、水稻等。黑龙江沿岸村屯渔业发达，盛产鲟鱼、鳇鱼、大马哈鱼、鳌花等。有农机修理、木材加工、建材、造纸、食品加工等厂。

【风景名胜】茅兰沟国家森林公园、嘉荫恐龙地质公园。

【地方特产】土特产品有木耳、猴头、松子、五味子、党参等。

嘉荫县
伊春市
俄
罗
斯
逊
克
县
黑
龙
江
常胜乡
乌云镇
向阳乡
沪嘉乡
嘉荫县
朝阳镇
临江
勤俭
桦树林子
新兴
繁荣
江南
立峰
双立
白头山
197
通河
平阳河口
营林
平阳河
331
嘉荫县发电厂
河沿村
腰屯
灯照
旧城
东南屯
永胜
奋斗
嘉荫县煤矿
新胜
夹信子
宏伟
大沟口
沟口
新安屯
新龙
隆安屯
雪水温一队地营子
雪水温三队地营子
光顶山
316
新丰
永丰
茅兰沟
茅兰沟神奇风光
青松
二岗
黎明
晨光
福阳
前工农场
兴华农场
奋斗农场
温泉
黄鱼窝子
王家店
育新
育红
育强
育丰
团结
双河镇
良种场道班
建江
双河
大岗
卫江
新材
军民
牧羊场
红石水电站
青山
跃进
沿江
稻田地
高升屯
建设
嘉荫农场实验站
双建
清河林场
壮志
幸福
振东
嘉荫农场
龙骨山
嘉荫农场第二中学校
小砬沟
太平村
太平林场
永安村
嘉荫龙骨山
振兴屯
先进
长青
哈
拉
乌
尔
阿
里
河
列
亚
葛
贡
平
阳
乌
云
162

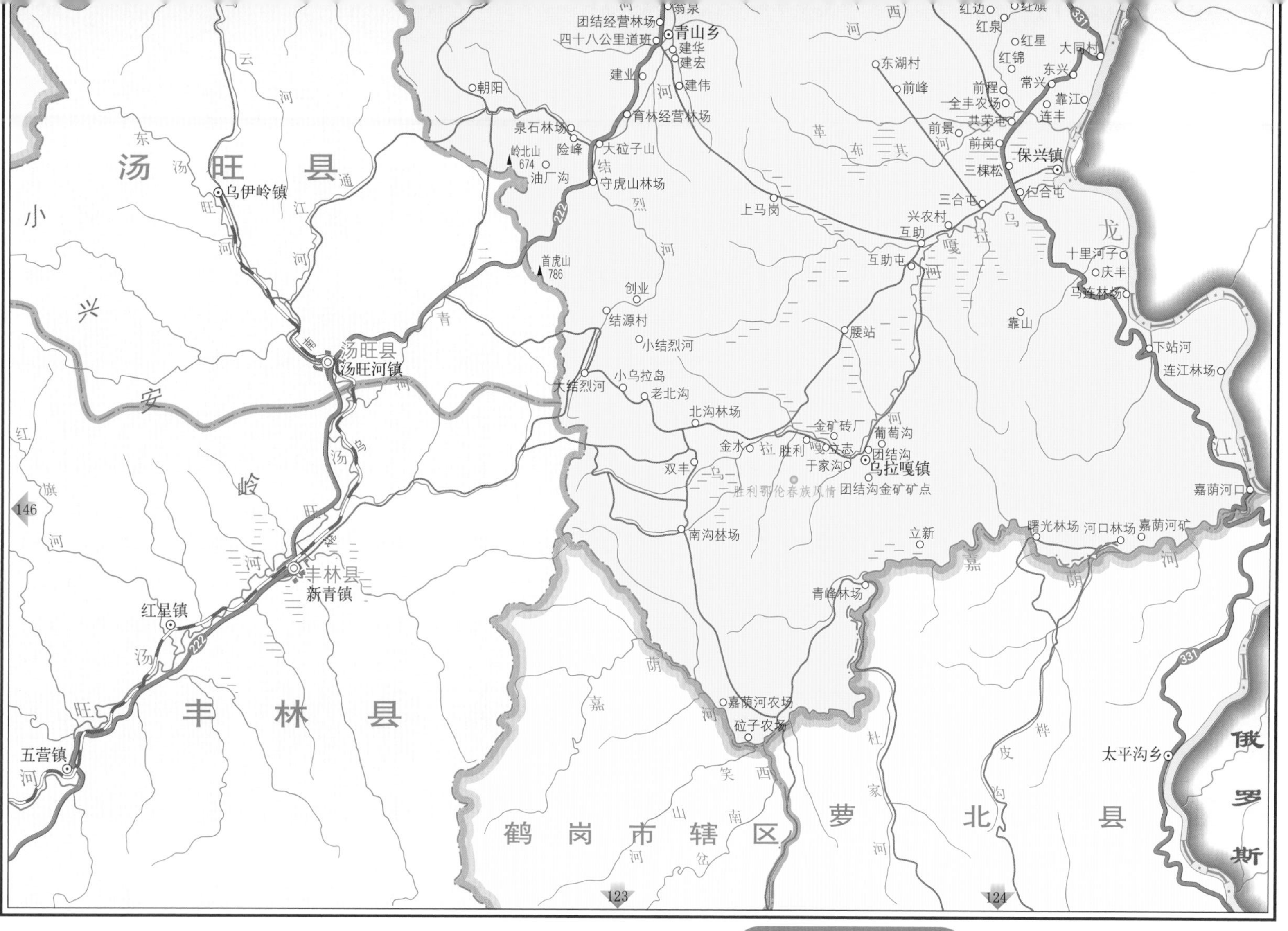

1:570 000　0　5.7　11.4千米

黑河市

【地理位置】位于本省北部，地处中国东北边陲，东北以黑龙江主航道中心线为界，与俄罗斯隔江相望。东南与伊春市和绥化市接壤，西南与齐齐哈尔市毗邻。西部与内蒙古自治区隔嫩江相望。北部与大兴安岭地区相连。

【行政区划】1市辖区3县级市2县：爱辉区，北安市、五大连池市、嫩江市，逊克县、孙吴县。

【人口面积】人口154万，有汉、满、蒙古、回、达斡尔、鄂温克、朝鲜、鄂伦春等族。面积68285平方千米。

【地　　形】地势西北高、东南低，北邻伊勒呼里山区，东南部是小兴安岭，境内群山连绵起伏，河谷纵横。

【最高山峰】大黑山，海拔867米。

【河流湖泊】有黑龙江、嫩江、逊河、科洛河、乌裕尔河、沾河，火山堰塞湖五大连池等。

【气　　候】属中温带湿润半湿润区大陆性季风气候，春季多风升温快，夏季雨热同现，秋季降温急骤，冬季寒冷干燥，冬长夏短。年均气温-1.3-0.4℃，年无霜期90-120天。年降水量480-550毫米。

【交　　通】有滨北、北黑、嫩黑、富西铁路等。嫩泰、吉黑高速公路过境，202、231、332国道过境，多条省道构成公路网。黑河港是黑龙江中上游重要港口，民航有黑河机场通往哈尔滨等地。

【资源经济】是本省最大的铜矿产地，在全国的铜矿开采中居第三位。矿产有金、珍珠岩、石英石等，享有“地质摇篮、矿产之乡”之美誉。有被称为世界三大冷泉之一的五大连池矿泉水，野生动植物有飞龙、野鸡、黑鹤等珍禽；有人参、黄芪等野生中草药，野生柿、榛子等，还有大马哈鱼“三花五罗”等名贵鱼种。农业有小麦、大豆、玉米、谷子、马铃薯、甜菜、向日葵等，是全国著名的商品粮生产基地县。工业有机械、木材、粮油加工、药品、乳品、食品、酿酒等。

【风景名胜】旅游资源丰富，黑龙江是中俄界河，可乘船畅游黑龙江，领略中俄两岸自然风光。有著名的五大连池风景区、五大连池国家地质公园，火胜山要塞、731日军侵华罪证、瑷珲古城等。

【特产美食】山野特产有木耳、猴头菇、蜂

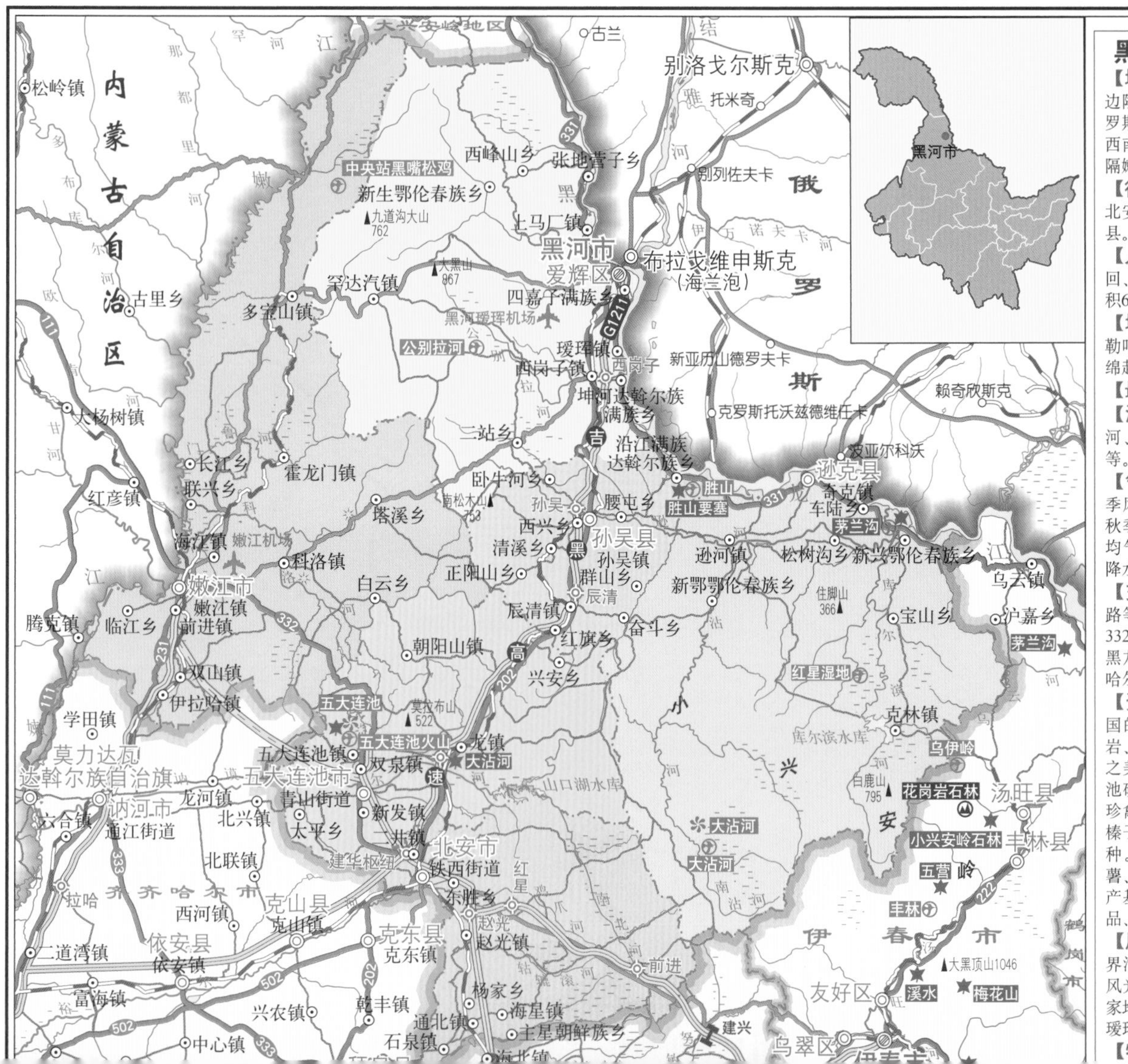

黑龙江
客运码头
明珠文华酒店
大黑河岛
自由贸易区
游乐区
黑龙江公园
市政府
商贸大厦
区
作
合
济
经
境
边
黑河海关
黑河市中医医院
广播电视局
黑河市第一中学
幸福乡
教育学院
黑河友谊宾馆
易达宾馆
体育馆
市委党校
市一中
逸夫中学
黑河国税局
黑河供电局
市中心血站
交警佳园东区
市图书馆
北方宾馆
黑河国际饭店
博物馆
市幸福信用社
清真寺
紫云饭店
第一人民医院
黑河二中
林业中学
四海大酒店
黑河中医院
市邮电局
新华书店
瑷珲区
龙乡宾馆
黑河国际公路客运站
天龙宾馆
黑河铁路局
八一佳苑
黑河站
黑龙商务宾馆
植物医院
市水产供销公司
市农业机械化学校
木材厂
今日大酒店
农业银行
金融宾馆
爱辉宾馆
黑河口岸
黑河港
航运局
民航售票处
第二人民医院
市粮食清真饭店
市第二医药商店
黑河经济贸易公司
市木材公司
电视台
市中大经济(集团)贸易公司
长途车站
大市场
幸福村
啤酒厂
三中
中央街
兴安路
环城路
公园路
海兰街
王肃街
通江路
花园街
大兴街
东兴路
西兴路
邮政路
黑河公路
长江路
铁路街

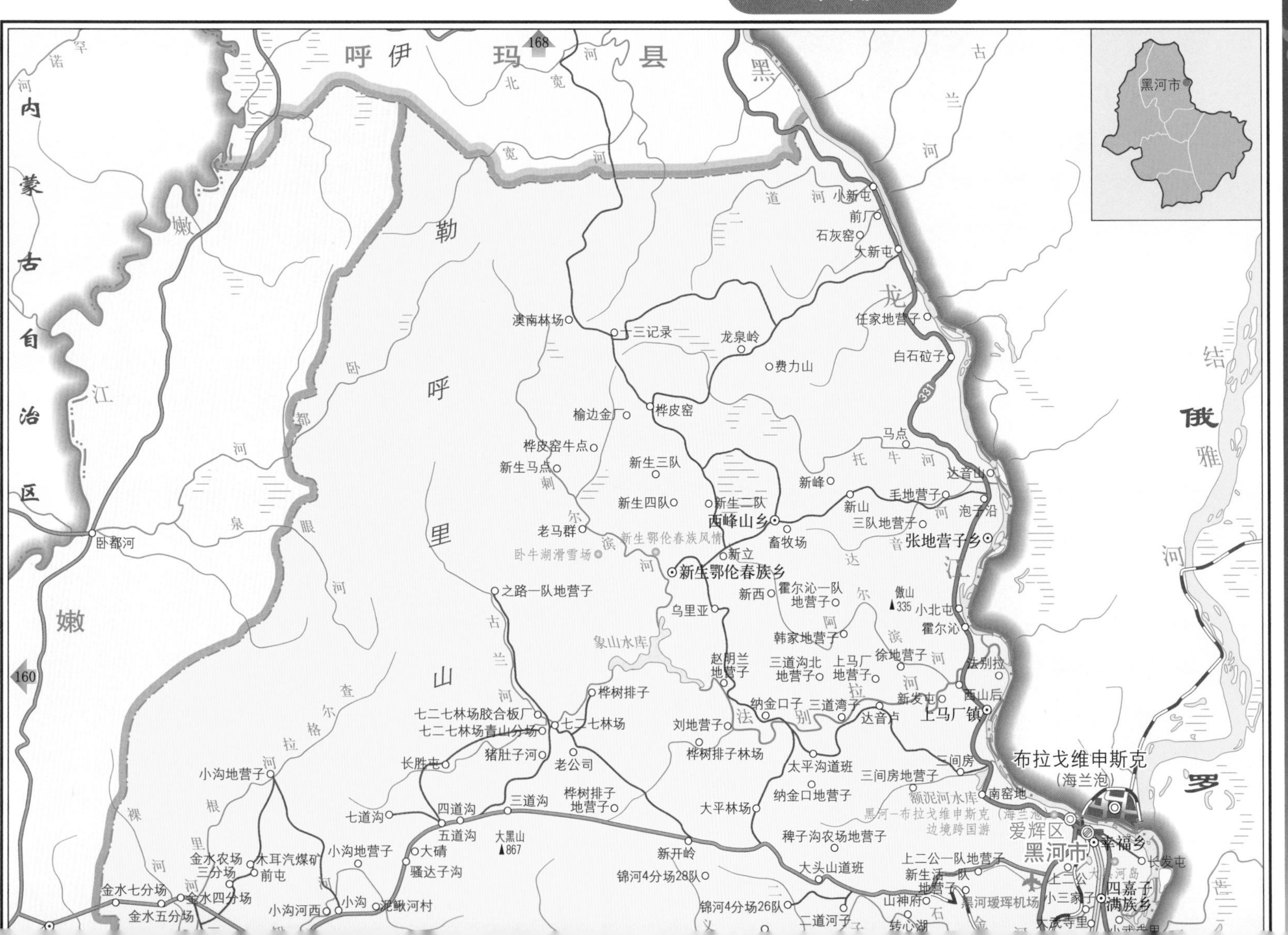
黑河市
呼玛县
168
内蒙古自治区
160
卧都河
小新屯
前厂
石灰窑
大新屯
任家地营子
白石砬子
331
费力山
龙泉岭
十三记录
澳南林场
桦皮窑
榆边金厂
桦皮窑牛点
新生马点
新生三队
新生四队
新生二队
马点
新峰
达音山
毛地营子
新山
泡子沿
三队地营子
西峰山乡
畜牧场
张地营子乡
老马群
新生鄂伦春族风情
卧牛湖滑雪场
新立
新生鄂伦春族乡
新西
霍尔沁一队地营子
傲山
335
小北屯
霍尔沁
之路一队地营子
乌里亚
韩家地营子
象山水库
赵朗兰地营子
三道沟北地营子
上马厂地营子
徐地营子
法别拉
桦树排子
西山后
新发屯
纳金口子
三道湾子
达音卢
上马厂镇
七二七林场胶合板厂
七二七林场青山分场
七二七林场
刘地营子
桦树排子林场
猪肚子河
长胜屯
老公司
太平沟道班
二间房
三间房地营子
布拉戈维申斯克
(海兰泡)
小沟地营子
纳金口地营子
额泥河水库
南窑地
七道沟
四道沟
三道沟
桦树排子地营子
大平林场
黑河—布拉戈维申斯克
边境跨国游
五道沟
大黑山
867
爱辉区
幸福乡
金水农场三分场
木耳汽煤矿
前屯
小沟地营子
大砬
新开岭
稗子沟农场地营子
黑河市
长发屯
骚达子沟
锦河4分场28队
大头山道班
上二公一队地营子
金水七分场
金水四分场
金水五分场
小沟河西
小沟
泥鳅河村
锦河4分场26队
二道河子
山神府
黑河瑷珲机场
小三家子
四嘉子满族乡
转心湖
勒
呼
里
山
嫩江
黑龙江
俄罗斯
结雅河

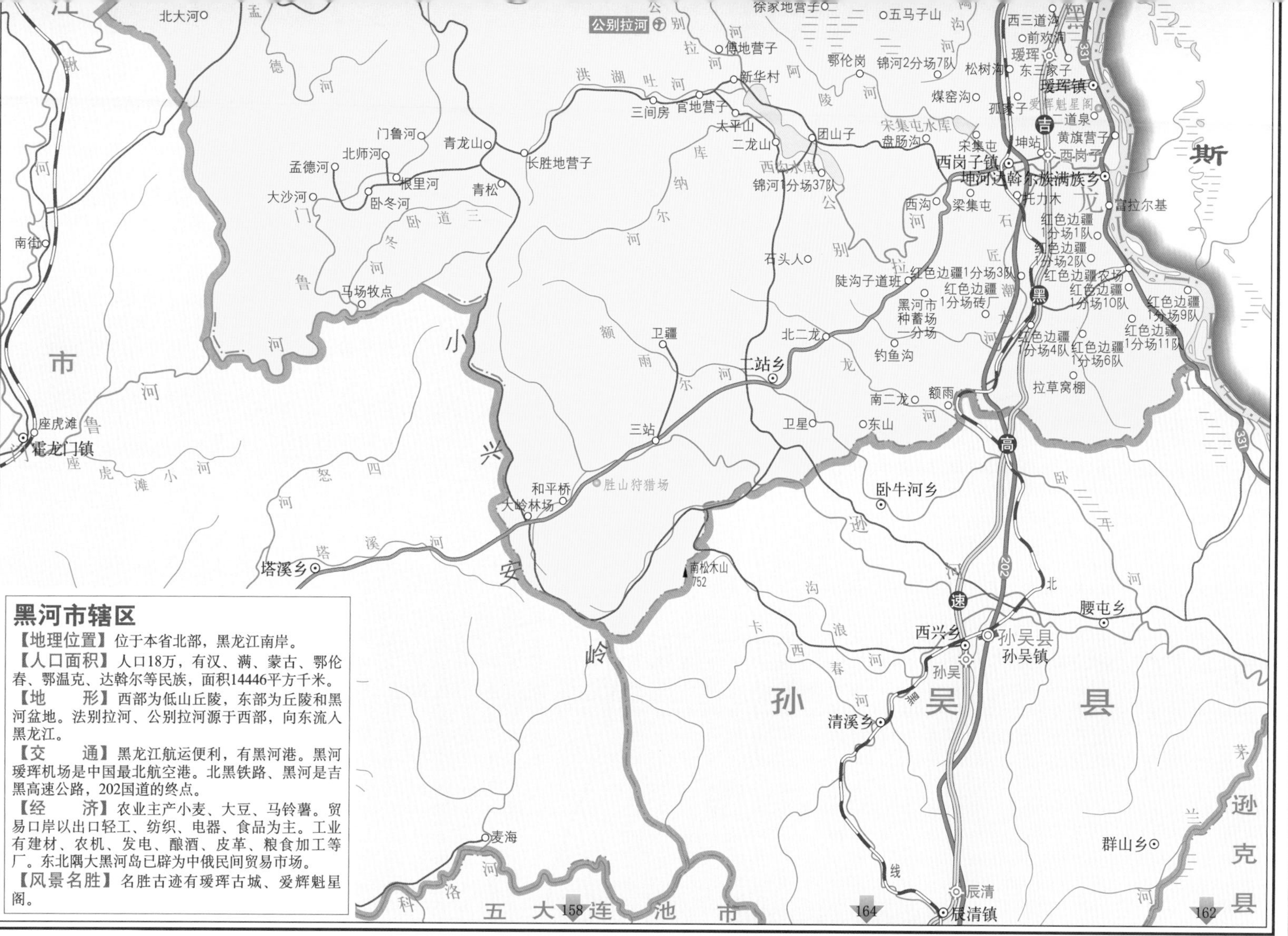

黑河市辖区

【地理位置】位于本省北部，黑龙江南岸。

【人口面积】人口18万，有汉、满、蒙古、鄂伦春、鄂温克、达斡尔等民族，面积14446平方千米。

【地　　形】西部为低山丘陵，东部为丘陵和黑河盆地。法别拉河、公别拉河源于西部，向东流入黑龙江。

【交　　通】黑龙江航运便利，有黑河港。黑河瑷珲机场是中国最北航空港。北黑铁路、黑河是吉黑高速公路，202国道的终点。

【经　　济】农业主产小麦、大豆、马铃薯。贸易口岸以出口轻工、纺织、电器、食品为主。工业有建材、农机、发电、酿酒、皮革、粮食加工等厂。东北隅大黑河岛已辟为中俄民间贸易市场。

【风景名胜】名胜古迹有瑷珲古城、爱辉魁星阁。

1: 700 000　0　7.0　14千米

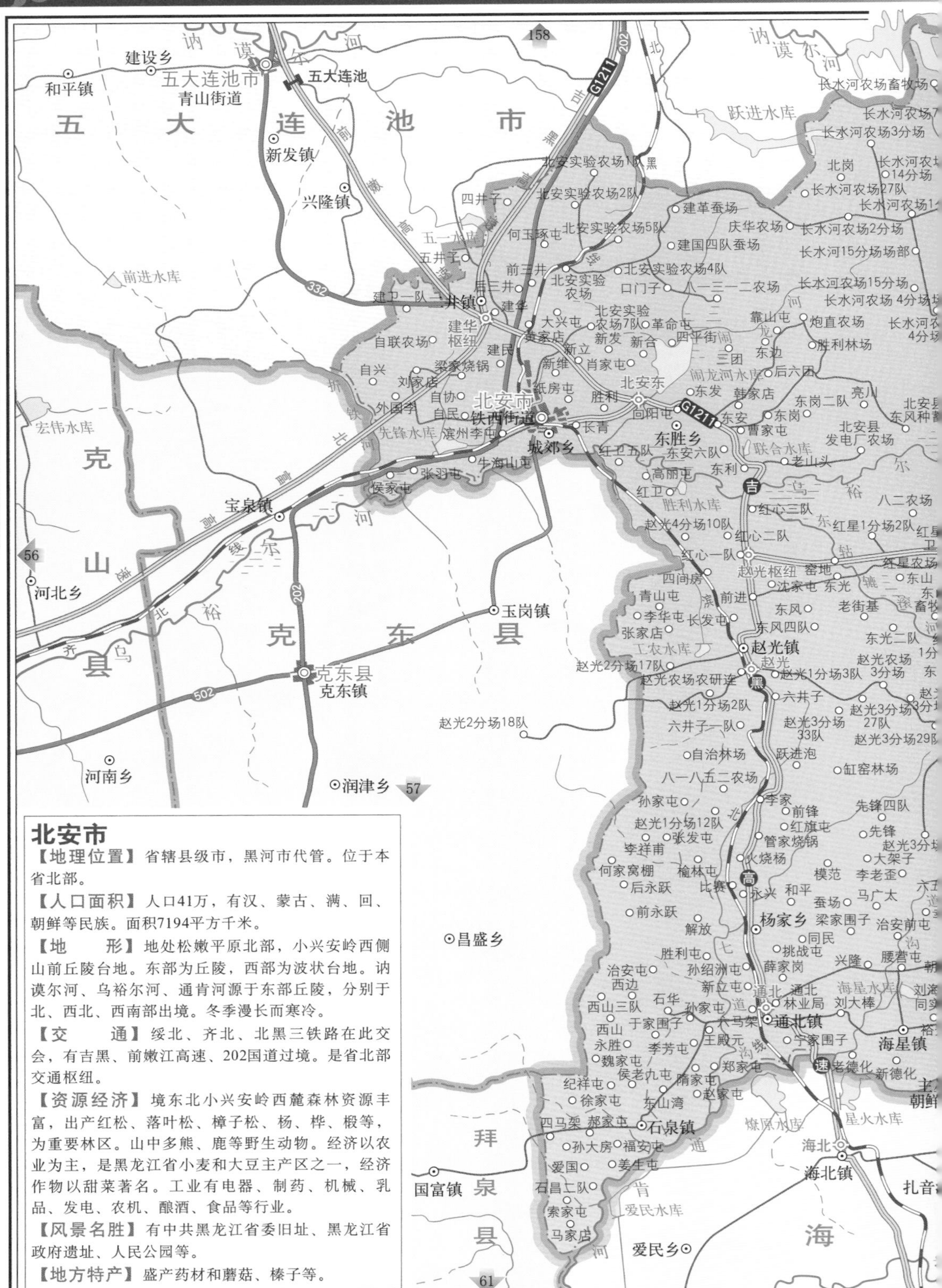

北安市

【地理位置】省辖县级市，黑河市代管。位于本省北部。

【人口面积】人口41万，有汉、蒙古、满、回、朝鲜等民族。面积7194平方千米。

【地　　形】地处松嫩平原北部，小兴安岭西侧山前丘陵台地。东部为丘陵，西部为波状台地。讷谟尔河、乌裕尔河、通肯河源于东部丘陵，分别于北、西北、西南部出境。冬季漫长而寒冷。

【交　　通】绥北、齐北、北黑三铁路在此交会，有吉黑、前嫩江高速、202国道过境。是省北部交通枢纽。

【资源经济】境东北小兴安岭西麓森林资源丰富，出产红松、落叶松、樟子松、杨、桦、椴等，为重要林区。山中多熊、鹿等野生动物。经济以农业为主，是黑龙江省小麦和大豆主产区之一，经济作物以甜菜著名。工业有电器、制药、机械、乳品、发电、农机、酿酒、食品等行业。

【风景名胜】有中共黑龙江省委旧址、黑龙江省政府遗址、人民公园等。

【地方特产】盛产药材和蘑菇、榛子等。

北安市 ☎ 0456 ✉ 164000

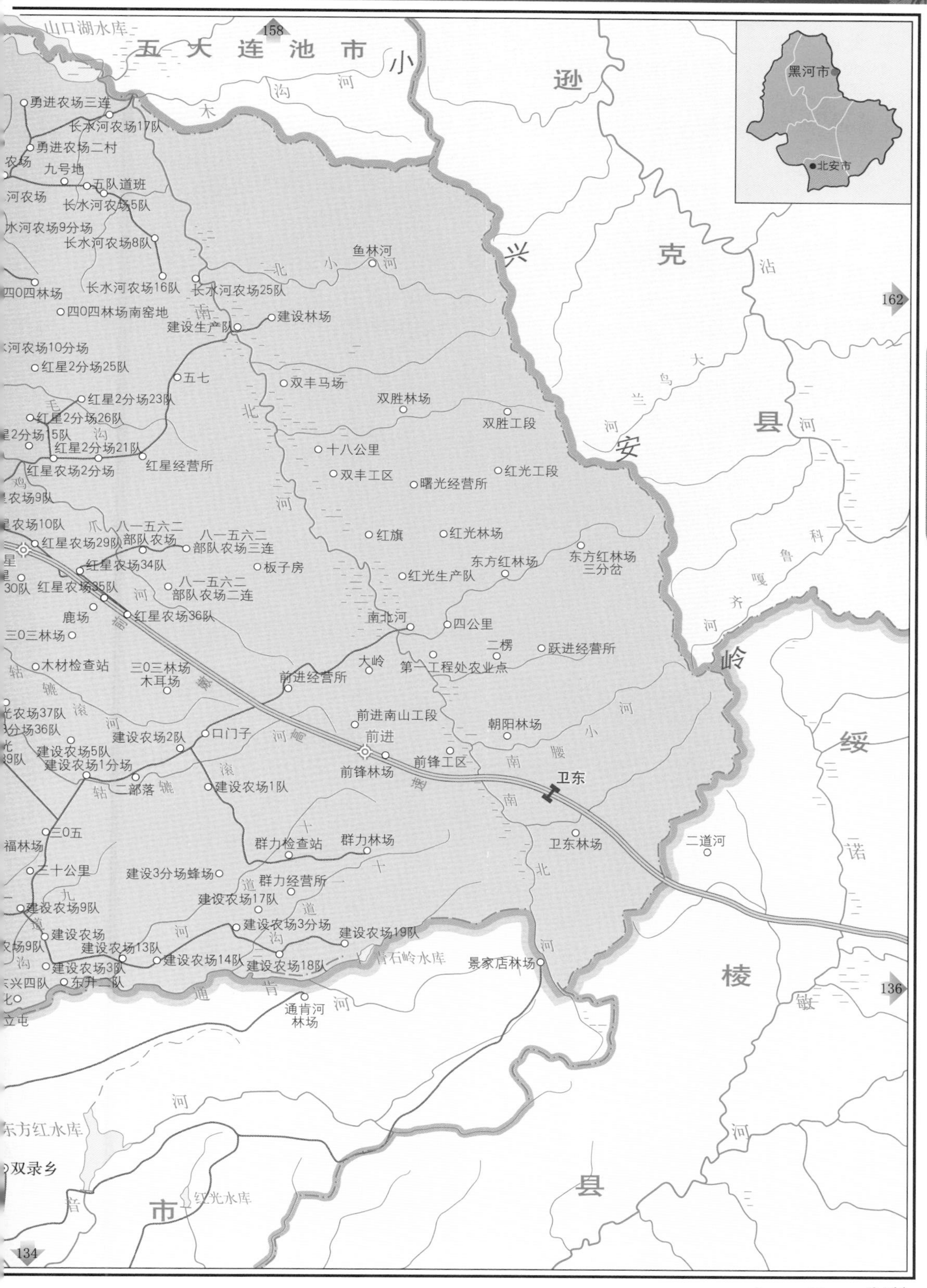
五大连池市
逊克县
兴安岭
绥棱县
市
县
黑河市
北安市
山口湖水库
158
162
136
134
勇进农场三连
长水河农场17队
勇进农场二村
九号地
五队道班
长水河农场5队
长水河农场8队
长水河农场16队
长水河农场25队
四0四林场南窑地
建设林场
建设生产队
鱼林河
红星2分场25队
五七
双丰马场
双胜林场
双胜工段
红星2分场23队
红星2分场26队
红星2分场21队
红星经营所
红星农场2分场
十八公里
双丰工区
曙光经营所
红光工段
红旗
红光林场
红星农场29队
八一五六二部队农场
八一五六二部队农场三连
红星农场34队
板子房
东方红林场
东方红林场三分岔
红光生产队
红星农场35队
八一五六二部队农场二连
鹿场
红星农场36队
南北河
四公里
三0三林场
二楞
跃进经营所
木材检查站
三0三林场木耳场
大岭
第一工程处农业点
前进经营所
前进南山工段
朝阳林场
建设农场2队
口门子
前进
建设农场5队
建设农场1分场
前锋林场
前锋工区
卫东
二部落
建设农场1队
卫东林场
二道河
三0五
群力检查站
群力林场
三十公里
建设3分场蜂场
群力经营所
建设农场17队
建设农场9队
建设农场3分场
建设农场
建设农场19队
建设农场13队
建设农场14队
建设农场3队
建设农场18队
青石岭水库
景家店林场
东升二队
通肯河林场
东方红水库
双录乡
红光水库
1:520 000
0
5.2
10.4千米

五大连池市

【地理位置】省辖县级市，黑河市代管。位于本省北部。

【人口面积】人口33万，面积9874平方千米。

【地　　形】地处松嫩平原北部，小兴安岭西侧山前火山熔岩台地。第四纪以来断裂带的多次火山喷发形成五大连池火山群，有14座火山。讷谟尔河东西横贯中部。

【交　　通】北黑（北安–黑河）铁路，前嫩、吉黑（吉林–黑河）高速，202和332国道公路过境，还有通往北安、嫩江等地的省道公路。

【经　　济】工业有建材、木材加工、粮油加工、饲料、矿泉、饮料、酿酒、农机修造食品等行业。火山台地土质肥沃，以种植小麦、大豆、玉米为主。境内多大型国有农场。

【风景名胜】五大连池国家级风景名胜区和世界地质公园。

【地方特产】盛产淡水鱼，五大连池鲫鱼有名。

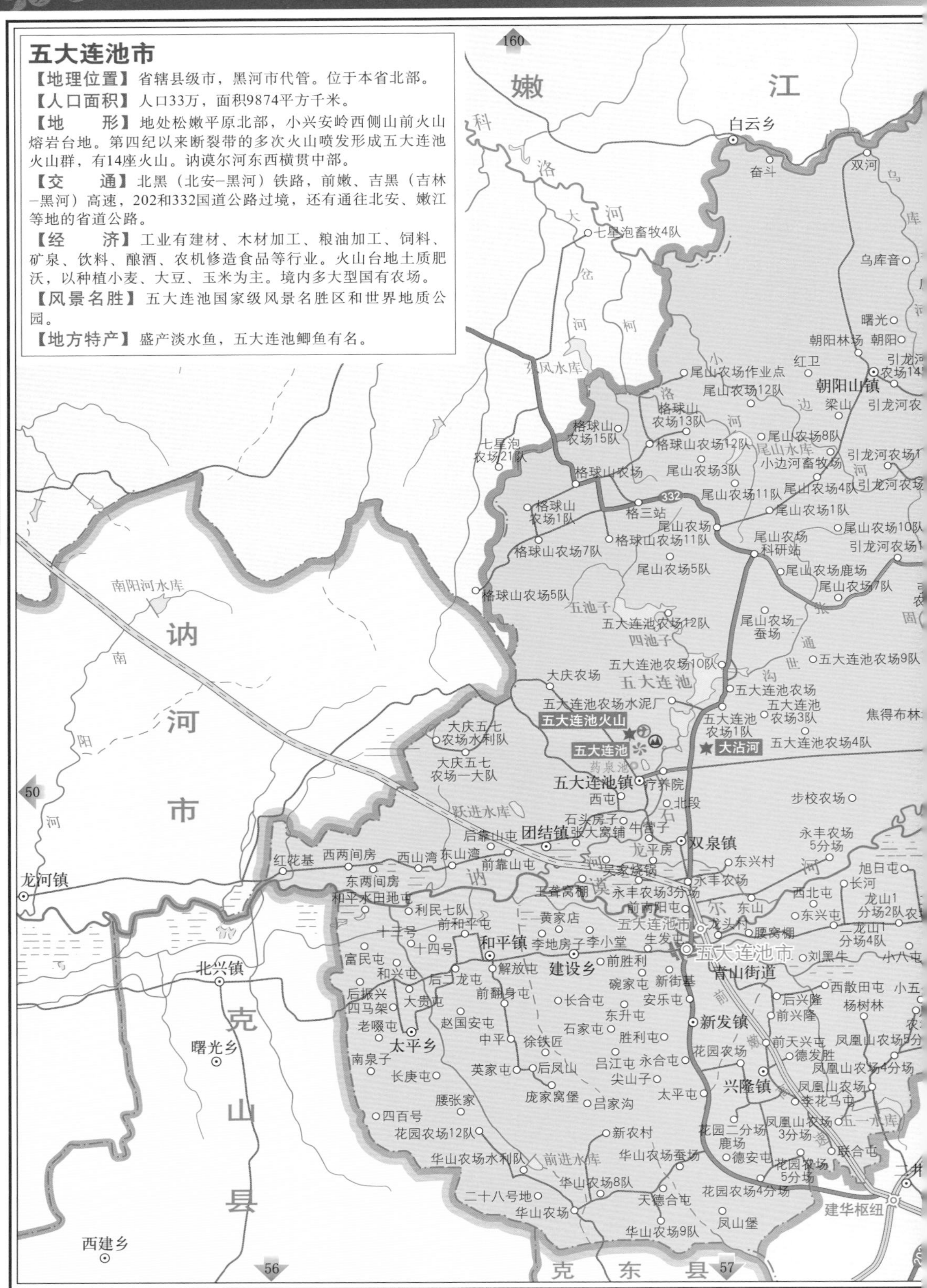

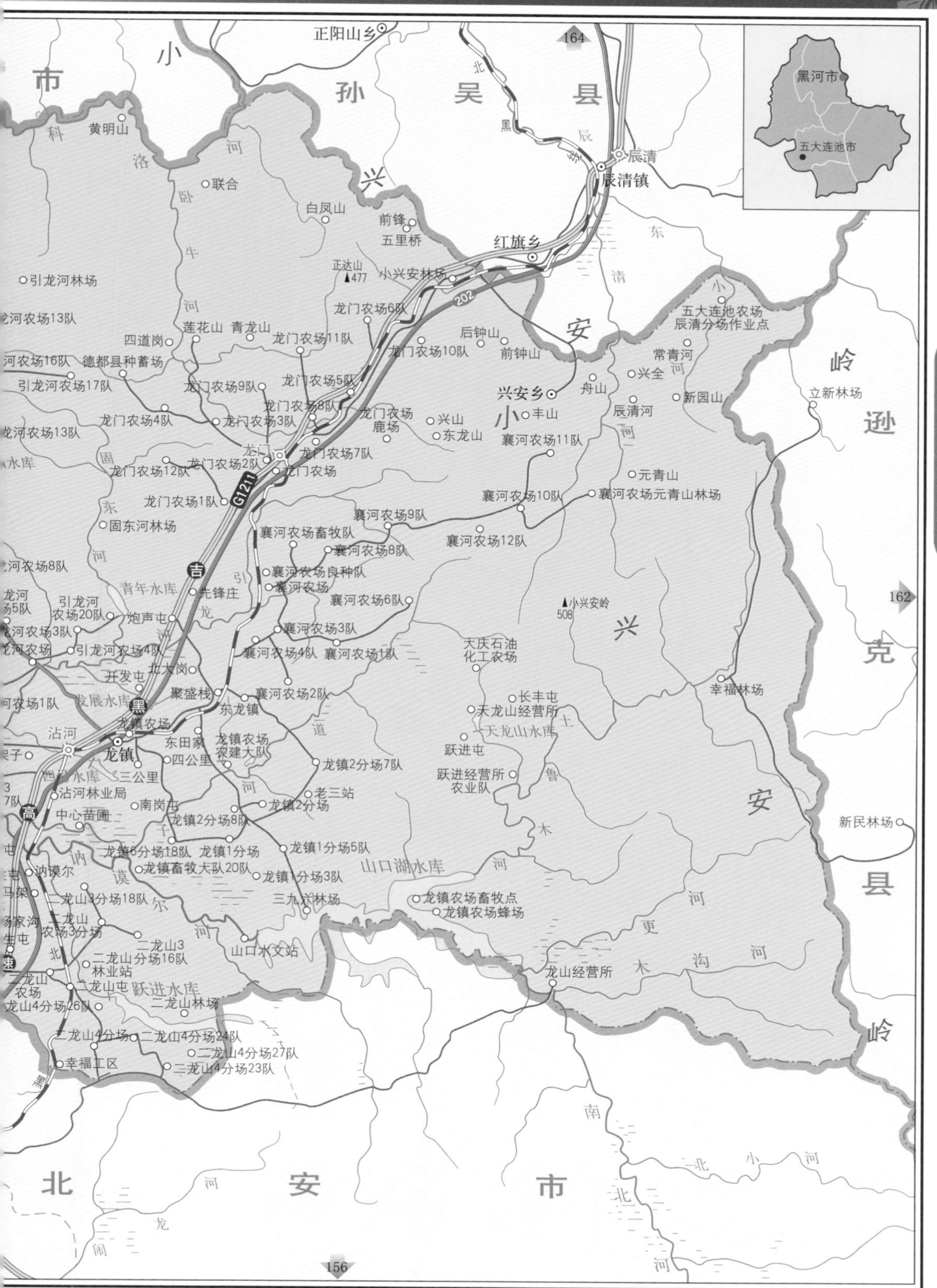

1∶520 000　0　5.2　10.4千米

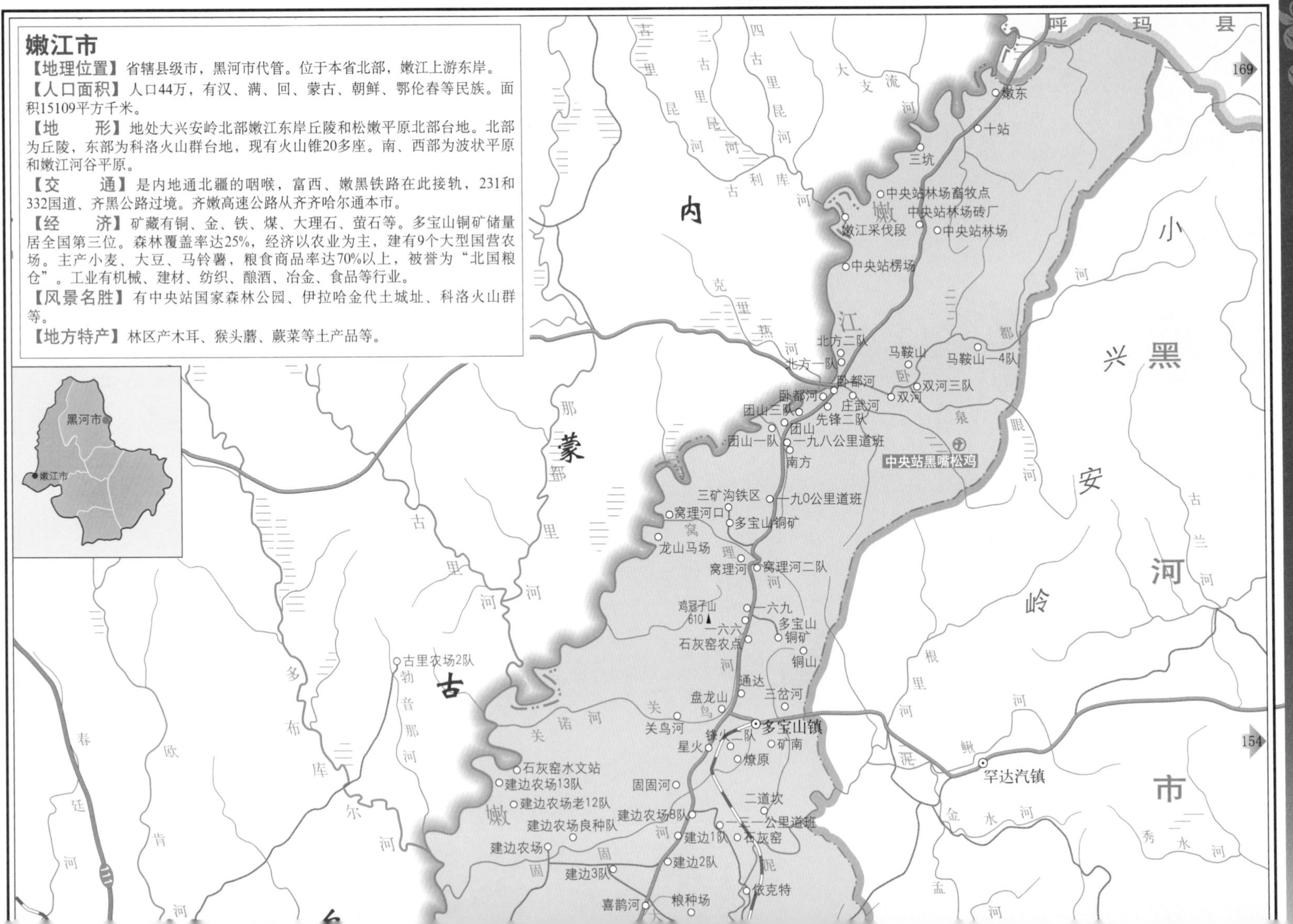

嫩江市

【地理位置】省辖县级市，黑河市代管。位于本省北部，嫩江上游东岸。

【人口面积】人口44万，有汉、满、回、蒙古、朝鲜、鄂伦春等民族。面积15109平方千米。

【地　　形】地处大兴安岭北部嫩江东岸丘陵和松嫩平原北部台地。北部为丘陵，东部为科洛火山群台地，现有火山锥20多座。南、西部为波状平原和嫩江河谷平原。

【交　　通】是内地通北疆的咽喉，富西、嫩黑铁路在此接轨，231和332国道、齐黑公路过境。齐嫩高速公路从齐齐哈尔通本市。

【经　　济】矿藏有铜、金、铁、煤、大理石、萤石等。多宝山铜矿储量居全国第三位。森林覆盖率达25%，经济以农业为主，建有9个大型国营农场。主产小麦、大豆、马铃薯，粮食商品率达70%以上，被誉为“北国粮仓”。工业有机械、建材、纺织、酿酒、冶金、食品等行业。

【风景名胜】有中央站国家森林公园、伊拉哈金代土城址、科洛火山群等。

【地方特产】林区产木耳、猴头蘑、蕨菜等土产品等。

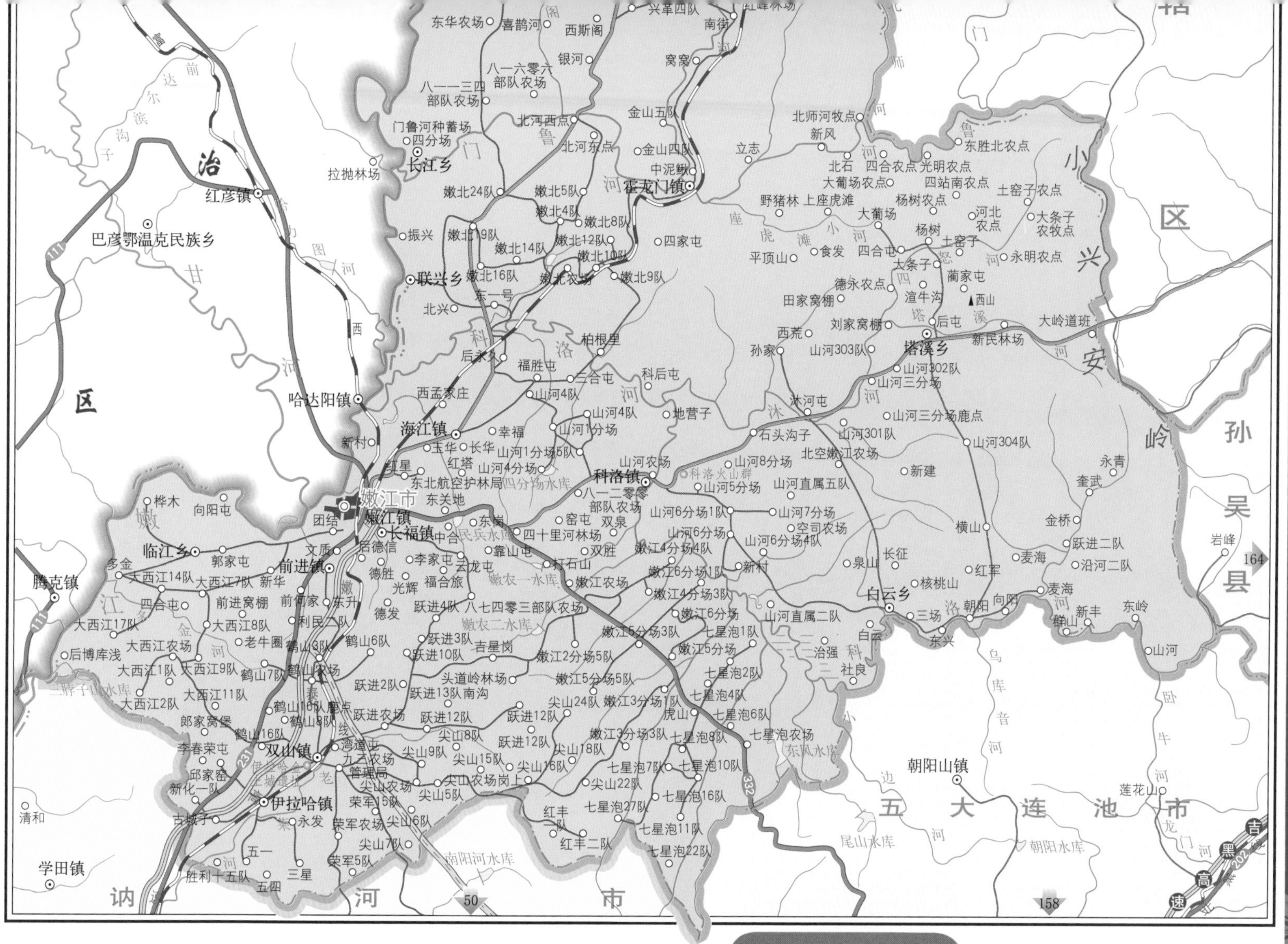

1:780 000

0 7.8 15.6千米

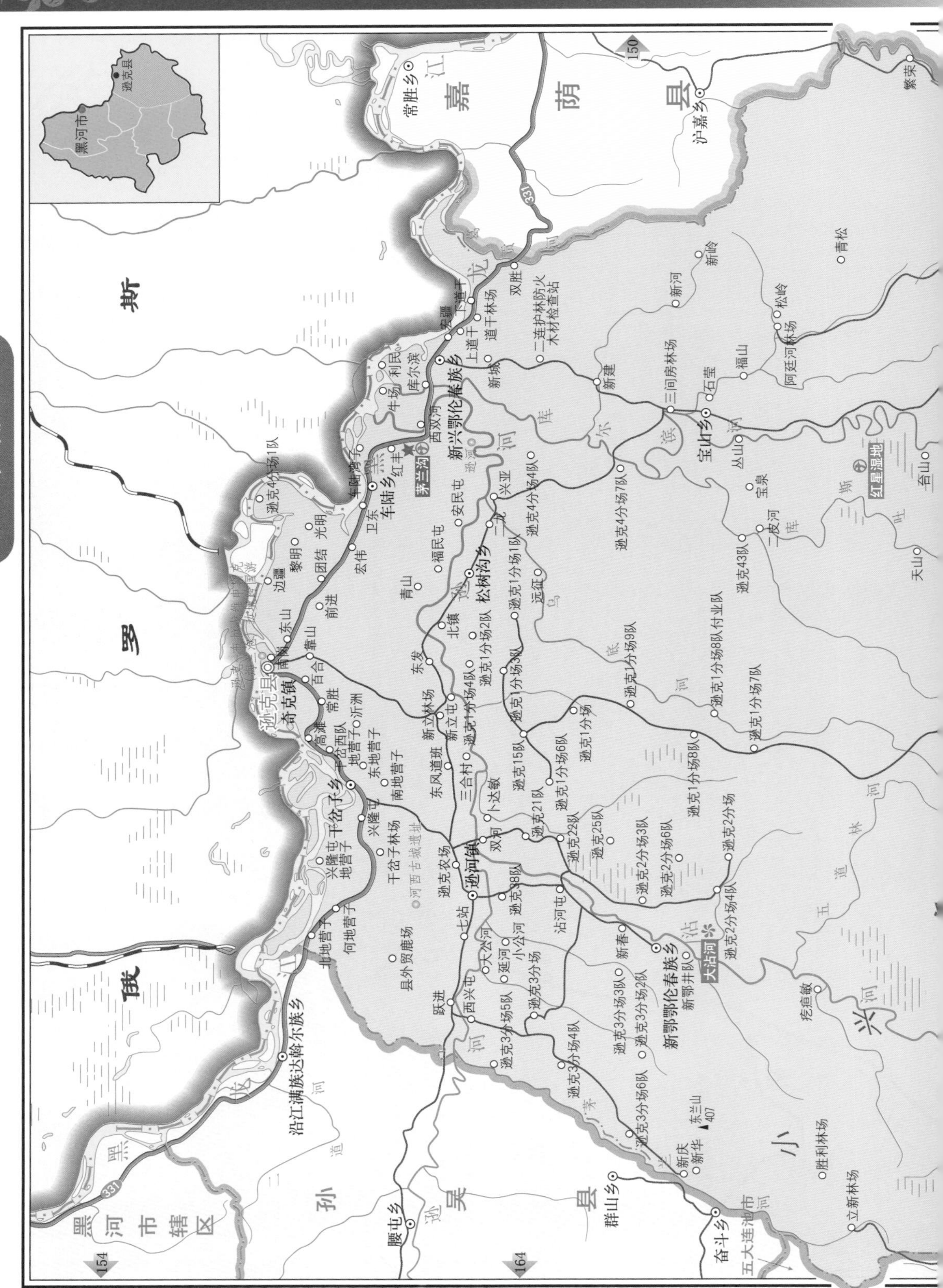

黑河市
逊克县
俄
罗
斯
嘉
荫
县
孙
吴
县
小
兴
安
岭
黑河市辖区
五大连池市
奇克镇
逊河镇
车陆乡
干岔子乡
松树沟乡
宝山乡
新兴鄂伦春族乡
新鄂鄂伦春族乡
沿江满族达斡尔族乡
常胜乡
沪嘉乡
腰屯乡
群山乡
奋斗乡
茅兰沟
红星湿地
大沾河
河西古城遗址
东兰山
407
331
150
154
164

逊克县

【地理位置】黑河市辖县。位于本省北部，北隔黑龙江与俄罗斯相望。

【人口面积】人口9万，有汉、满、鄂伦春、朝鲜、达斡尔等民族。面积17344平方千米。

【地　　形】地处小兴安岭北部低山和丘陵台地。地势南高北低。逊河自西向东横穿北部向东流入黑龙江，沾河、库尔滨河从南向北流分别汇入逊河或直接流入黑龙江。水力资源丰富。

【交　　通】连孙吴、嘉荫两县的孙嘉省级公路横贯北部，黑龙江通航。

【资源经济】矿产资源有红玛瑙、煤、大理石、石灰石、黄金、白银、铜、铅等。森林覆盖率达64%。

【风景名胜】有新兴鄂伦春族乡逊河景区、克林镇乌作岭自然保护区、河西古城遗址等。

【地方特产】大马哈鱼、鳇鱼是黑龙江著名特产。

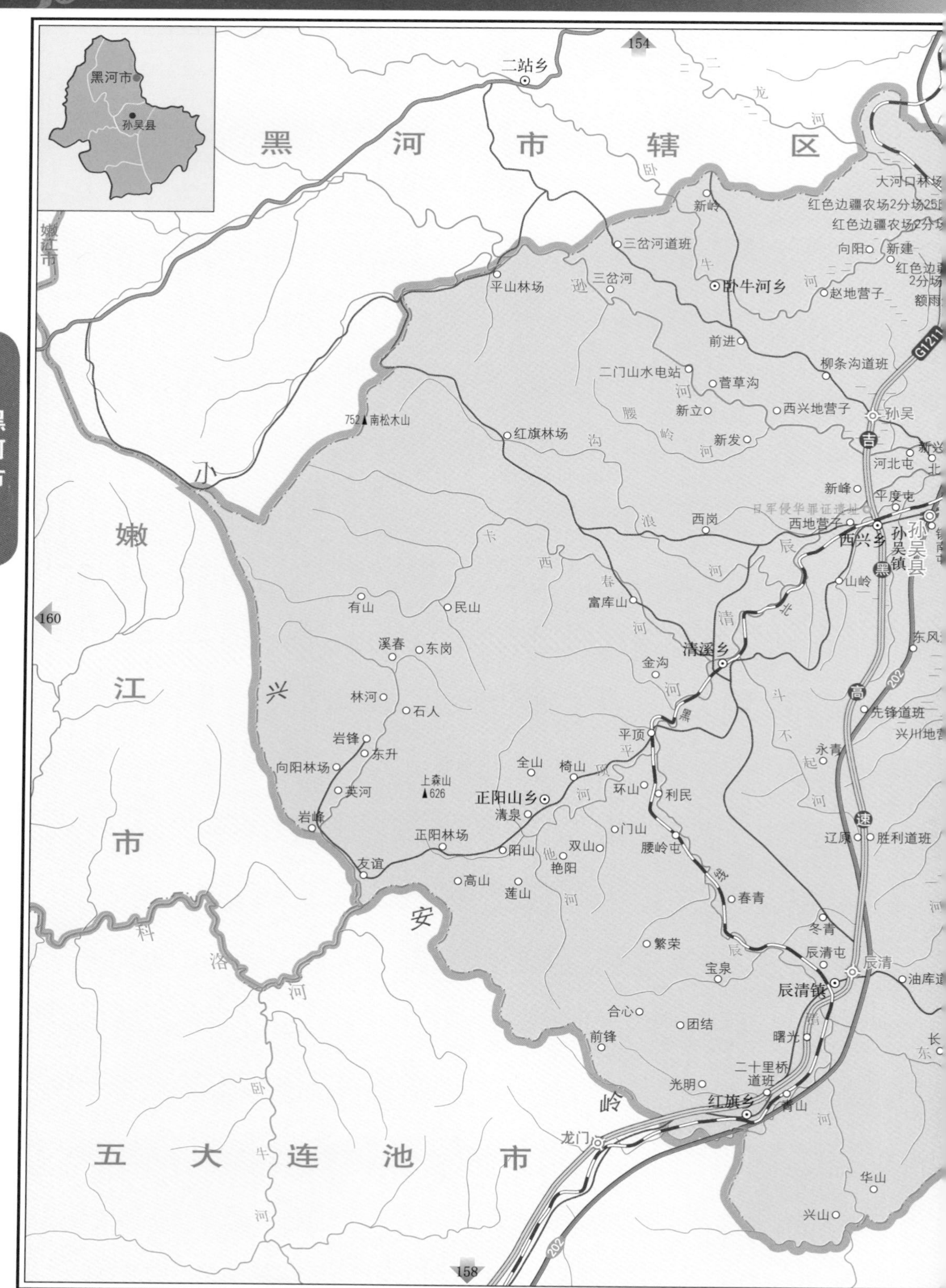
黑河市
孙吴县
黑河市辖区
嫩江市
二站乡
平山林场
三岔河道班
三岔河
新岭
卧牛河乡
前进
二门山水电站
营草沟
新立
新发
西兴地营子
柳条沟道班
孙吴
大河口林场
向阳
新建
赵地营子
红旗林场
752▲南松木山
西岗
西地营子
西兴乡
孙吴镇
孙吴县
新峰
平度屯
河北屯
山岭
富库山
有山
民山
溪春
东岗
清溪乡
金沟
林河
石人
岩锋
东升
向阳林场
英河
上森山
▲626
全山
椅山
平顶
正阳山乡
清泉
环山
利民
岩峰
正阳林场
阳山
门山
双山
腰岭屯
艳阳
友谊
高山
莲山
春青
东风
先锋道班
兴川地营
永青
辽原
胜利道班
冬青
辰清屯
辰清
辰清镇
繁荣
宝泉
油库道
合心
团结
前锋
曙光
二十里桥道班
光明
红旗乡
青山
龙门
华山
兴山
五大连池市
小兴安岭
科洛河
卧牛河
逊河
腰岭河
沟浪河
卡西春河
辰清河
清北黑
平顶河
他河
斗不起河
G1211
202
154
160
158

孙吴县

【地理位置】黑河市辖县。位于本省北部，北隔黑龙江与俄罗斯相望。

【人口面积】人口9万，面积4318平方千米。有汉、满、蒙古、回、壮、达斡尔、朝鲜、鄂伦春等民族。

【地　　形】地处小兴安岭西北麓，西部为低山，北部为四季屯火山群，东、南部为低山丘陵台地。逊河自西经中部向东流入黑龙江。

【交　　通】北黑铁路、吉黑高速公路、黑龙江可通客货轮。

【资源经济】本县山多林密，森林覆盖率达64%，生长白桦、柞、杨、落叶松等，以及五味子、百里香、越橘、黄芪、贝母等100多种野生药材。土地资源丰富，产小麦、大豆、谷子、水稻、甜菜、油菜、向日葵等农作物。工业以建材、木材加工、纺织、卷烟、粮油加工、食品、木器等为重点。

【风景名胜】纪念地有省级文物保护单位侵华日军“731”部队罪证遗址、四季屯满族风情旅游地。

【地方特产】盛产木耳、猴头蘑、都柿、蕨菜等土产。

1∶390 000　0　3.9　7.8千米

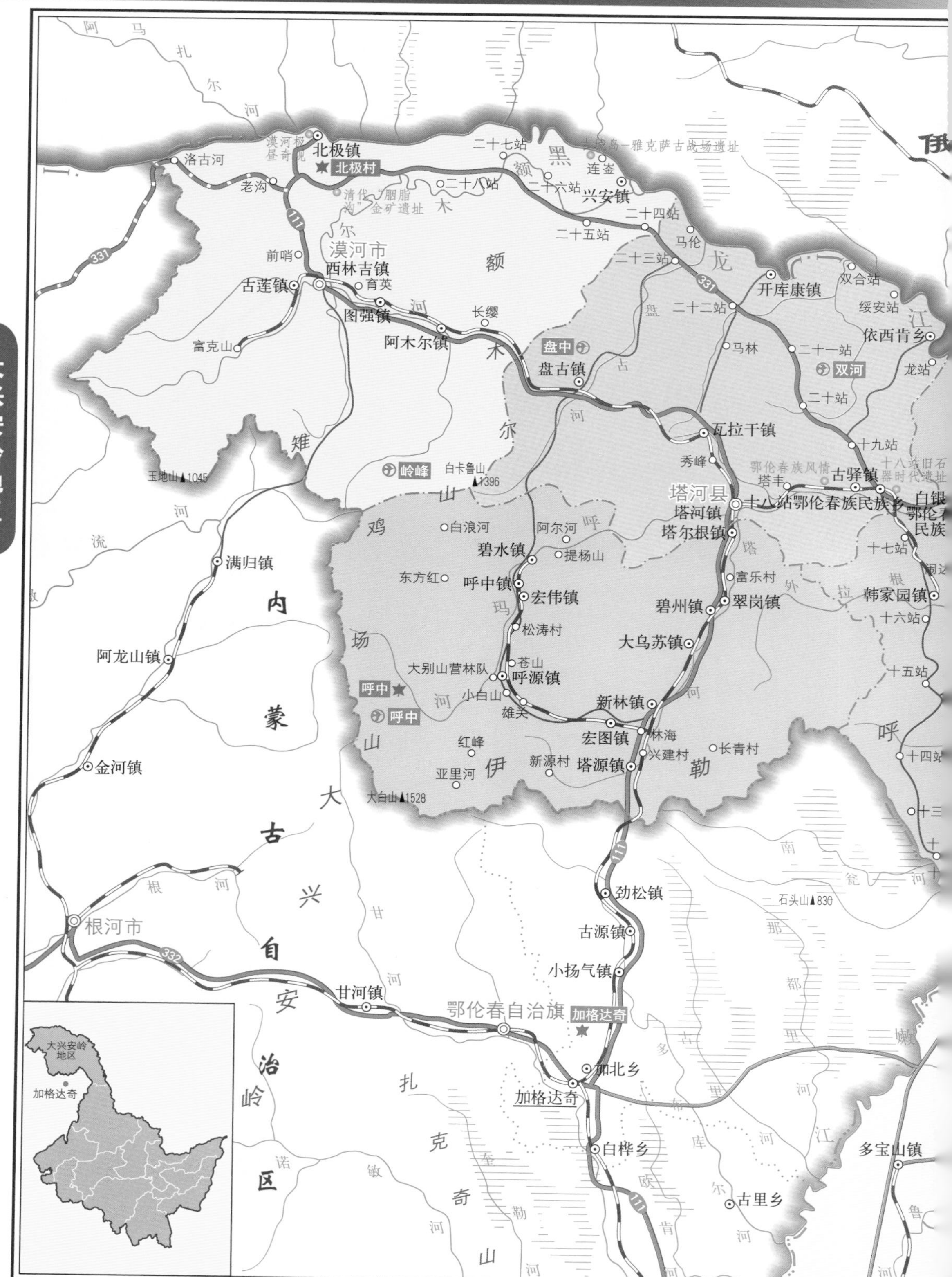

① 大兴安岭地区行政公署驻内蒙古自治区境内的加格达奇

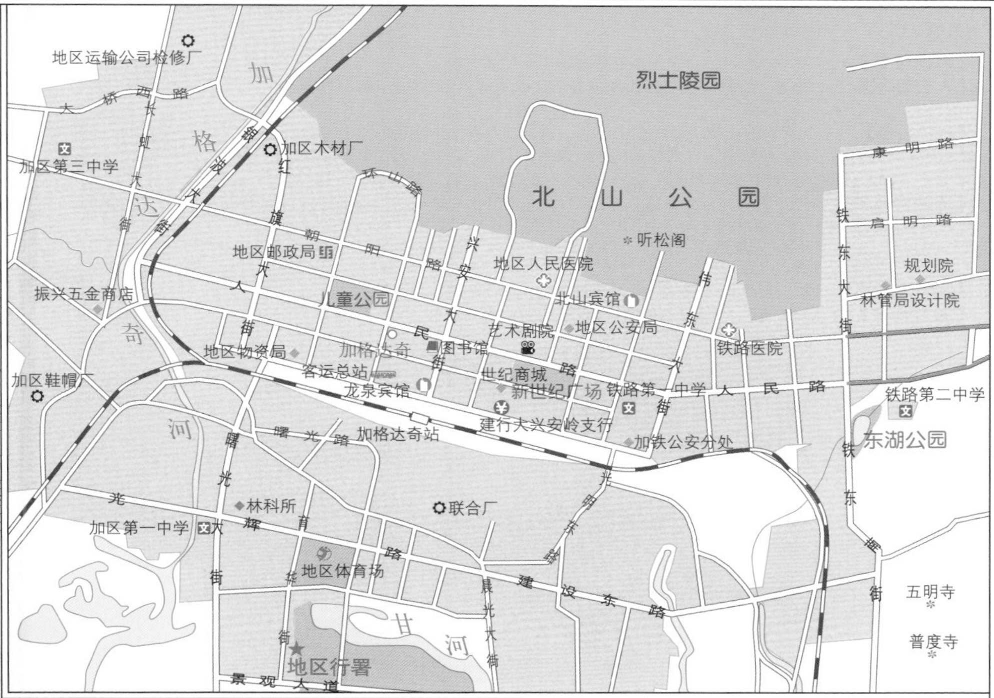

大兴安岭地区

【地理位置】位于本省境西北隅，大兴安岭地区是中国最北、纬度最高的边境地区，东、北隔黑龙江与俄罗斯相望，西与内蒙古自治区毗邻，南与黑河市接壤。

【行政区划】1县级市：漠河市，2县：呼玛县、塔河县。地区行政公署驻加格达奇。

【人口面积】人口40万，有汉、满、回、朝鲜、蒙古、鄂伦春、达斡尔等民族。面积46755平方千米。

【地　　形】地势西南高、东北低。包括海拔1000米左右的大兴安岭北部与伊勒呼里山中低山区和海拔500米以下的丘陵黑龙江畔平原。

【交　　通】嫩林铁路和黑河至漠河的黑漠公路南北贯通本地区，建成有漠河机场和加格达奇嘎仙机场，黑龙江航道半年可通航。近年来开通了漠河至北极镇的漠北高速公路，实现了大兴安岭地区高速公路“零”的突破。

【资源经济】区内矿产资源富集，有煤炭、有色金属和贵金属等矿产资源。黑龙江沿岸金藏量丰富，清末即为著名黄金产地。水资源丰富。森林是本区最突出的资源，树种以兴安落叶松和樟子松为主，这里被誉为“森林宝库”。大兴安岭是国家生态安全重要保障区和木材资源战略储备基地，又是享誉国内外的“中国野生蓝莓之乡”。本区是全国主要林业基地，经济以木材生产为主。农业以种植小麦、燕麦、马铃薯为主。工业有发电、化工、机械、建材、皮革、木材加工、造纸、采金、采煤等。

【风景名胜】大兴安岭地区拥有神州北极、神奇天象与大森林、大冰雪、大界江、大湿地等奇特旅游资源，区内有呼中、北极村、加格达奇3处国家森林公园，十八站旧石器文化遗址。漠河的夏夜可看到绚丽多彩的白夜、北极光。塔河十八站旅游可领略鄂伦春民族风情。

【地方特产】有猴头蘑、椴树蜜、榛子和兴安蓝莓及黄芪、党参、贝母、沙参、五味子等中草药材，还有飞龙、雪兔、松鸡等野味。黑龙江及其支流呼玛河产鲟鱼、鳇鱼、大马哈鱼、哲罗鱼等。

152

1:2 170 000　0　21.7　43.4千米

呼玛县

【地理位置】大兴安岭地区辖县。位于本省西北部，东滨黑龙江。
【人口面积】人口26万，有汉、满、回、鄂伦春、达斡尔等民族。面积14285方千米。
【地　　形】地处大兴安岭支脉伊勒呼里山北部、黑龙江西岸低山丘陵区。东部有黑龙江和呼玛河谷平原。呼玛河由西北向东南流入黑龙江。
【交　　通】交通以公路和水运为主，黑漠（河）干线公路过境，黑龙江通水运。
【资源经济】森林资源丰富，森林覆盖率高达70%，有落叶松、樟子松、白桦等树种，经济以农、林为主，是本省重要产粮县、我国重要木材生产基地。农作物有小麦、燕麦、大豆、水稻等，是世界上水稻种植最北的地区。工业主要有木材综合加工、建材、发电、机械、食品等行业。
【风景名胜】有南瓮河自然保护区、白银纳鄂伦春族风情旅游地。
【地方特产】猴头蘑、木耳、都柿、榛子，黑龙江鳇鱼、大马哈鱼。

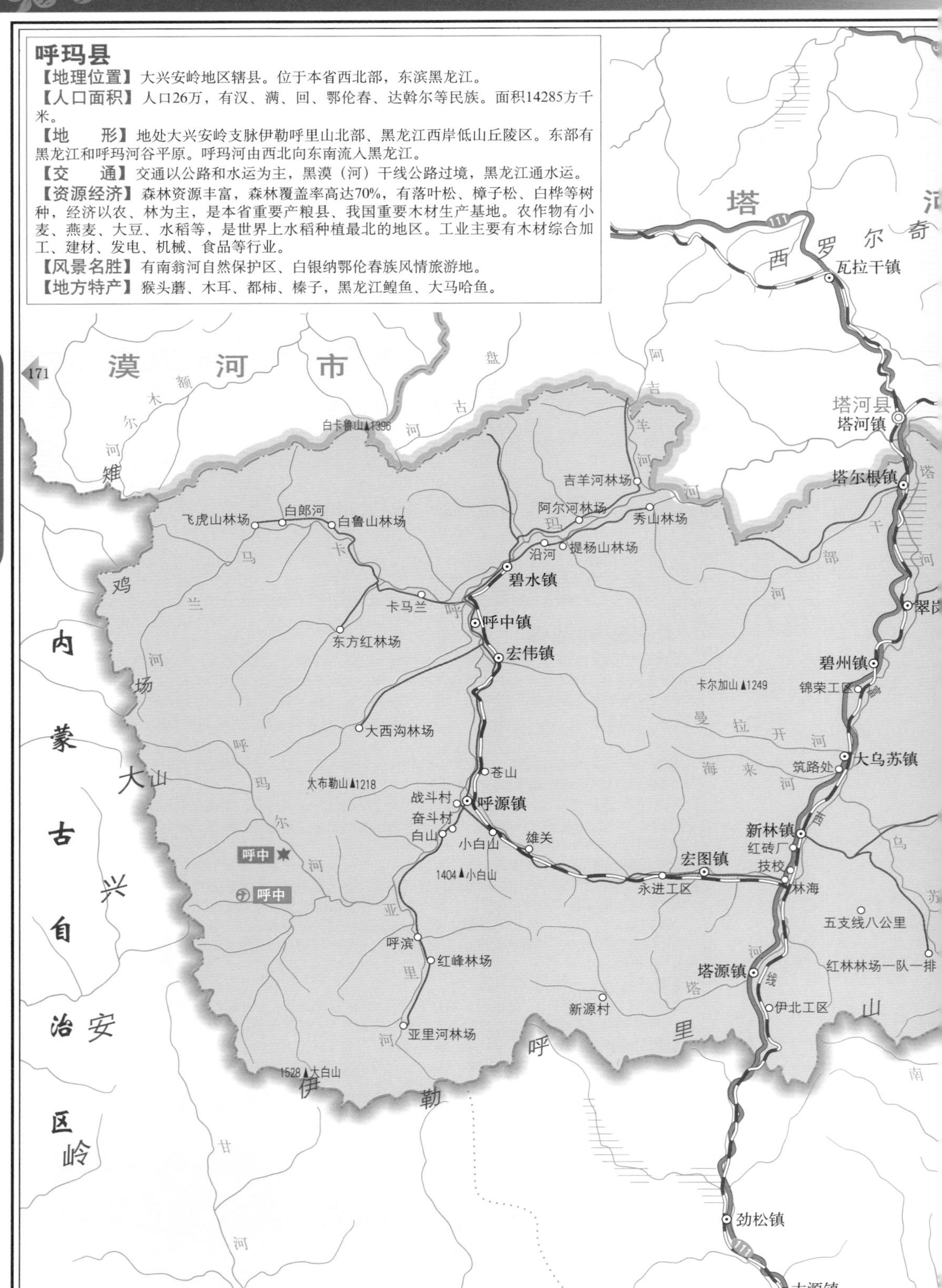

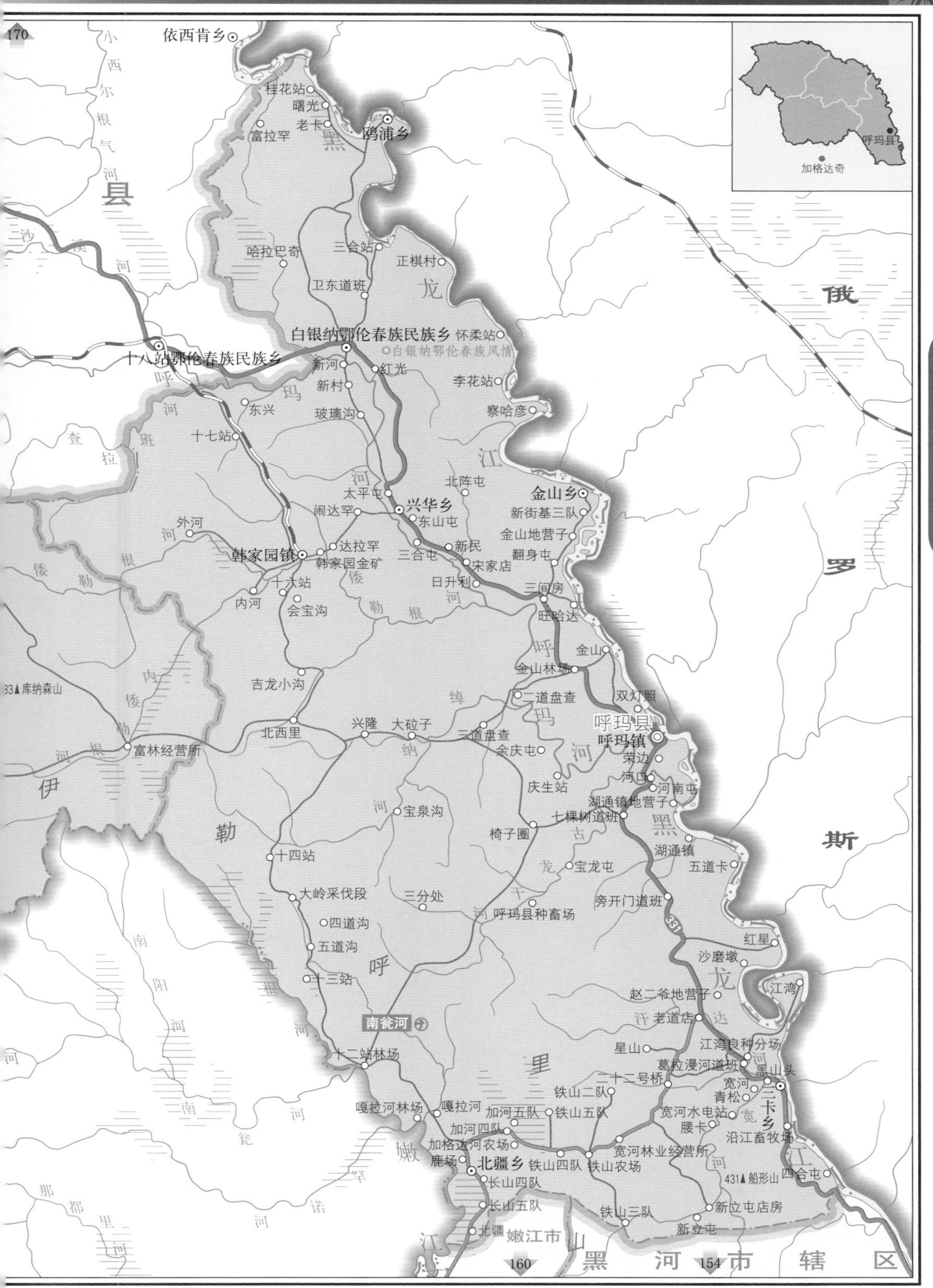
依西肯乡
桂花站
曙光
老卡
鸥浦乡
富拉罕
哈拉巴奇
三合站
正棋村
卫东道班
白银纳鄂伦春族民族乡
怀柔站
十八站鄂伦春族民族乡
新河
红光
新村
李花站
东兴
玻璃沟
察哈彦
十七站
北阵屯
金山乡
太平屯
兴华乡
闹达罕
东山屯
新街基三队
外河
金山地营子
达拉罕
三合屯
新民
翻身屯
韩家园镇
韩家园金矿
宋家店
十六站
日升利
三间房
内河
会宝沟
旺哈达
金山
金山林场
吉龙小沟
双灯照
二道盘查
库纳森山
兴隆
大砬子
三道盘查
呼玛县
呼玛镇
北西里
富林经营所
余庆屯
荣边
庆生站
河口
河南屯
宝泉沟
湖通镇地营子
七棵树道班
椅子圈
湖通镇
十四站
宝龙屯
五道卡
大岭采伐段
三分处
旁开门道班
呼玛县种畜场
四道沟
红星
五道沟
沙磨墩
十三站
江湾
赵二爷地营子
南瓮河
老道店
星山
江湾良种分场
十二站林场
葛拉漫河道班
黑山头
二十二号桥
宽河
铁山二队
青松
三卡乡
嘎拉河林场
嘎拉河
加河五队
铁山五队
宽河水电站
加河四队
腰卡
沿江畜牧场
加格达河农场
宽河林业经营所
鹿场
北疆乡
铁山四队
铁山农场
船形山
四合屯
长山四队
长山五队
新立屯店房
铁山三队
新立屯
北疆
嫩江市
黑河市辖区
俄罗斯
县
小西尔根气河
沙溪河
呼玛河
查拉班河
倭勒根河
伊勒呼里山
南阳河
南瓮河
那都里河
诺罕河
嫩江
黑龙江
宽河
331
170
160
154
呼玛县
加格达奇
1:1 090 000
0
10.9
21.8千米

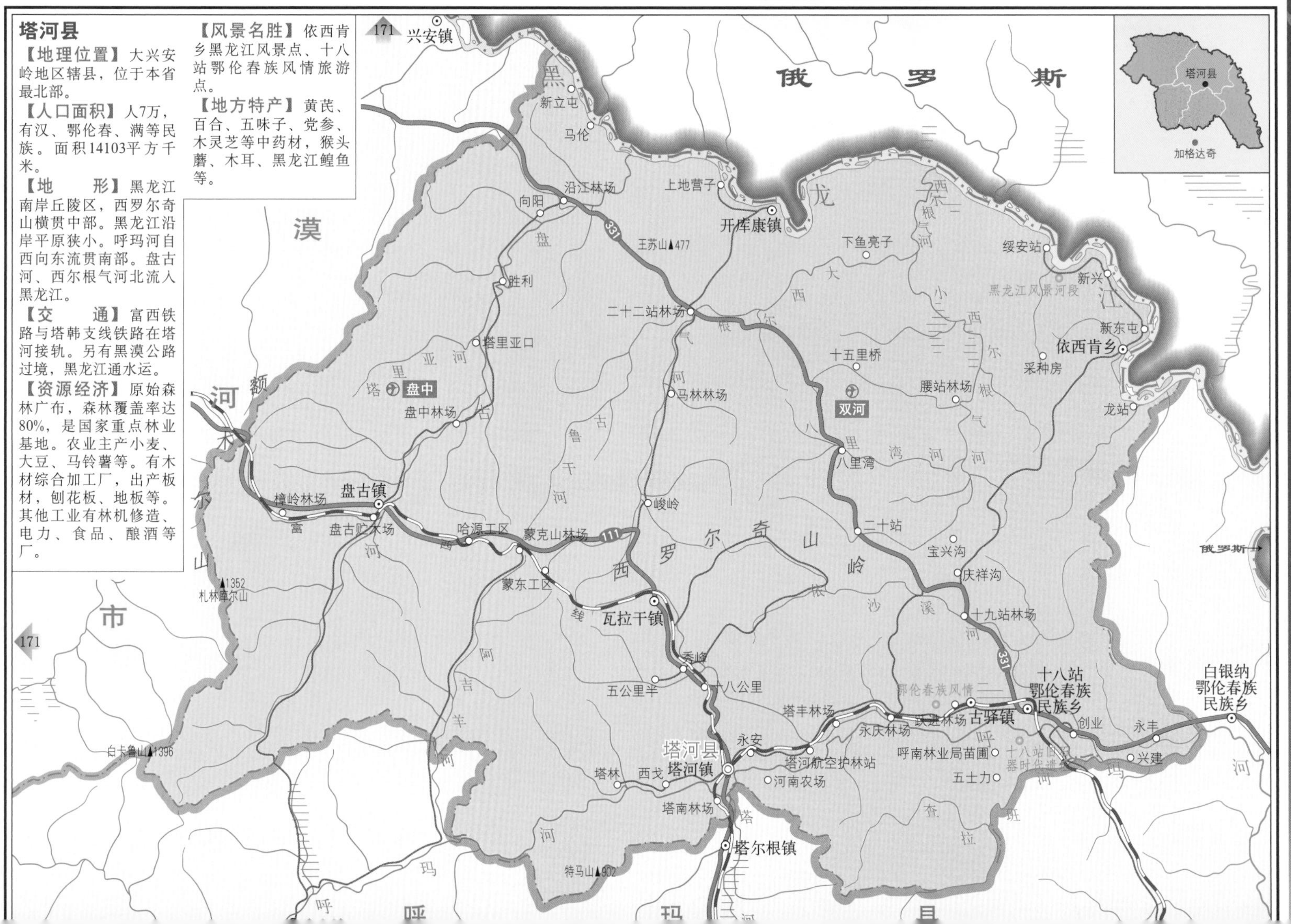

塔河县

【地理位置】大兴安岭地区辖县，位于本省最北部。

【人口面积】人7万，有汉、鄂伦春、满等民族。面积14103平方千米。

【地　　形】黑龙江南岸丘陵区，西罗尔奇山横贯中部。黑龙江沿岸平原狭小。呼玛河自西向东流贯南部。盘古河、西尔根气河北流入黑龙江。

【交　　通】富西铁路与塔韩支线铁路在塔河接轨。另有黑漠公路过境，黑龙江通水运。

【资源经济】原始森林广布，森林覆盖率达80%，是国家重点林业基地。农业主产小麦、大豆、马铃薯等。有木材综合加工厂，出产板材，刨花板、地板等。其他工业有林机修造、电力、食品、酿酒等厂。

【风景名胜】依西肯乡黑龙江风景点、十八站鄂伦春族风情旅游点。

【地方特产】黄芪、百合、五味子、党参、木灵芝等中药材，猴头蘑、木耳、黑龙江鳇鱼等。

1∶960 000

0　9.6　19.2千米

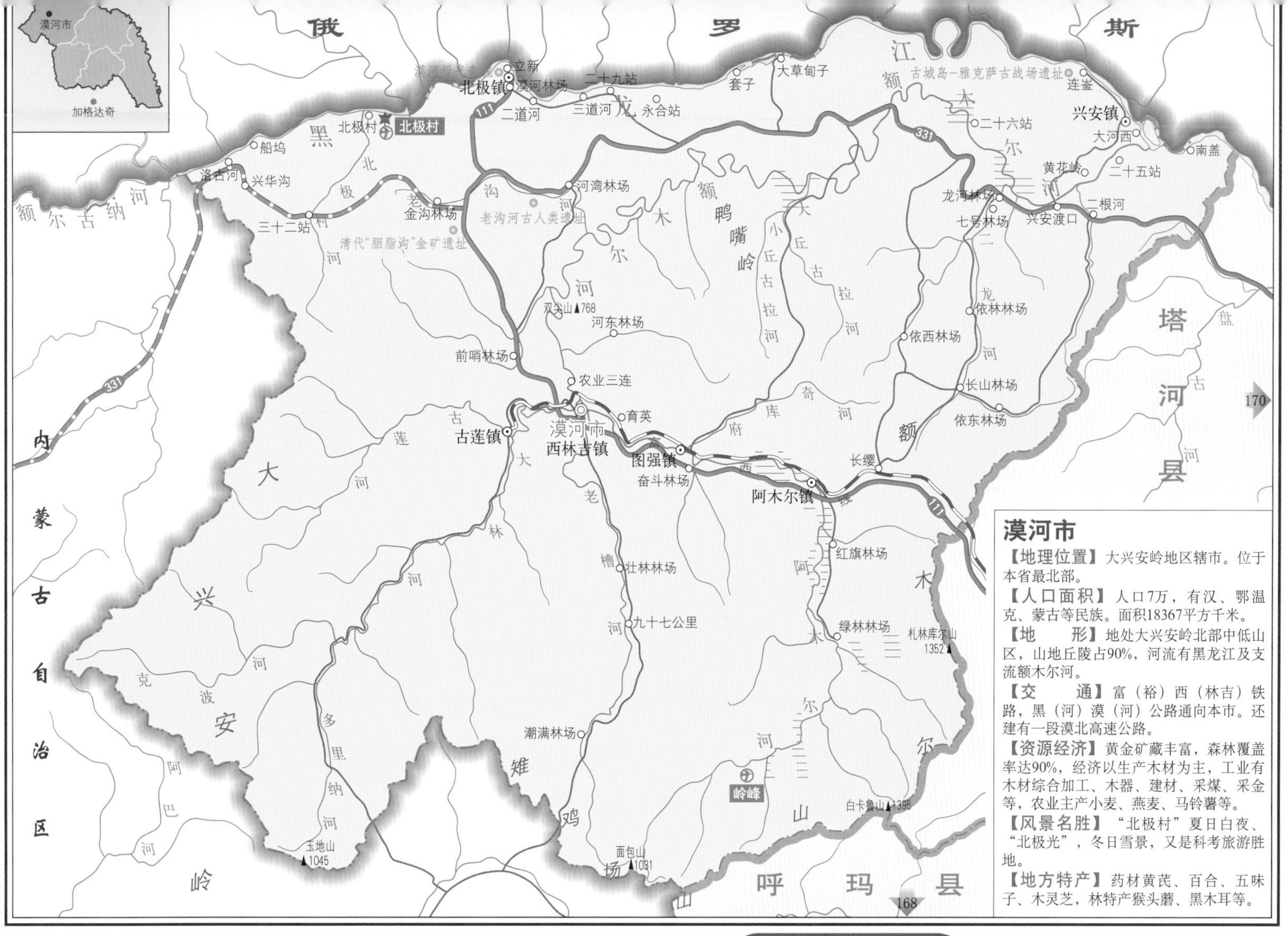

漠河市

【地理位置】大兴安岭地区辖市。位于本省最北部。

【人口面积】人口7万，有汉、鄂温克、蒙古等民族。面积18367平方千米。

【地　　形】地处大兴安岭北部中低山区，山地丘陵占90%，河流有黑龙江及支流额木尔河。

【交　　通】富（裕）西（林吉）铁路，黑（河）漠（河）公路通向本市。还建有一段漠北高速公路。

【资源经济】黄金矿藏丰富，森林覆盖率达90%，经济以生产木材为主，工业有木材综合加工、木器、建材、采煤、采金等，农业主产小麦、燕麦、马铃薯等。

【风景名胜】“北极村”夏日白夜、“北极光”，冬日雪景，又是科考旅游胜地。

【地方特产】药材黄芪、百合、五味子、木灵芝，林特产猴头蘑、黑木耳等。